역사책에 없는 조선사

조선사람들이 살았던 '공동체'

조선이란는 '국가'를 살았던 사람들

조선사람들의 '개인'으로 살기

유생들의 일기에서 엿본
조선 사람들의
희로애락

역사책에 없는
조선사

이상호·이정철 지음

푸른역사

책을 내며

2014년 4월 16일, 필자가 근무하고 있는 경북 안동의 한국국학진흥원이 텅 비어 있었다. 이른바 '선진지 견학'이라는 이름으로 대부분의 직원들이 연구실과 사무실을 비웠기 때문이었다. 필자는 이날부터 시작하기로 했던 라디오 프로그램 출연으로 함께하지 못하고 비어 있는 원내를 지키고 있었다. 홀로 방송원고를 검토하다 세월호 소식을 들었다. 이날 지역방송은 전국 뉴스로 대체되면서 필자의 방송 출연도 연기되었다.

2014년 4월 23일 첫 출연에서 구휼미를 싣고 북관으로 가던 배가 난파되어 8명이 죽고 7명이 구조된 사건을 소개했다. 이 기록에서 주목했던 것은 당시 경상감사 조재호가 보여 준 사고 처리과정이었다. 262년 전인 1752년에 일어났던 사고임에도 불구하고, 세월호와 비교되는 점이 너무도 많았다. 여러 척의 작은 배들을 빨리 파견하고 살아남은 사람들 수색에 총력을 기울였던 모습은 특히 강한 인상을 남겼다. 이후 만 5년이 넘게 매주 수요일 몇 백 년 전 '오늘'의 이야기를 들려주기 시작했다. 같은 공간에서 옛날 그 시간을 살았던 사람들의 이야기를 들려주며 예나 지금이나 사람이 사는 것은 다르지 않다는 사실을 기록으로 설명해 주었다.

역사를 거시적 시각으로 보면 그 속에서 발견되는 것은 '차이'이다. 시간에 따라 다양한 변화와 발전이 있고, 이는 현대를 살아가는 우리와 역사 속에 살았던 사람들 사이의 차이에 집중하게 한다. 어떠한 사관史觀을 가지고 역사를 읽느냐에 따라 다를 수 있지만, '차이'는 역사를 공부하는 중요한 이유이다. 그러나 역사 속에서 매일 일상을 살았던 사람들의 삶을 보면 의외로 그 속에서는 차이보다 '동질성'이 더 많이 발견된다. 현재와 차이가 있는 것 같아도 그 당시 사회적·문화적 배경의 차이를 변수로 대입시키면 그들의 삶은 의외로 현대를 살아가는 우리와 크게 다르지 않다. 이 책은 이처럼 지금도 많이 변하지 않은 조선 사람들의 삶의 이야기이다.

이 책은 필자의 오랜 의무감에서 나온 것이다. 이 다양한 이야기의 소재는 자기 삶을 매일 기록했던 조선시대 유생들의 일기이다. 한국국학진흥원은 민간 소장 기록유산의 보존 전문기관으로, 대표적인 소장 기록물 가운데 하나가 바로 '일기'이다. 국가가 《조선왕조실록》이나 《승정원일기》, 《일성록》을 썼던 것처럼 조선 사람들은 자신의 일상을 일기로 기록했다. 한국국학진흥원은 이것을 아카이브로 구축하고, 그 가운데 중요한 일기는 번역하며, 조선시대 일상인의 삶을 콘텐츠로 만들 수 있는 창작 소재를 개발했다. 스토리테마파크(http://story.ugyo.net)를 기획하고 구축 실무를 담당했던 필자로서는 그 활용 사례를 학자로서 할 수 있는 한에서 만들어 보고 싶었다.

이 이야기는 대부분 지역에서 일상의 삶을 살았던 평범한 유학자들의 기록이다. 특히 매일을 기록하는 것을 자기 수양으로 생각했던 사람들의 충실한 기록은 정치적 격변과 드라마틱한 사건들이 상존하는 궁중의 이야기와 달리, 하루하루 대부분의 사람들이 살았던 일상 이야기이다. 평범하면서도 나와 너무나 비슷해서 자연스럽게 고개가 끄덕여지는 정도의 이야기들이다.

이 책은 크게 세 가지 범주로 나누어져 있다. 현대인들도 대부분 그렇지만, 사람들의 삶이란 '개인'이 중심이 되는 일상적 영역이 있고, 이를 기반으로 '개인'과 '개인'이 만나는 '공동체'의 영역이 존재한다. 그리고 이 모든 것의 기반이 되고 그 시대성을 만들어 가는 '국가'의 영역 역시 존재한다. 사람은 '국가' 단위의 통제 속에서 '공동체'를 만들고, 그 공동체 속에서 '개인'으로 살기 마련이기 때문이다. 이러한 이유에서 이 책은 〈조선이라는 '국가'에 살았던 사람〉들의 이야기로부터 시작하고 있다. 국가라는 시스템 속에서 하나의 개인으로 살아가는 다양한 모습들을 살펴보고 싶었기 때문이다. 그리고 이 국가 단위의 통제 속에서 살아가는 〈조선 사람들이 살았던 '공동체'〉의 이야기와 그 속에서 일상적 삶을 누렸던 〈조선 사람들의 '개인'으로 살기〉 영역을 배치했다. 물론 개인의 일상이 이러한 분류처럼 정확하게 나누어지는 것은 아니다. 다만, 큰 틀에서 국가의 영향과 공동체의 영향 속에서 살아가는 개인, 그리고 그야말로 사적 영역에서 이루어지는 일상과 노력을 조심스럽게 나누어 배치했다.

비록 현대인들에 의해 각색되기는 했지만, 조선 사람들이 전하는 그들의 이야기에 귀 기울이다 보면 '참~ 사람의 삶이 다른 게 없네'라는 생각에 이르게 될 것 같다. 오랫동안 유지되는 동질성이란 곧 인간의 본성이 아닐까? 인문학은 인간의 본성에 대한 탐색이다. 이 소박한 책이 '인문학'의 첫 문을 여는 길이 되길 희망한다.

—저자를 대표하여
이상호 씀

차례

2부

조선 사람들이
살았던
'공동체'

3부

조선 사람들의
'개인'으로
살기

《하와일록河窩日錄》

《하와일록》은 하회마을(현재 경상북도 안동시 하회마을)에 살았던 류의목柳懿睦 (수헌守軒, 1785~1833)이 1796년 1월 1일부터 1802년 12월 29일까지 7년간의 일상을 기록한 일기이다. 책의 첫 면과 마지막 면에 '제일第一'이라는 권차가 있는 것으로 보아, 이후 제이第二, 제삼第三 등으로 이어졌을 가능성이 높지만, 현재는 전해지지 않고 있다. '하와河窩'는 '하회의 집'이라는 뜻이며, 일록 日錄으로 표기한 것으로 보아 단순한 개인 일기를 넘어 집안 차원에서 기록된 것임을 알 수 있다. 전체 90면 1책으로 이루어져 있는데, 류의목의 어린 시절 인 12세에서 18세까지의 기록이다.

이 일기를 쓴 류의목은 류운룡柳雲龍(겸암謙菴, 1539~1601)의 9대손으로, 15세 에 아버지를 여의고 할아버지였던 류일춘柳一春(월오헌月梧軒, 1724~1810)의 훈육 속에 자랐다. 20세에 정종로鄭宗魯(입재立齋, 1738~ 1816)의 문하에서 수 학했다. 학업과 글 솜씨가 뛰어나 류이좌柳台佐(학서鶴棲, 1763~1837)의 기대를 한몸에 받을 정도였다. 이 일기는 전형적인 생활일기로 당시 하회의 생활상이 비교적 자세하게 기록되어 있어서, 18세기 말에서 19세기 초로 넘어가는 당시 의 시대적 상황과 지역의 문제들을 살펴볼 수 있는 사료이다.

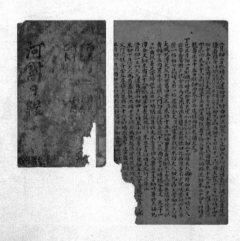

《임재일기臨齋日記》

《임재일기》는 대구 출신의 서찬규(임재臨齋, 1825~1905)가 1845년 1월 1일부터 1861년 5월 20일까지 16년 5개월 동안 기록한 일기이다. 이 일기는 전형적인 생활일기로 매일매일이 성실하게 기록되어 있다. 특별한 내용이 없는 날도 날씨만은 반드시 기록하고 있으며, 특히 사람과의 만남이나 왕래하면서 사귄 사우관계에 대해서는 매우 세밀하게 기록하고 있다. 더불어 서찬규는 19세기 후반 대과에 합격했던 인물이기 때문에, 이 시기 재지사림의 과거시험과 출사 등의 과정을 잘 살펴볼 수 있는 기록이기도 하다. 19세기 말의 시대 변화와 지역 문제, 그리고 재지사림의 일상생활을 살펴볼 수 있다는 점에서 중요한 일기이다.

저자 서찬규의 본관은 달성達城으로, 홍직필洪直弼(매산梅山, 1776~1852)의 문하에서 수학했다. 1846년 생원시에 합격하여 도천道薦에 다섯 번 오르고 암행어사의 추천도 받았고, 1883년 의금부도사義禁府都事에 제수되기도 했지만, 모두 나아가지 않았다. 저서로는 《임재집臨齋集》이 남아 있다.

《청대일기淸臺日記》

《청대일기》는 경상도 상주 근암리(지금의 문경시 산북면 서중리) 출신의 권상일 權相—(청대淸臺, 1679~1759)이 1702년(24세)부터 1759년(81세)까지 58년간 자신의 일상을 기록한 생활일기이다. 권상일이 매일매일 책력冊曆(지금의 달력)에 간략히 기록했던 것을 사후 후손 중에 누군가 정리한 것으로 추정된다. 연보에 따르면 권상일은 20세 되던 1698년부터 일기를 쓰기 시작하여 1759년 사망하기 열흘 전까지 일기를 썼다고 하는데, 이 가운데 초기에 쓴 4년간의 기록은 현재 남아 있지 않다. 58년의 기록 중간 중간에도 기록이 빠진 해가 있어서 실제 남아 있는 것은 43년 치 정도 된다. 권상일은 젊은 시절 과거 공부와 시험에 관한 내용을 자세하게 기록하고 있으며, 과거시험 합격 후에는 중앙 및 지방 정치와 관료로서의 삶을 기록으로 남겼다. 더불어 영남 남인을 대표하는 유학자로서의 삶과 생각도 잘 기록되어 있어서, 18세기 정치사와 생활사 연구를 위한 사료로서 가치가 높다.

저자인 권상일은 전형적인 영남 남인으로, 성리설에 있어서 퇴계학이 가진 특징을 계승했던 인물이다. 1710년 증광문과에 급제한 후 성균관과 예조, 병조 등에서 근무했다. 이후 여러 관직을 거쳤으며, 54세 되던 해에는 도산서원 원장을 역임하기도 했다. 이후에도 울산부사를 거쳐 대사간, 홍문관 부제학, 지중추부사, 대사헌 등을 지냈다. 저서로는 《청대집》·《초학지남初學指南》·《관서근사록집해觀書近思錄集解》·《소대비고昭代備考》·《가범家範》·《역대사초상목歷代史抄常目》 등이 있다.

《계암일록溪巖日錄》

《계암일록》은 경상도 예안(지금의 경상북도 안동시 예안면)에 살았던 김령金坽(계암溪巖, 1577~1641)이 쓴 생활일기로, 1603년 7월 1일부터 1641년 10월 7일까지 39년간의 기록을 담고 있다. 총 8책으로 편집되어 전해지고 있다. 일기 표지에는 '일록日錄'이라고만 되어 있는데, 편의상 그의 호를 붙여 '계암일록'으로 부른다. 이 일기는 전형적인 생활일기로, 안동 지방을 중심으로 활동한 선비의 삶과 생활이 세세하게 기록되어 있다. 특히 임진왜란 이후 지역사회의 재편 양상과 광해군 시기를 거쳐 인조반정과 병자호란에 따른 지역의 모습은 당시의 지역 정치와 생활을 복원하는 데 중요한 자료이다. 실제 이 책에서 다루고 있는 지역 공동체 관련 많은 내용이 《계암일록》에서 나왔을 정도로 내용이 풍부하고 자세하다.

저자인 김령은 오천 마을의 7군자 가운데 한 명인 김부륜金富倫(설월당雪月堂, 1531~1598)의 아들로 태어났다. 1612년 증광문과에 급제한 후 여러 관직을 거쳤지만, 벼슬살이보다는 고향에서 자신을 닦는 삶을 선택해서 일찍 낙향했다. 인조반정 이후 장령과 사간 등에 제수되었지만 나가지 않고 평생 고향에서 학문을 닦고 후학을 길렀다. 1689년 도승지에 추증되었다. 저서로는 《계암집溪巖集》이 남아 있다.

《선조조성당일록先祖操省堂日錄》

《선조조성당일록》은 예안(지금의 경상북도 안동시 예안면) 출신인 김택룡金澤龍(조성당操省堂, 1547~1627)이 쓴 생활일기이다. 매년 일기를 쓴 것으로 보이지만 현재 전해지고 있는 것은 1612년과 1616년, 그리고 1617년 일기뿐이다. 《선조조성당일록》은 후대들이 이 일기의 표기를 새로 만드는 과정에서 붙인 제목으로 보이며, 편의상 저자인 김택룡의 호를 따서 《조성당일기》로 부른다. 이 일기는 분산 소장되어 있다가 한국국학진흥원에 기탁되었는데, 1612년 일기와 1617년 일기는 의성 김 씨 한곡파에서, 그리고 1616년 일기는 의성 김 씨 평장사공파 삼대종택에서 소장하고 있었다. 전형적인 생활일기로, 지역사회를 중심으로 한 대인관계, 집안의 관혼상제, 지역의 문제, 가정경제 등에 대해서 상세하게 다루고 있다.

김택룡은 예안 사람으로 1576년에 사마시에 합격하여 생원이 되었고, 참봉을 거쳐 1588년 식년문과에 병과로 급제하였다. 1600년 전적典籍을 거쳐 강원도 도사都事와 전라도 도사 등을 역임했다. 이황의 예안 지역 제자를 대표하는 조목趙穆(월천月川, 1524~1606)의 문하에서 수학하면서 이황에서 조목으로 이어지는 퇴계학의 적전嫡傳을 이은 인물이다. 저서로는 《조성당집操省堂集》이 남아 있다.

《초간일기草澗日記》

《초간일기》는 경상도 예천(현재 경상북도 예천군) 출신인 권문해權文海(초간草澗, 1534~1591)가 쓴 일기이다. 〈선조일록先祖日錄〉·〈초간일기〉·〈신묘일기辛卯日記〉의 3책으로 구성되어 있는데 이를 1997년 한국정신문화연구원에서 하나로 합쳐 《초간일기》라는 이름으로 간행했다. 지금 우리가 말하는 《초간일기》는 이 간행본의 이름을 따르고 있다. 이 3종의 일기는 하나로 묶여 보물 879호로 지정되어 있다. 〈선조일록〉은 1580년 11월 20일부터 1584년 7월 28일까지의 기록으로, 책 표지는 후손들이 붙인 것으로 보인다. 〈초간일기〉는 1580년 11월 1일부터 1590년 4월 6일까지의 기록인데, 1580년 11월 20일부터 1584년 7월 28일의 기록까지는 〈선조일록〉과 겹쳐 있다. 〈신묘일기〉는 신묘년인 1591년 7월 9일부터 같은 해 10월 6일까지의 기록이다. 이 일기는 생활일기이지만, 일기를 쓴 시기에 관직에 있던 나날이 많아 내용적으로는 관직생활을 기록한 사환일기와 유사하다. 임진왜란 이전의 기록이기 때문에, 이 당시 기록이 많지 않은 점을 감안하면 사료적 가치가 높은 기록이라고 할 수 있다.

저자인 권문해는 1556년 이황의 문하에 들어갔으며, 김성일金誠一, 류성룡柳成龍, 김우옹金宇顒 등과 함께 공부했다. 1560년 별시문과에 급제하여 관료에 나아간 후 전적과 정언, 안동부사, 청주목사 등을 거쳐 1580년 공주목사가 되었다. 1583년 사간원 헌납과 사헌부 장령이 되었으며, 이듬해인 1584년 8월에는 대구부사를 거쳐, 1591년 사간원 사간, 승정원 동부승지, 좌부승지 등을 역임했다. 저서로는 백과전서인 《대동운부군옥大東韻府群玉》과 시문집인 《초간집草澗集》이 남아 있다.

《경당일기敬堂日記》

《경당일기》는 안동(현재 경상북도 안동시) 출신의 성리학자 장흥효張興孝(경당敬堂, 1564~1633)가 남긴 생활일기인데, 내용적으로는 독서와 수양 등에 관한 내용이 많아 공부(강학)일기의 형식을 띠고 있다. 전체 2책 필사본으로 이루어져 있는데, 두 책의 표제가 각각 중中과 하下로 되어 있는 것으로 보아 상上이 있었을 가능성이 높다. 전체적으로 1614년에서 1625년까지 12년간의 기록으로, 하루의 일상을 비교적 간략하게 남기고 있다. 동일 시기 기록인 《계암일록》과 비교해 볼 때 정치나 당파와 관련된 생각보다는 학문적 토론이나 경敬 공부, 실천의 문제 등에 관한 내용이 많다. 특히 일상의 다양한 일들을 성리학과 대입시켜 나가려는 노력들을 기록으로 남기고 있는데, 이는 성리학의 일상성이라는 관점에서 중요한 의미를 갖는다.

저자인 장흥효는 안동 금계리 사람으로, 퇴계학의 적전을 잇고 있었던 김성일과 류성룡에게 수학했으며, 이후 성주의 정구鄭逑에게도 배웠다. 역학과 성리학에 뛰어났다. 저서로는 《경당집敬堂集》이 있다.

《재영남일기在嶺南日記》

《재영남일기》는 현 경북 영주시 풍기 출신인 황사우黃士祐(용헌慵軒, 1486~
1536)가 1518년 11월 17일부터 1520년 9월 8일까지 경상도 도사로 근무하면
서 쓴 사환일기이다. 도사는 감사(관찰사)를 보좌하는 종5품의 행정 관료로, 경
상감사의 보좌관이었다고 할 수 있다. '영남에 있으면서 쓴 일기'라는 제목에
서 알 수 있듯이 경상감사와 함께, 혹은 경상감사를 대신하여 영남 지역을 순
시하거나 혹은 경상감영의 업무 등을 자세하게 기록하고 있다. 이 일기는 기
록이 거의 남아 있지 않은 16세기 초 기록으로, 특히 조광조가 사사된 기묘사
화己卯士禍에 대한 기록들은 당시의 시대와 그에 따른 지역의 상황 등을 잘 들
여다볼 수 있게 한다.

저자인 황사우는 1507년 진사가 되고 1514년 별시문과에 급제하여 1518년부
터 1년 10개월간 경상도 도사로 근무했다. 1520년 사헌부 지평이 되고 이후
문학, 헌납, 보덕, 응교 등을 거쳐 1529년 대사간이 되었다. 이듬해 좌승지를
거쳐 부제학을 지냈고, 1532년 한성부 우윤, 대사헌을 지냈다.

《죽소부군일기竹所府君日記》

《죽소부군일기》는 권문해의 아들 권별權鼈(죽소竹所, 1589~1671)이 쓴 필사본 일기이다. 책 표제에 '부군府君'이 있는 것으로 보아 책 제목은 후손이 붙인 것으로 추정된다. 이 일기는 1책 68장의 분량으로 1625년 1월 1일부터 1626년 12월 30일까지 2년간의 기록이다. 권별의 나이 37세와 38세의 기록인데, 집안의 일상적인 일에서 농사와 관계된 내용, 지역사회 문제, 유람 등을 상세하게 기록하고 있다. 특히 이 시기 권문해는 지금의 감기와 유사한 상한열병에 걸리는데, 그 병증과 치료 과정을 상세하게 기록하여, 당시 의료행위와 수준 등을 가늠할 수 있게 해 준다. 이외에도 대부분의 기록들이 상세하고 정밀해서 17세기 재지사림의 일상을 눈으로 보듯 들여다볼 수 있을 정도이다.

저자인 권별은 이황의 제자였던 권문해의 아들이다. 권별은 벼슬을 하지 않고 오로지 학자로서의 삶을 살았기 때문에 그의 행적 자체는 잘 드러나 있지 않다. 《해동잡록海東雜錄》14권을 편찬했다.

《역진연해군현잉입두류상雙溪신흥기행록
歷盡沿海郡縣紉乃入頭流賞雙溪神興紀行錄》

《역진연해군현잉입두류상雙溪신흥기행록》이라는 다소 긴 제목의 일기는 양경우梁慶遇(제호霽湖, 1568~?)가 장성현長城縣의 관리로 있으면서 연해 일대를 순찰하고 오라는 명에 따라 1618년 윤4월 15일부터 5월 18일까지 진도와 장흥, 강진, 보성 쌍계, 화계, 흥양 등의 일대를 다니면서 쓴 기행일기이다. 순찰 임무이기는 하지만 연해 일대를 여행한다는 들뜬 감정으로 시작하는 일기는 여행 과정과 관아 및 사찰에서의 숙박, 해당 지역의 문화, 여행 과정에서 만났던 사람들에 대한 내용들을 상세하게 기록하고 있다.

저자 양경우는 선조 시기 문신으로, 임진왜란 때 의병을 일으키기도 했다. 시에 대한 평가가 능했던 것으로 알려져 있다. 저서로는 《제호집霽湖集》이 있다.

《임천서당중건일기臨川書堂重建日記》

《임천서당중건일기》는 전주 류 씨 정재종택(경상북도 안동시 소재)에서 소장한 1책 68면 분량의 필사 일기로, 임천서당을 중건하기 위해 논의를 시작하는 1803년 3월 28일부터 1812년 8월까지 약 9년간을 기록한 영건일기營建日記이다. 임천서원(당)은 1607년 김성일金誠(학봉鶴峯, 1538-1593)의 위패를 모시면서 1607년 창건되어 1618년에 사액되었다. 그러다가 1620년 이황의 안동 지역 제자들을 모시기 위한 수문서원으로 여강서원廬江書院(이후 호계서원虎溪書院으로 사액)을 세우고 그곳에 위패를 옮겨가면서 서원의 기능은 퇴락했다. 그러다가 1847년 최종적으로 임천서원이 중건되는데, 이 일기는 그 전 단계에서 위패를 모시지 않고 서당만을 다시 창건하는 과정을 그린 것으로 보인다. 서당 중건을 위한 논의의 발의로부터 일을 맡을 유사들을 선임하는 과정들을 상세하게 기록하고 있으며, 본격적인 공사가 이루어지는 1805년과 1806년의 건축 과정과 내용도 자세하게 남기고 있다. 이 일기는 전체 건축 과정을 기록으로 남기기 위한 영건일기로, 아마 당시 일기유사로 뽑힌 사람이 기록했을 것으로 추정된다. 조선 후기 지방에서 공의를 통해 서당을 중건하는 과정과 관련 내용들을 실증적으로 파악할 수 있는 자료이다.

《법성일기法聖日記》

《법성일기》는 안동 지역에서 김상헌金尙憲(청음淸陰, 1570~1652)을 배향하는 서원을 짓는 과정에서 발생한 다툼을 기록한 것이다. 당시 이 서원을 안동(현 경상북도 안동시) 서쪽에 있는 법성동法聖洞에 지었기 때문에 그 지명을 따서 '법성'이라고 했고, 서원을 짓는 과정과 이후 이것으로 인해 다툼이 일면서 이를 훼철한 사건을 날짜별로 기록해서 '일기'라고 붙인 것 같다. 이 당시 김상헌을 배향하는 서원이 안동을 주축으로 활동하고 있었던 지역 노론老論세력에 의해 건립되기 시작했는데, 지역 향권을 잡고 있었던 영남 남인들이 이를 반대하고 훼철하면서 건립 자체가 무산된 일이 있었다. 이 기록은 서원을 세우려고 했던 노론 쪽 입장에서 기록한 것으로, 군데군데 필체와 문장이 달라 여러 사람이 편집하고 필사했을 것으로 추정되고 있다. 최초 작성자나 여기에 관여한 사람 등에 대해서는 자료가 남아 있지 않아 확인할 길이 없다.

《청량유록淸凉遊錄》

《청량유록》은 권정침權正忱(평암平庵, 1710~1767)의 문집인 《평암문집平庵文集》 권6에 실린 견문록 4편 가운데 한 편이다. 1746년 9월 청량산을 유람하면서 기록한 17쪽 분량의 기행일기이다. 권정침은 청량산에 대해 21개의 봉우리와 19개의 암지, 14개의 대臺가 있음을 언급하면서 각각의 명칭까지 자세하게 소개하고 있는데, 이는 이후 청량산의 유적지를 고증하는 데 유용한 자료이다. 더불어 청량산에서 살아가는 사람들과 당시의 혹독한 현실들에 대한 내용들도 들어 있어서, 당시의 시대상을 볼 수 있는 기록이기도 하다.

저자인 권정침은 봉화에서 살았던 인물로, 이광정李光庭과 강재항姜再恒 등에게서 배웠다. 1754년 사마시에 합격하였고, 1757년 문과에 급제했다. 영조의 신임을 받아 세자시강원 설사에 제수되어 사도세자를 가르치기도 했지만, 사도세자의 죽음 과정에서 이를 반대하다가 죽음에 이를 뻔했다. 형장까지 끌려갔다가 영조의 특명에 의해 풀려나와 고향에 은거했다. 저서로는 《평암문집》이 남아 있다.

《영영일기》는 조재호趙載浩(손재損齋, 1702~1762)가 1751년 5월 10일 경상도 관찰사에 임명되어 활동하다가, 1752년 5월 체직되고 그해 7월 이조판서에 임명되어 서울로 돌아가는 길에 8월 1일 문경 숙소에 묵은 기록까지 약 1년 3개월 정도의 내용을 담고 있는 사환일기이다. 원본은 3책으로 된 필사본으로, 일기는 1책에 해당하며, 2책과 3책은 영영장계등록嶺營狀啓謄錄으로 경상감사로서 올린 장계들을 기록해 놓은 것이다. 현재 일본 교토대학京都大學 도서관에 소장되어 있는데, 장서인에 따르면 1919년 7월 12일 등록된 것이어서 일제강점기에 일본으로 넘어간 것으로 추정된다. 이 일기는 경상도 관찰사에 임명된 뒤 사은숙배하는 내용으로부터 시작해서 다시 이조판서에 제수되어 서울로 돌아갈 때까지 그야말로 경상도 관찰사로의 삶을 기록한 것이다. 지역을 순시하고 관내 관리들을 평가하며, 진상품을 감봉하고, 지역의 사건·사고들을 처리하는 관찰사의 일상이 고스란히 담겨 있다.

저자인 조재호는 좌의정을 지냈던 풍릉부원군豊陵府院君 조문명趙文命의 아들로, 영의정 조현명趙顯命의 조카이자 효순왕후孝純王后의 오빠였다. 당시 가장 명문가에서 자란 그는 1739년 우의정 송인명宋寅明의 천거로 세자시강원에 등용된 후 홍산현감으로 있으면서 춘당대시에 급제했다. 승정원 승지를 거쳐 경상도 관찰사, 이조판서 등을 역임하고 1752년 우의정이 되었다. 1762년 사도세자가 화를 입게 되자 이를 구하려고 서울에 올라왔지만 오히려 역모로 몰려 종성鍾城으로 유배된 후 사사되었다. 저서로는 《손재집》 15권이 있다.

《저상일월渚上日月》

《저상일월》은 1834년 예천(현재 경상북도 예천군)에 살았던 박한광朴漢光이 일기를 쓰기 시작한 이후, 함양 박 씨 문중에서 6대에 걸쳐 1950년 한국전쟁이 발발한 시기까지 기록한 일기이다. 박한광에 이어 그의 차남 박득녕朴得寧(1808~1912)이 일기를 썼고, 《나암수록羅巖隨錄》의 저자로 잘 알려져 있는 박주대朴周大(1836~1912)가 그 다음을 이었다. 박주대 사후 대를 이어 박면진朴冕鎭, 박희수朴熙洙, 박영래朴榮來가 일기를 썼다. 이 일기는 집안과 지역사회의 일을 기록하고 있는 종합일기인데, 박주대는 대를 이어 일기가 기록될 수 있도록 1895년 일기의 서문에 반드시 기록해야 할 7가지 항목을 정해 주었다. 그 내용을 보면 ① 날씨, ② 작황, ③ 손님의 출입, ④ 농사의 수확과 경작, ⑤ 계절의 이변, ⑥ 고을의 사건, ⑦ 조정과 포구, 항구에서 일어난 사건 등이다. 유례가 없을 정도로 긴 시간을 기록하고 있다는 점과 한국 근대사와 예천의 지역사를 정확하게 파악할 수 있다는 점에서 매우 중요한 자료라고 말할 수 있다. 《저상일월》은 함양 박 씨 문중의 기록인 《저상일용渚上日用》을 비롯하여, 《나암수록》·《당시고취唐詩鼓吹》·《당조책림唐朝策林》·《만국전도萬國全圖》·《통감通鑑》 등과 함께 '함양 박 씨 정랑공과 문중 전적'이라는 이름으로 1989년 보물 1008호로 지정되었다.

《임진일록》은 김종金琮(종옥宗玉, 1533~1593)이 임진왜란이 발발하던 해인 1592년 1월 1일부터 임종하기 이틀 전인 1593년 5월 21일까지를 기록한 생활 일기이다. 필사본이기는 하지만 이 기록은 김종의 친필이 아니라, 저자의 8대손인 김석효와 그의 아들 김성존이 《선조별좌공일록先祖別坐公日錄》이라는 이름으로 1801년 베껴 쓴 필사본이다. 그 이전에 낱장으로 전해 내려오던 것이 이때 와서 필사 후 책으로 엮였으며, 1804년 다시 필사 정리된 후 《임진일록》이라는 이름을 달게 되었다. 현재 이 자료는 서울대 규장각 한국학연구원에 소장되어 있으며, 1책 116면으로 구성되어 있다. 기록된 시기 대부분이 임진왜란기이기 때문에 전쟁일기로 추정할 수 있지만, 내용 대부분은 일상적 만남이나 자신이 맡은 공무, 정계 움직임 등이 중심을 이루고 있다. 다만 임진왜란 시기이기 때문에 직접적인 피해나 주요 사건의 경우는 전쟁 당시의 참화를 볼 수 있는 내용들이 있다.

저자인 김종은 경상도 상주 외동리(현 경북 상주시 낙동면 분황리 구촌마을) 출신으로, 박영朴英(송당松堂, 1471~1540)의 문하에서 수학했다. 선조 즉위년인 1567년 생원시에 합격했다. 장년기에는 학문과 덕행으로 사림의 추천을 받아 감역監役으로 처음 벼슬을 시작하여 대흥현감을 역임하고 사헌부 지평에 천거되었으며, 관직은 별좌別坐에 이르렀다.

《유두류산록遊頭流山錄》

《유두류산록》은 조위한趙緯韓(현곡玄谷, 1567~1649)의 문집인 《현곡집玄谷集》에 수록되어 있는 기행일기이다. 조위한은 1618년 4월 10일부터 4월 17일까지 8일간 지리산을 유람하고, 관련 내용을 일기로 남겼다. 당시 동생인 조찬한과 방인갑, 양동에 등이 동행하였으며, 남원을 출발해서 구례현, 화개동, 쌍개사, 불일암, 옥소암, 신흥동, 용두정으로 이르는 여정이었다. 《유두류산록》에서는 여정 자체와 자신이 본 아름다운 풍광들을 자세하게 기록하고 있다.

저자인 조위한은 조선 중기의 문신으로 1601년 사마시에 합격한 후 1609년 증광문과에 급제한 뒤 지평, 수찬을 지냈다. 1613년 계축옥사 때 파직되었으나, 1623년 인조반정으로 사성에 기용된 뒤 장령, 집의 등을 지냈으며, 1624년 이괄의 난을 토벌하고, 1627년 정묘호란 때에는 관군과 의병을 이끌고 항전했다. 이후 동부승지, 직제학을 거쳐 공조참판에 이르렀다. 저서로는 《유민탄流民嘆》, 《현곡집》이 있다.

《금강산소기金剛山小記》

《금강산소기》는 남한조南漢朝(손재損齋, 1744~1809)의 문집인《손재집損齋集》에 수록되어 있는 글로, 일기라기보다는 기문記文의 형식을 띠고 있다. 남한조는 평소 이만부李萬敷(식산息山, 1664~1732)가 쓴《금강산기金剛山記》를 읽고 금강산을 흠모하던 차에 1795년 친구인 류천서柳天瑞가 고성군수로 부임하자, 이를 기회로 함께 금강산 유람을 했다. 그 기록이 바로《금강산소기》이다. 1796년 4월 13일 출발해서 금강산에 5월 1일 도착한 후, 5월 12일까지 기록을 남기고 있다. 남한조가 '소기小記'라고 쓴 것은 자신이 본 산과 발연폭포를 비롯한 여러 폭포, 굴, 언덕 등에 대한 자세한 관찰 결과를 기록으로 남겼기 때문인데, 실제 우리가 눈으로 보는 것처럼 자세하게 묘사되어 있다.

저자인 남한조는 경상도 상주(현재 경상북도 상주시)에서 출생하여, 외삼촌인 김진동金鎭東에게 글을 배웠다. 벼슬에 뜻이 없이 초야에 은둔하며 후진 교육에 힘썼는데, 특히 이황이 강조했던 주리설을 기반으로 한 성리설의 대가로 알려져 있다. 여러 번 도백道伯과 암행어사에 천거되었지만 나가지 않았다. 저서로는《손재집》이 있다.

《유내영산록遊內迎山錄》

《유내영산록》은 황여일黃汝一(해월헌海月軒, 1556~1622)의 문집인 《해월선생문집海月先生文集》 권6에 수록되어 있는 기행문이다. 황여일은 1587년 숙부인 황응청(대해大海, 1524~1605)과 함께 포항에 있는 내영산을 유람하면서 보고 느낀 점을 기록했다. 유람 도중 만난 나무 한 그루 돌 하나에 대해서도 상세하게 기술할 정도로 세밀한 관찰력이 돋보인다. 내영산을 본산으로 하는 보경사와 주변의 문수암, 그리고 폭포 등에 대한 기록이 매우 사실적으로 적혀 있다.

저자인 황여일은 평해(현 경북 울진) 사람으로, 1576년 진사가 된 후 1585년 문과에 급제하였다. 이후 1588년 검열이 되었으며, 1594년 형조정랑, 1598년 사서에 이어 전적을 역임하고 1611년 길주목사, 1617년 동래진 병마첨절제사를 지냈다. 저서로는 《해월선생문집》이 있다.

《천휘록》에서 말하는 '천휘闡揮'는 '(영남의 의리를) 밝히고 앙양함'이라는 의미로 해석할 수 있다. 1792년, 노론이었던 류성한柳星漢이 정조에게 패역한 내용의 상소를 올렸는데, 이로 인해 만 명이 넘는 영남 유생들이 연명하여 사도세자를 신원하고 류성한을 처단하라는 만인소를 올렸다. 영남은 이를 임자壬子(1792년이 임자년)의리로 규정했는데, 《천휘록》은 바로 이 의리를 밝히고 앙양하기 위해 엮은 기록이다.

1792년 만인소운동은 영남을 중심으로 워낙 많은 사람들이 참여한 대규모 운동이었기 때문에 관련 내용과 사본들이 많아서, 《천휘록》 판본 역시 다양하다. 이 가운데 원본 자료가 함께 편집되었을 것으로 추정되는 판본 가운데 하나가 한국국학진흥원 소장본이다. 현재 한국국학진흥원 소장본 《천휘록》은 〈임자소청일록壬子疏廳日錄〉과 〈약재기사藥齋記事〉와 〈정원일기政院日記〉로 구성되어 있다. 〈임자소청일록〉은 1792년 만인소운동의 전개와 상소를 올리는 과정을 상세하게 기록한 것으로, 저자는 당시 만인소운동에 참여했던 하회의 류이좌柳台佐(학서鶴棲, 1763~1837)로 추정된다. 〈약재기사〉는 사도세자의 능인 현릉원을 옮기는 과정에서 빚어진 사건들을 기록한 것이다. 〈정원일기〉는 《승정원일기》의 일부 내용을 필사한 것으로 보이는데, 1764년 2월 20일에서 2월26일까지의 기록이다. 1792년 상소를 올렸던 유생들을 정조가 만났을 때 정조가 사도세자의 사건을 언급하면서 공개한 《승정원일기》의 일부분을 베꼈을 것으로 추정하고 있다. 전체적으로 《천휘록》은 사도세자를 신원하고 정조에게 힘을 실어 주기 위한 영남인들의 노력을 '의리'의 이름으로 밝혀서 드러내기 위한 기록이라고 말할 수 있다.

1부

조선이라는
'국가'에 살았던
사람들

2016년 말에서 다음 해 초까지 주말마다 수많은 사람들이 모여 켠 '촛불'은 새로운 정부를 탄생시켰다. 그 당시 수십만, 혹은 100만이 훨씬 넘는 사람들 입에서 터져 나온 말이 "이것이 나라냐"라는 말이다. 그 말은 전임 정권의 비리를 규탄한 것이지만, 동시에 사람들마다 최소한 '나라'라면 어떠해야 한다는 생각이 있었음을 뜻한다.

평소 잊고 살지만 그럼에도 나라, 즉 국가는 우리의 삶에 지대한 영향을 준다. 조선시대에도 마찬가지였다. 일상의 삶이 '마을'에서 이루어진다 해도 국가의 영향은 막중했다. 1950년 한반도에 있었던 누구도 한국전쟁의 참혹함을 피할 수 없었듯이 1636년 한양과 남한산성에 있었다는 이유로 청나라 포로로 끌려가는 상황을 피할 수 없었다.

조선시대는 신분제사회였고, 지금은 계급사회지만 둘 다 불합리하고 불평등하다는 점에서는 다르지 않다. 조선시대에 노비가 있었다면 지금 '비정규직'이 그것과 완전히 다르다고 말할 수 있을까? 더구나 오늘날 여성들의 인권에 대한 목소리는 신분적, 계급적 차별보다 훨씬 더 깊은 곳에서 나온다. 그 깊은 시간대의 어느 곳에 조선시대도 있다.

조선은 '왕조국가'이고 대한민국은 말 그대로 '국민국가'이다. 때문에 '왕조 대 국민'이라는 차이도 있지만 '국가'라는 공통점도 있다. 국가는 그 정체政體와 관계없이 공동체를 운영하는 데 필요한 기본 기능을 갖는다. 그 기본 기능을 오늘날의 대한민국과 비교해 보면 유사한 면들도 있고 흥미로운 면들도 드러난다. 그것들 중 어떤 것은 우리가 생각하는 대한민국과도 이어진다.

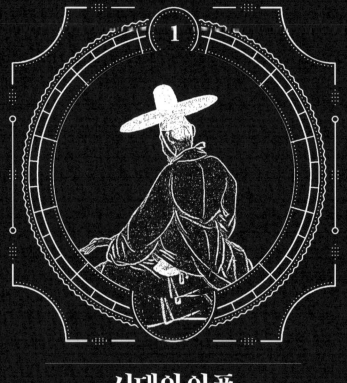

시대의 아픔,
개인의 비극

두 감사의 불편한 술자리…고약한 별 태백성이 대낮에 뜨니…
화려한 공작새, 전쟁을 예고하다…흉당의 집을 부수어라, 인조반정의 여파는 지방까지…백성들을 쥐어짜면서 의량이라니…
'환향녀', 병자호란보다 더 가혹한 현실 앞에서…명분 없이 이뤄진 영남 유림 탄압

두 감사의
불편한 술자리

경상도 도사 황사우(1486~1536)는 갑작스레 들이닥친 중앙 관료 출신 죄인들로 보통 신경 쓰이는 게 아니었다. 죄인이라고는 하지만, 이들이 어디 보통 죄인들이던가! 홍문관 부제학 김구金絿(1488~1534), 좌부승지 박세희朴世熹(1491~?)는 불과 한 달 전만 해도 조광조趙光祖(1482~1519)와 함께 중앙 정계를 호령하던 인물들이었다. 그러나 중종의 개혁 의지가 무디어 갈 무렵, 개혁의 예리한 칼을 자임했던 조광조가 하루아침에 무너지면서 조선시대 최대 사화 가운데 하나인 기묘사화己卯士禍(용어 풀이 참조)가 지난 11월에 발생했다. 그 여파로 순식간에 죄인이 된 이들이 1519년 음력 12월 8일 상주에까지 이르렀던 것이다.

이미 엿새 전인 12월 2일 황사우는 귀양 가던 김구를 경상감영[1]에 불러들여, 경상감사 문근文瑾(1471~?)[2]과 함께 위로의 술자리를 가졌다. 조광조와 함께 훈구파에 맞서 적극적인 언론활동을 펼치다 남곤南

衮(1471~1527), 심정沈貞(1471~1531) 등 훈구세력에 의해 경상도 관찰사로 전직되어 내려온 문근의 입장에서는 김구의 귀양이 이만저만 가슴 아픈 게 아니었다. 게다가 이때 귀양길에 올랐던 조광조가 처형될지도 모른다는 사실이 알려지면서, 문근은 조광조의 처형을 반대하는 상소를 준비하고 있었다. 김구는 문근과 밤 깊도록 술을 한잔하고 귀양지인 개령開寧(현재의 경상북도 김천)으로 떠났다.[3] 문근이 관할하고 있는 지경에 유배를 온 탓에 그나마 위로의 술잔이라도 기울일 수 있었던 것이다.

좌부승지 박세희와의 술자리는 엿새 뒤인 12월 8일에야 갖게 되었다. 박세희 역시 김구와 함께 비슷한 날 상주에 도착했지만, 상주 화령에 있는 사촌인 참판 박세준의 집에 며칠 머물다가 관아로 온 것이었다. 박세희는 외방에 부처하라는 명을 받았기 때문에, 그 지역만 벗어나지 않으면 큰 문제가 없었다. 섬에 유폐시키거나 탱자나무 가시를 둘러싼 집을 벗어나지 못하게 했던 '안치형'에 비해 비교적 자유로운 '부처형'은 그 지역만 떠나지 않으면 되었다.

이날 황사우는 처신하기 곤혹스러웠다. 당시 경상감사 문근은 엄밀하게 말해 경상도 전체를 관할했던 것이 아니라, 경상우도만을 관할하는 경상우도 감사였다. 문근 스스로 경상도 감사를 제수받으면서 경상도를 좌도와 우도로 나눌 것을 제안했고,[4] 중종은 이를 받아들여 분도分道를 감행했다. 하지만 분도 후에도 업무와 관련해서 양측 감사가 수시로 만나 조정해야 하는 일이 발생했고, 효과보다는 폐단이 많다는 평가가 나오면서 이 해 11월 30일 다시 하나의 경상도로 통합된 상태였다. 분도가 되어 채 6개월이 되지 않아 도로 원 상태가 되었던 것이다.

문근은 경상우도 감사였고, 좌도 감사는 그해 6월 9일 임명된 이항 李沆(1474~1533)이었다. 그런데 이항은 지난달에 발생한 기묘사화 이후 사헌부 대사헌으로 임명된 상태였다. 12월은 관리들의 인사고과를 매기는 포폄이 있는 달이었다. 황사우는 바쁜 몸을 이끌고 문근과 함께 우선 경상우도 산하 수령들의 인사평가는 끝을 낸 상태였다. 경상 좌도는 어찌해야 할지 모르는 상황인데, 문제는 경상감사 문근과 대사헌을 제수받은 전前 경상좌도 감사 이항과의 관계였다. 문근은 조광조와 함께 훈구세력 혁파에 앞장섰던 인물인 데 반해, 이항은 당시 기묘사화를 주도했던 인물들과 같은 세력이었다. 실제로 나중에 그는 기묘사화의 주역이었던 남곤에 이어 사림파와의 대립을 주도했다. 그래서 문근은 경상우도 산하 수령들의 인사고과만 완성하고, 애써 이항을 피해 서헌西軒에 틀어박혀 업무를 봤다. 황사우의 입장에서는 참으로 애매한 상황이었다.

오후가 되어 이항과 문근이 먼저 만났다. 서로의 관계야 어떠하든 업무는 마무리 지어야 했다. 그리고 저녁에 귀양 와 있던 박세희가 관아를 찾아와서 함께 저녁 자리가 만들어졌다. 황사우 역시 그 방에 들지 않을 수 없었다. 박세희를 중심으로 문근과 이항 모두 모를 리 없는 인물들이었으니, 각기 다른 이유에서 술자리를 마다해야 할 이유가 없었을 터였다. 지난번 문근과 김구의 술자리야 어색할 게 없었지만, 이 자리는 몹시 어색한 술자리였을 것이다.

그러한 탓인지 황사우는 술자리 내용을 기록하지 않았다. 다만 밤이 깊도록 이어진 술자리에서 황사우는 중간에 먼저 빠져나왔다. 아마 박세희를 중심으로 문근과 이항의 술자리는 새벽까지 이어졌던 듯하다. 경상감사 문근이 고향에서 소실이 죽었다는 연락을 받고 자리를 파한 후 용궁으로 출발했던 시점에 밤이 샜으니 말이다. 하지만 그렇다고 이 술자리가 화기애애했던 것 같지도 않다. 이 술자리 후 이항은 대사헌으로 취임하기 위해 서울로 올라갔고, 가자마자 바로 문근을 탄핵했다. 문근 역시 바로 조광조의 처형 반대 상소를 올렸고, 이항은 이를 빌미로 더욱 강하게 탄핵하여 문근을 파직에 이르게 했다. 기양 온 죄인을 가운데 두고 밤새 술을 나눠 마신 뒤, 이들은 그렇게 각기 다른 길을 걸었다.

출전: 황사우, 《재영남일기》

고약한 별 태백성이
대낮에 뜨니

별제別提* 김종金琮(1533~1593)[5]은 1592년 음력 1월 3일, 새해 첫 출근을 서두르고 있었다. 새해 첫날인 그제는 노구를 이끌고 자신보다 젊은 상관들 집을 차례로 돌며 새해 인사를 해야 했고, 어제는 부하 관원들의 새해 인사를 받느라 녹초가 되었다. 이래저래 새해 첫 출근길이 녹록치는 않았다. 연이틀 과음한 뒤라 술기운이 온몸 곳곳에 남아 어제의 잔상을 떠올리게 했다. 아침식사 전부터 들이닥친 부하 관원 민구임과 큰 그릇으로 다섯 잔 술을 나누었고, 오후에는 정경렴의 방문으로 다시 적지 않은 술을 마신 터였다.

온몸에 겨울바람을 맞으며 걷던 김종은 우연히 하늘을 올려보다가 한순간 술이 확 깼다. 출근 시간인데, 태백성이 하늘을 가로지르고 있

* 조선시대 종6품 관직 이름.

었다. 대낮에 태백성이 떠 있는 것도 문제인데, 더구나 하늘을 가로지르고 있었다. 술기운 때문인가 싶어 두 눈을 부비고 다시 보았다. 의심할 여지없는 태백성이었다. '이 시간에 태백성이라니⋯⋯. 게다가 하늘을 가로지르는 저 형상은 무어란 말인가?' 무슨 일이 일어날 것만 같아 김종은 불안했다.

조선시대에 하늘께나 살핀다는 사람들에게 태백성은 고약한 별이었다. 조선시대 천문 관측을 담당했던 관상감은 빼먹지 말고 보고해야 할 사안들이 많았다. 해가 흐릿하게 보이는 햇무리가 끼거나 새로운 별을 상징하는 혜성의 등장이 대표적이었다. 이러한 현상은 임금의 안위나 국운이 걸릴 만한 불온한 기운을 상징했기 때문에 반드시 보고를 올려야 했다. 이러한 보고와 동급의 중요성을 갖는 것이 바로 태백성이 낮에 관측되는 경우였다.

태백성은 금성의 다른 이름이다. 태백성이 새벽에 뜨면 계명성이라고 했고, 초저녁에 뜨면 샛별이라고 불렀다. 금성으로 보는 것은 태백성을 오행(火, 水, 木, 金, 土)[6] 가운데 하나인 금金으로 이해했기 때문이다. 태백성을 금으로 이해하면서, 조선시대 사람들은 이를 금속으로 이루어진 무기와 관련된 별로 이해했다. 이런 이유로 태백성을 숙살성肅殺星이라고도 했는데, '숙살'이라는 말은 쌀쌀한 가을 기운이 풀이나 나무를 말려 죽이는 것을 의미했다. 살인과 전쟁의 별이었다.

태백성이 상징하는 의미가 부정적이기 때문에, 그것이 언제 뜨는가 하는 것은 중요 관심사였다. 태백성은 계절에 따라 저녁이나 새벽에 뜨는 것이 일반적이다. 어떠한 경우이든 밤의 별이었다. 태백성의 제자리는 밤이고, 그 자리를 벗어나지 않아야 그런대로 나쁜 일이 일어나지 않는다고 믿었다. 태백성은 밤에 그 자리를 지키고 있어야만 '별

볼 일이 없는 별'일 수 있었다.

이래야만 하는 태백성이 낮에 떴다. 그것도 하늘까지 가로질렀다. 낮의 자리가 위태할 수 있으며, 낮을 위협하는 새로운 사건이 일어날 것을 예고하는 것으로 받아들일 수밖에 없는 이유였다. 태양으로 상징되는 임금의 안위에 문제가 생길 수도 있고, 금속의 부딪침, 즉 전쟁이나 반란이 일어날 수도 있음이었다. 김종이 술기운인가 싶어 두 눈을 부비고 다시 확인하며 불길하게 생각했던 이유이다.

이러한 불길함은 당시 관직에 있거나 조금만 공부를 했던 사람이라면 누구나 가지고 있는 생각이었다. 후일 효종 때 정승을 지냈던 조익 趙翼(1579~1655)이 왕에게 상소를 올리면서 보여 준 다음과 같은 인식은 태백성에 대한 당시 지식인들의 생각을 그대로 보여 준다.

신이 삼가 듣건대, 여름 사이에 형혹성熒惑星(화성)이 구검성鉤鈐星(임금을 상징하는 별자리)을 침범하고 나서 또 우림성羽林星(군대를 상징하는 별자리)을 침범하였으며, 그 뒤에는 태백성이 대낮에 나타나 사람들이 모두 보았다고 합니다. 예전에 대낮에 나타날 때에는 일관들만 볼 수 있었지만 지금은 사람들 모두가 보게 되었으니, 이것은 그 현상이 더욱 현저해진 것인데, 지금 몇 개월이 지났는데도 아직 보이고 있습니다. 그리고 천일성天一星이 보이지 않는 것도 벌써 한 달여나 되고 있습니다. 이러한 현상은 모두 큰 환란이 일어날 것을 상징하고 있는데, 그 밖에 법도를 잃은 천문 현상들도 요즈음 더욱 자주 일어나고 있습니다.[7]

태백성이 나타나는 것을 환란의 상징으로 이해하고 있음을 알 수 있다. 실제 태백성이 낮에 관찰된 이유는 고古천문학을 통해 살펴보아야 하겠지만, 김종의 불길한 예감은 얼마 가지 않아 현실이 되었다. 불과 4개월 뒤인 음력 4월 14일 발발한 임진왜란이 바로 그것이다. 정말 이 태백성이 임진왜란을 예고한 것인지 알 수는 없지만, 적어도 조선 건국 이후 최대의 국제전이었던 임진왜란의 기미는 이미 1월 초부터 나타나고 있었던 것 같다. 태백성의 기미보다 더 중요한 현실의 기미들이 태백성으로 상징화되어 드러난 것일 수 있다는 뜻이다.

예나 지금이나 우리는 하루 뒤를 모른 채 살아간다. 그래서 지나간 사실들 사이의 관계를 헤아려 앞으로 일어날 일을 가늠해 보려는 것은 나약한 인간의 자연스런 모습이리라. 사실들 사이의 관계에서 '분명한' 논리를 찾아보려 하지만, 그렇게 추출된 것은 '논리'라기보다는 때로 본래 가지고 있던 '믿음'에 더 가까운 경우가 적지 않다. '확증편향'이라는 말이 그 뜻이다. 옛사람들이 별의 움직임으로 현실을 헤아렸던 것을, 오늘날 우리는 저지르지 않는 비논리적인 것이라고 자신 있게 말할 수 없는 이유이다.

전쟁을 예측하지 못하기는 지금이라고 다르지 않고, 1997년 'IMF사태'가 일어나기까지 그 많은 경제학자들 중에 어느 누구도 이를 예측하지 못했다. 그렇다면 비록 틀릴지언정, 오히려 별의 움직임을 살피며 현실을 계속해서 되돌아보고 반성하는 것이 더 유익하지 않을까?

출전: 김종, 《임진일록》

화려한 공작새,
전쟁을 예고하다

1589년 7월 13일, 낙동강 강변에는 구름처럼 모여든 사람들로 발 디딜 틈이 없었다. 낙동강과 가까운 여러 고을 사람들이 모두 모여들었던 것이다. 지금 같으면 한류 스타라도 나타난 것과 같은 광경이었다. 그런데 사람들이 모인 이유는 다름 아닌 '공작새 한 쌍' 때문이었다. 일본 국왕의 사신으로 조선을 방문한 겐소玄蘇(1537~1611)가 선조 임금에게 바치려고 가져온 것이다. 지금까지 보지 못했던 신기한 새를 살아생전 한 번 보기 위해 그 많은 사람들이 모여든 것이다. 당시 경상도 도사로 있던 권문해權文海(1534~1591) 역시 그동안 그림과 책으로만 보았던 공작새의 실제 모습을 볼 수 있겠다 싶어서 한달음에 강가로 달려갔다.

　강변에서 권문해가 만난 공작새는 그림으로 만났던 것과 크게 다르지 않았지만, 실물을 직접 본 놀라움은 컸다. 권문해는 공작새의 모습을 세밀하게 묘사했는데, 읽는 것만으로도 충분히 머리에 그림을 그릴 수 있을 정도였다. 권문해가 본 공작새는 그 모습이 마치 꿩 같았고 크기는 강가에 있는 학과 같았다. 정수리 뒤에도 긴 털이 있고, 해오라기의 정강이와 닭의 부리 모양을 한 새였다. 몸은 푸른 빛과 검은 빛이 섞여 있었으며, 그 사이 사이에 무늬가 있었다. 긴 꼬리는 묵은 깃이 털갈이를 한 것으로 보이고, 새로 나온 것은 아직 그렇게 길지 않았다. 이와 같은 모습은 병풍 속에서 보았던 공작새 모습 그대로였다. 이 당시 조선에도 병풍에는 이미 공작새가 그려지고 있었던 모양이다.

그런데 권문해가 아름답게만 보았던 공작새의 출현은 실상 조선 건국 이후 전대미문의 전쟁을 예고하는 것이기도 했다. 공작새를 갖고 온 당시 일본 사신단의 목적은 조선에 통신사(용어 풀이 참조)를 청하기 위한 것이었다. 겐소[8]는 조선과 동맹을 맺고 명나라를 치려 했던 도요토미의 명을 받고 조선과의 수교를 위해 조선을 들락거렸던 전문 외교관이었다. 이때 겐소가 조선에 왔던 것은 한 해 전인 1588년부터 조선에 통호를 요청했던 연장선상에서 이루어진 일이었다. 이 당시 조선은 일본에서 보내온 수교문에 대한 회답마저 보류하고 있었다. 수교문 자체가 너무 오만한 구절로 이루어져 있다는 것이 그 이유였다. 이렇게 되자 겐소를 비롯하여 도요토미의 가신 야나가와柳川調信와 고니시小西行長의 사신인 시마이島井宗室 등이 일본 국왕의 사신이라고 자칭하면서 다시 조선에 통신사를 요청하기 위해 들어왔던 것이다. 이때 선물로 가져온 새가 바로 공작새였다.

이들 일본 사신단은 조선 조정으로서도 보통 고민거리가 아니었다. 사신들이 와서 직접 청하는 일이었기 때문에 어떠한 식으로든지 화답을 해야 했다. 이로 인해 조선 조정은 논의를 거쳐 1589년 11월이 되어서야 통신사를 파견하여 일본의 정황을 살피는 것으로 뜻을 모았다. 정사로 황윤길黃允吉(1536~?), 부사로 김성일金誠一(1538~1593), 서

장관에 허성許筬(1548~1612)을 선정했다. 이후 사정은 모두가 잘 알고 있는 것처럼, 이들은 그 이듬해 겐소와 함께 통신사로 일본에 갔다. 1590년 3월에 출발한 통신사 일행은 대마도에서 한 달을 머문 후 7월 22일이 되어서야 교토京都에 도착했지만, 실제 도요토미를 접견하고 국서를 전달한 것은 11월이 되어서였다.

통신사 일행이 돌아오려 하는 데도 도요토미가 답서를 주지 않아서 기다려야 하는 해프닝도 있었고, 국서 내용 역시 오만불손한 부분이 많아 김성일은 그대로 그것을 가져가지 못하고 여러 곳의 내용을 고쳐야 했다. 이렇게 해서 일행이 조선에 돌아온 것이 1591년 3월이었고, 황윤길은 전쟁의 위험을, 김성일은 전쟁이 일어나지 않을 것이라 보고했다. 그리고 불과 1년 뒤에 조선은 건국 후 최대의 전쟁을 맞이해야 했다.

임진왜란은 '동아시아'나 '한·중·일'이라는 말이 실제 의미를 갖게된 역사상 최초의 사건이다. 이전까지 일본은 한 나라로서 중국·한국과 국가 간의 관계를 갖지는 못했다. 비록 왜구가 한국은 물론 중국도 괴롭혔지만, 그것을 일본 국가 차원의 일로 보기는 어려웠다. 이렇게 '한·중·일'의 탄생이 전쟁으로 시작되었다는 것은 참으로 불행한 일이다. 더욱 의미심장한 것은 일본과 명나라의 강화조약에서 일본 측이 요구한 강화조건이 한반도 남쪽 절반의 할양이었던 것이다. 동아시아의 탄생과 한반도의 분할이 동시에 제기된 것이다.

조선 최초의 공작새의 출현, 이것은 바로 이러한 아픈 역사를 예고하는 신호탄이었다.

출전: 권문해, 《초간일기》

흉당의 집을 부수어라,
인조반정의 여파는 지방까지

김령은 1623년 음력 3월 24일 외출했다가 밤늦게야 귀가했다. 1623년 3월 12일 이귀李貴를 비롯한 서인세력이 대북파를 밀어내고, 능양군 이종李倧을 왕위에 올린 지 불과 보름도 채 되지 않을 때였다. 정변에 성공한 서인들은 광해군 정권을 뒷받침했던 대북파의 거두인 이이첨李爾瞻과 정인홍鄭仁弘을 참형에 처하고, 200명이 넘는 대소 신료들을 귀양 보냈다. 물론 광해군도 강화도에 위리안치圍籬安置*함으로써, 더이상 왕으로 돌아올 수 있는 길을 막았다.

왕이 왕좌에서 끌려 내려온 일이니, 세상이 뒤집히긴 뒤집혔다. 이런 때에는 가급적 외출을 자제해야 하지만, 오늘은 어쩔 수 없는 일로

---

* 유배형이자 가택연금형이다. 외부인과의 만남을 차단하기 위한 조치이다. 부모와 결혼한 자녀만 상봉이 가능했다. 죄인을 유배 장소에서 달아나지 못하도록 가시로 울타리를 만들고 그 안에 가두었다. 중죄인에 부과하는 형벌로, 왕족이나 고위 관리가 그 대상이 되었다.

출타했다가 돌아오는 길이었다. 아니나 다를까, 잠깐 집을 비운 사이에 영천榮川(지금의 경상북도 영주)에서 통문이 도착해 있었다. 향회를 거쳐, 흉당凶黨으로 지칭되는 지역 북인北人들—혹은 북인들과 관계를 가진 사람들—의 집을 헐고 축출하기로 했다는 내용이었다.

나흘 뒤인 3월 28일 영천을 중심으로 이 계획이 실행에 옮겨졌다. 영천에서만 수백 명이나 모였다. 지역에서 대북파에게 아첨하고 빌붙었던 사람들의 죄를 성토하고 징계하기 위한 일인지라, 평소 이들에게 감정이 있었던 사람이나 그들의 행태에 불만을 가졌던 사람들 모두가 모였다. 인부까지 대동하여 이른바 흉당의 집을 부수고, 그들의 죄를 고을 이름으로 성토하기 시작했다. 집들이 불타고, 어떤 집에서는 사람들이 달려나와 애걸복걸하는 통에 문만 부수기도 했다. 이날 영천은 전쟁터 같았다.

영천뿐 아니라 안동에서도 대북파에게 도움을 주었거나, 혹은 대북파를 자임했던 사람들에 대한 논죄가 시작되었다. 우선 안동부 내 중요 인물들이 모여 대북파에 연루된 자들을 벌하기로 결정했다. 과거 대북파 판관[9] 서경徐敬(1576~?)과 사적으로 거래가 있었던 신홍립辛弘立(1558~1638) 같은 인물들을 몰아내기로 했다.[10] 그리고 이후의 처결에 대해서도 논의가 진행되었다.

예안에서도 4월 3일 향회가 열렸다. 영주에 이어 안동까지 이어지는 흉당에 대한 처벌을 예안에서도 외면할 수 없었던 것이다. 이날 참가한 사람 가운데 벌을 받을 대상들도 있었다. 이렇게 되자 회의 의제를 보고 그 자리에서 쫓기듯 도망간 사람들도 있었고, 자신은 죄가 없다고 버티는 사람들도 있었다. 예안 지역 향회 역시 그야말로 난리통이 되었지만, 시절이 시절인지라 향안에 오른 사람 가운데 대북파와 연루된 사람들을 삭적하는 일이 진행되었다.

사흘 뒤인 4월 6일, 고을 모래사장에 100명이나 되는 사람들이 모여들었다. 근래 보지 못했던 큰 모임이었다. 향회 후 실제 죄를 논하고, 지역에 있는 흉당을 처결하기 위한 구체적인 논의를 진행하기 위해서였다. 특히 이번 향회는 회의 이후 실제 처벌을 집행하기 위한 자리였는지라, 형벌을 든 군정軍丁과 인부들까지 모여들었다. 우선 오요吳蘥, 오여강吳汝杠, 윤동창尹東昌 등 대북파에 협조했거나 대북파를 자임했던 사람들에 대해서는 향안에서 이름을 지우기로 결정했다. 양반으로 인정해 주고 있던 지역 공동체가 더이상 그들을 인정하지 않기로 했던 것이다. 나아가 동네에서 축출하기로 결정해 그들의 사회적·경제적 기반과 삶의 터전이었던 곳에서 살 수 없도록 했다. 대북파에 협조했던 대가는 이렇게 혹독했다.

문제는 온계溫溪에 사는 서긍徐兢의 집이었다. 좌중에서는 서긍의 집을 부숴야 한다고 소리 지르기 시작했고, 어떤 이는 이미 행동으로 옮기고 있었다. 향안에서 삭적하고 고을에서 쫓아내는 것만으로는 성에 차지 않는다는 것이었다. 결국 향회의 결정으로 서긍의 집도 부수기로 했다. 몇몇 군정과 인부들로 하여금 그 집을 헐어 버리게 했는데, 군인들이 아예 불을 질러 버렸다. 집이 잘 헐리지 않자, 그대로 불을 질러 버린 것이다. 김령을 비롯한 몇몇 지역 양반들은 너무 심하다고 생각하여 이를 막고자 했다. 하지만, 이미 불이 집 전체에 번진지라 어떻게 할 수가 없었다. 김령은 굳이 이렇게까지 해야 하는지 회의가 들었다.

김령도 대북파의 행태가 온당하다고 생각했던 것은 아니었다. 현대의 관점에서 광해군에 대한 평가는 보는 사람에 따라 다양하지만, 당시에는 집권층인 대북파를 제외하면 대부분의 양반과 유학자들은 인조반정을 긍정적으로 생각했다. 어떠한 이유에서였든 광해군은 유학이 지향하는 최소한의 강상윤리를 지키지 못했기 때문이다. 유교이념으로 무장한 국가에서 폐모살제廢母殺弟라는 오명은 그가 왕위에서 쫓겨날 충분한 이유가 되었고, 반정의 정당성으로 작용했던 것도 사실이다.

권력은 늘 바뀐다. 그리고 전근대시대에 권력이 바뀌는 과정은 대부분 많은 피를 불러왔다. 특히 권력의 꼭짓점에 있었던 왕과 그 주위의 인물들은 누린 것만큼 그것을 잃었을 때 겪을 고난도 컸다. 권력이 바뀌는 과정에서 권력의 꼭짓점에 있었던 이들이 져야 할 책임도 컸고, 어쩌면 권력을 잃은 이유를 그들 스스로 제공한 경우도 많았다. 그러니 서울에서 멀리 떨어져 있는 지방 곳곳에서까지 비슷한 상황을 맞아야 했다. 권력의 속성은 중앙과 왕에게만 한정된 것이 아니라, 지역에까지 그 영향력을 행사하고 있었던 것이다. 그런데 이러한 현상이 조선시대만 그랬을까?

출전: 김령, 《계암일록》

백성들을 쥐어짜면서
의량이라니

조선의 뒤숭숭한 정세와 달리, 1631년(인조 9) 음력 7월 3일 안동을 중심으로 한 경상도 전역은 오랜만에 날이 맑았다. 한여름 햇살이 그리 달갑지만은 않지만, 그래도 며칠 날이 흐린 뒤라 기분마저 쾌청했다. 이미 올 농사는 흉년이 예고되어 더이상 미련을 갖지 않기로 하니, 하늘이라도 맑고 푸른 게 차라리 상쾌하다고 하면 너무나 속 편한 소리일까? 나라의 뒤숭숭한 정세야 나라님 몫이고, 맑은 하늘이라도 올려다보면서 닥쳐올 고난을 위로받아야 하는 게 백성의 운명인지도 모를 일이었다.

가뭄으로 인해 이미 예상된 흉년이기에 올해를 거쳐 내년 가을까지 먹고살 일을 걱정하기도 바쁜 게 백성들이었다. 그런데 원래 엎친 데 덮치는 것이 백성들의 운명일까? 예안 고을에 독향어사督餉御史 박안제朴安悌(1590~1663)[11]가 도착했다는 소식이 들려왔다. 독향어사란 군량을 마련하고 이를 운반하는 일을 책임지기 위해 왕명으로 파견된

어사였다. 그런데 어사라는 호칭은 점잖지만 실제로는 백성들에게서 군량을 강제로 거두고, 이것을 수송하기 위해 또다시 백성들을 차출해서 부역에 동원하는 일을 맡은 관리였다. 백성들 입장에서는 군량이라는 명목의 세금을 강제로 바쳐야 하고, 자신이 바친 곡식을 운반할 노동력까지 제공해야 하니 달갑지 않은 존재였다.

이렇게 된 이유는 뒤숭숭한 당시 정세 때문이었다. 1627년 조선은 후금과의 전쟁이었던 정묘호란에서 패한 후, 군사적 대비가 필요했다. 빠르게 팽창하는 후금의 상황을 보면 당연한 대책이었고, 그러려면 군량미를 충분하게 준비해야 했다. 독향어사의 파견은 당시 정세에 비추어 볼 때 필요한 조치였다. 전쟁이라는 거대한 재난을 막기 위한 최소한의 준비이기도 했다. 적어도 조정 입장은 그랬다. 하지만 안 그래도 흉년으로 하루하루 먹고살 것이 걱정인 백성들 입장은 달랐다. 불확실한 전쟁보다 눈앞에 닥쳐온 기근이 더 큰 문제였다.

그런데 여기에 백성들을 더 상처받게 하는 것은 곡식을 거두는 독향어사의 태도였다. 독향어사 박안제는 예안에 도착하자마자 민간에 곡식을 쌓아 둔 사람이 있는지 샅샅이 파악하여, 그 곡식을 '사채私債'라는 명목으로 거두어들였다. 예안 고을에서는 제천 댁과 안음 댁이 각각 20섬씩을 '사채'라는 명목으로 징발당했다. 20섬이면 웬만한 집 1년 치 농사를 웃도는 분량이었다. 나라가 어려우니 곡식을 거두어 가는 것은 그나마 이해할 수 있다고 해도, 파견된 어사가 진휼을 하기 위한 것도 아니고 군량을 마련하기 위함인데, 사채라는 명목까지 달고 거두어 가는 것은 사리에 맞지 않았다. 기근이 심해지면 그나마 제천 댁과 안음 댁에 있는 곡식은 이 고을의 마지막 비상식량으로 사용될 수도 있었는데, 군량미 확보라는 미명으로 모두 긁어 갔다.

그런데 예안에 사는 김령은 조정 소식을 접하고 더욱 낙망에 빠졌다. 백성들이 흉년으로 죽음에 직면해 있는데, 조정에서는 여기에 대한 대책 한 마디도 논의하지 않고 있었기 때문이다. 언제 있을지 모르는 전쟁에 대비해서 군량을 거두는 것은 미리미리 당겨 하면서도 오늘 내일 죽음을 앞두고 있는 백성들을 위한 대책은 단 한 마디도 논의되고 있지 않은 상황이었다.

이러한 소식을 접하고 있던 차에 더욱 기막힌 소식이 날아들었다. 독향어사가 거둔 군량미가 목표에 미달했는지 어땠는지 알 수 없지만, 다시 의량義粮이라는 명목으로 각 고을에서 곡식을 거두라는 명이 떨어졌다는 것이다. 의량이란 말 그대로 '의로운 일에 쓰이는 곡식'이다. 이 말은 백성들이 자발적으로 제공해서 의로운 일에 쓰일 수 있도록 한다는 의미까지 포함했다. 물론 나라가 백척간두에 서 있는 상황에서 백성들이 스스로 '의량'을 낼 수도 있다. 그러나 한끼도 제대로 해결하지 못하는 백성들에게 다시 곡식을 빼앗는 명분으로 '의량'이라는 이름을 쓴다니 그야말로 기가 막힐 노릇이었다.

1637년 병자호란의 비참한 패배 원인은 여러 측면에서 분석 가능하다. 물론 가장 큰 실책은 조선의 외교 전략과 전쟁에 대한 대비가 미비했기 때문일 것이다. 그리고 당시 급속하게 성장하는 후금(이후 청나라)에 대한 대비책을 전혀 마련하지 못한 것 역시 문제의 큰 원인이다. 하지만 그보다 더 근본적이면서 드러나지 않은 이유는, 백성들의 삶을 오랫동안 돌아보지 않았던 조정의 실정 탓은 아니었을까? 만약 당시 거두어 둔 군량이나 의량들이 제대로 보존되고, 이것을 거두기 위해 노력했던 것만큼 전쟁에 대비를 했다면 어땠을까?

출전: 김령, 《계암일록》

'환향녀',
병자호란보다 더 가혹한 현실 앞에서

1638년 음력 5월 29일, 온종일 날씨가 우중충했다. 흐리고 이따금 비가 내렸다. 농사에는 좋을지 몰라도, 화창한 5월의 하늘을 볼 수 없으니 기분까지 늘어지는 느낌이었다. 예안에 사는 김령은 아침 밥상을 막 물리는데, 예안현감 양원梁椺(1590~1650)[12]이 연통도 없이 방문했다. 사람 평가에 유난히 인색한 김령이었지만 이 당시까지도 양원에 대한 평가가 나쁘지 않았는지, 술도 한잔하면서 친분까지 나누는 사이였다. 물론 대과에 합격해서 예안 고을을 대표하는 김령이었기에 그의 집에 고을 현감이 방문한 것이 이례적인 것은 아니었다.

현감은 지극히 개인적인 이유로 방문했다. 지난 1636년 12월에서 그 이듬해 1월까지 불과 2~3개월 남짓 사이에 조선은 오랑캐라고 불렀던 청나라에 무릎을 꿇었다. 현감은 이 전쟁통에 자기 가문에서 가장 소중하게 간직해 왔던 신주를 잃었다. 그것을 다시 모시는 일에 관한 절차와 방법을 상의하려 방문했던 것이다. 그러면서 양원은 한양의 상황 몇 가지를 김령에게 일러주었다. 그 가운데 전쟁을 겪은 부녀자들의 이야기가 김령의 머릿속을 떠나지 않았다. 난리 중 치욕을 당하거나, 청나라에 끌려갔던 여인들이 돌아오면서 겪은 일은 당시 개인 차원을 넘어 국가적인 문제로 부각되고 있었다.

예나 지금이나 전쟁은 그 시대를 사는 사람 모두에게 가장 큰 재앙이다. 전쟁은 남자들을 지옥 같은 전장에 몰아넣고, 여자들을 지옥보다 더한 비참한 현실로 밀어 넣기 마련이다. 병자호란이 끝난 지 채 얼마 되지 않은 1638년 음력 5월의 기록은 이러한 여자들의 삶이 그대로 드러나 있다. 여성이 전리품이었던 이 당시의 상황은 여성의 신분을 가리지 않았다. 눈에 보이면 겁간을 했고, 노예로 쓰기 위해 대규모로 끌고가는 것도 비일비재했다. 병자호란 때에는 더욱더 그랬다. 남한산성에는 특히 고위 관료들과 그들의 가족이 밀집해 있었다. 청나라는 포로의 몸값을 노려서 가능한 한 많은 여성들을 당시 그들의 수도인 심양으로 끌고갔다.

이렇게 잡혀간 사람들 가운데 많은 여성들은 끝내 돌아오지 못했다. 다행히 막대한 몸값을 치를 수 있는 사람들은 일부 돌아오기도 했고, 일부는 도망쳐 나오기도 했다. 그런데 고향으로 돌아만 가면 모든 것이 원래대로 놀아갈 것 같았던 이들의 기대는 그야말로 꿈에 불과했다. 잡혀가기 전과 완전히 똑같지는 않더라도, 차라리 잡혀 있는 것만 못한 상황들을 맞으리라고는 그들 스스로도 생각하지 못했을 터였다.

사족 부인들 중에도 오랑캐 진중에서 도망 나온 사람들이 꽤 있었다. 그러나 그 남편이라는 작자들은 대부분 그녀들을 받아들이지 않았다. 이미 잡혀가서 정조를 잃었거나, 또는 잃었을 수 있다는 판단이 그녀들을 받아들이지 않은 이유의 전부였다. 남자들이 이룬 공동체를 평생 벗어나 본 적 없고 벗어날 수도 없었던 부녀자들에게 남편의 외면은 지옥보다 더한 현실이었다.

그녀들은 사족 지위에서 탈락되면서, 상놈들의 노리개로 전락하기도 했다. 심지어 관아에서는 사족의 부인을 겁간했다는 이유로 상놈을 처벌하려고 해도, 부녀자들 스스로 그런 일이 없다고 외면하는 실정이었다. 청나라에 납치되었다가 돌아왔다는 상처만으로도 이미 일어서기 힘든데, 상놈들에게 겁간까지 당했다는 사실이 알려지면 결코 버틸 수 없다는 사실을 부녀자들 스스로 잘 알고 있었다. 고향으로 돌아온 부녀자들은 그래서 상놈들마저 겁간할 수 있는 여자로 전락했다. '환향녀'가 정숙하지 못한 여자를 상징하는 '화냥년'으로 의미가 바뀌어 가는 과정이었다.

1년이 지날 무렵, 고향으로 돌아온 '환향녀'가 심각한 사회 문제가 되면서, 조정은 이를 해결하려는 의지를 보이기는 했다. 이들을 다시 가족 공동체 속에서 보호받도록 하는 것이 유일한 방법이었다. 정부의 기조는 간단했다. 지난번 난리에 욕을 당한 부녀자 중 지아비가 있는 여자들은 다시 전쟁 이전처럼 합쳐 살도록 하라는 것이었다. 아울러 지아비들에 대해서는 자기 아내가 청나라 병사에게 욕을 당했다는 이유로 이혼하는 것을 허락하지 않았다. 이 논의는 최명길崔鳴吉(1586~1647)에 의해 발의되었다. 실은 그의 아내 역시 청나라에 잡혀가 오랜 시일 정절을 잃을 수밖에 없는 상황에 처했었다. 이후 화의를 주장했던 최명길의 아내를 청나라는 다시 돌려보내 주었고, 최명길은 자기 아내를 더욱 소중하게 여겼다고 한다. 최명길은 자신의 경우가 모든 사족들에게까지 적용될 수 있다고 생각했고, 또 그렇게 되어야만 한다고 생각했다.

하지만 그것은 결코 쉬운 문제가 아니었다. 당시 최명길과 절친했던 장유張維(1587~1638)는 독자의 며느리가 청나라에 끌려갔다가 풀려 났는데, 돌아와 보니 뱃속에 아이가 있었다. 장유는 죽기 전에 국왕 인조에게 상소를 올려 그의 아들이 다시 장가들도록 허락해 줄 것을 청하였다. 장유는 인조의 둘째 아들, 즉 인조의 다음 왕인 효종의 장인이다. 인조는 사돈의 청인이었지만, 자신이 이미 내린 명으로 인해 이를 허락해 줄 수 없었다. 오랑캐의 자식으로 대를 이을 수 없다는 장유의 피 끓는 호소도 이해는 가지만, 그렇다고 그 며느리의 고통을 등한시할 수도 없는 상황이 이어지고 있었다.

안동에는 병자호란의 병화가 미치지 않았다. 때문에 이런 딱한 사정에 처한 사람은 거의 없었지만, 김령은 현감이 전한 이 이야기에 답답한 마음을 지울 수 없었다. 봉건적 가부장제와 혈연을 중심으로 가족 공동체를 구성해야 하는 당시 상황에서 전쟁은 여자들에게 더 가혹한 현실이었다. 전쟁은 남자가 일으키지만 그 지옥에서 여자들은 함께, 아니 더 가혹한 상황에서 살아야 했다.

출전: 김령, 《계암일록》

명분 없이 이뤄진
영남 유림 탄압

하회마을의 아침이 부산했다. 1800년 음력 1월 19일 초전草田의 양
도良鍍 외서종숙外庶從叔이 류의목의 할아버지를 뵈러 찾아왔다. 그
리고 얼마 지나지 않아 (오)미동(五)美洞의 상사上舍 김상섭金相燮 어른
역시 류의목의 집을 찾았다. 그 역시 류의목의 할아버지를 뵙기 위
함이었다. 당시 하회의 어른이었던 류의목의 할아버지 류일춘柳一春
(1724~1816)[13]은 지역에서 존경받는 어른으로, 무슨 일이 생기면 많은
사람들이 찾았다. 류의목은 오늘도 으레 그러한 일이려니 했다. 그런
데 류일춘은 김상섭을 보고 대뜸 "당신도 도망치고 있소?"라고 물었
고, 김상섭 역시 그렇다고 대답했다.

　류일춘은 당시 돌아가는 상황을 정확하게 알고 있었기 때문에 던진
질문이었다. 이에 류일춘은 급하게 "지금 미동에는 몇 명이나 남아 있
습니까?"라고 물었고, 김상섭은 다행히 지금 마을에는 아무도 없다고
했다. 김상섭의 아버지를 비롯한 가족은 이웃 마을로 갔는데, 당시 소

문을 들고 관아에서 들이닥칠 것이라고 하여 다른 곳으로 피하게 했다는 것이었다. 그 후 자신도 혼자 있다가 체포당할까 두려워 어제 지곡枝谷에서 자고 아침 댓바람부터 하회를 찾았다는 것이다.

류일춘은 소문에 경상감사가 풍산 김 씨 한 사람을 죽이려 한다는데 그것이 사실인지 김상섭에게 확인했다. 지금 이 난리도 그 일환으로 이루어진 일인지를 확인하려는 것이었다. 마동시 안동 김 씨 집성촌인 탓에 이 난리가 난 것으로 보였는데, 아니나 다를까 김상섭은 그 역시 사실이라고 확인해 주었다. 어찌된 일인가?

그 이유는 얼마 전 치러진 지방시 때문이었다. 지방시였기 때문에 신령현(현 경상북도 영천시 신령면)의 수령이 시험 고관考官이 되었다. 당시 시험 고관은 단순한 시험 감독관의 범위를 넘어, 시험 출제와 채점의 권한을 모두 가지고 있었다. 고관 한 사람의 능력과 생각에 따라 과거시험 문제의 질을 결정할 수 있으며, 시험 답안지의 수준을 정확하게 파악하여 우수한 사람을 선발할 수 있었다. 따라서 고관을 임명할 때에는 그러한 자질을 충분하게 따져서 임명해야 했다.

그런데 당시 고관으로 임명된 신령현감은 기본적인 자질도 갖추지 못한 사람이라는 평가가 일반적이었다. 게다가 출제부터 채점까지 제멋대로 하여, 도저히 시험을 제대로 지를 수 없는 지경이었다. 오죽하면 당시 영남의 선비들은 그를 욕할 때 아예 '시관 놈'이라고 대놓고 말했겠는가! 영남에서는 이제 유생들 몇 명만 모이면 시관이었던 신령현감을 욕할 정도였다.

이도 충분히 이해는 되었다. 조선시대에 지배계층 신분을 유지하거나 거기에 들어갈 수 있는 유일한 수단은 과거시험밖에 없었다. 이 때문에 유생들은 과거 급제를 평생의 목적으로 하는 경우가 많았다. 그러기에 한 번의 시험에도 예민할 수밖에 없었다. 고관의 행태가 당연히 눈에 거슬릴 수밖에 없었으며, 이 때문에 조금이라도 시험 관리가 소홀하거나 문제가 있으면 욕을 먹을 수밖에 없는 것도 사실이었다. 그런 점을 감안해도 신령 수령은 그 정도가 유난히 심했다.

사실 이 정도 되면 감독 권한을 가지고 있는 경상감사는 당연히 신령 수령에게 이에 대한 책임을 물어야 했다. 그런데 경상감사는 돌연 고관을 욕하는 모든 영남의 선비들을 잡아들이라는 명을 내렸다. 당시 시험의 공사원이었던 신면조는 의성에 있다가 아전들에게 잡혀갔고, 김종진 또한 아전들에게 잡혀갔다. 당시 관에서는 아전뿐만 아니라 범법자를 잡는 포교까지 풀어 수색하는 통에 김종진은 하회마을에 숨어 있다가 잡혀갔다. 이 와중에 종친인 김종일 역시 길을 가다가 붙잡혀 갔다. 당시 이 장면을 본 사람들은 무슨 난리가 난 게 아닌가 생각할 정도였다고 했다.

이 정도 되니, 안동을 중심으로 한 영남의 인사들은 이게 단순히 시험 감독에 대한 불만을 잠재우기 위한 것이 아니라는 생각이 들기 시작했다. 이를 빌미로 영남 선비들이 대대적으로 체포되었고, 특히 과거시험에 대부분 참여했기 때문에 누구나 잡혀갈 수밖에 없는 정황이 만들어지고 있었다. 욕하는 사람에 대한 처결이라는 게 대부분 욕한 정황이 분명하고 그것이 심할 경우 현장범이나 또는 고변을 통해 잡아가는 것이 일반적이지, 길에서 샅샅이 검문을 해서 사람을 잡아들이는 경우는 생각할 수 없었다. 그런데 이러한 의심에 기름을 부은 것이 바로 고을 수령이 《대산문집》의 책판을 뺏기 위해 본가의 책판을 모두 실어 갔다는 소문이 퍼진 것이다.

《대산문집》은 이상정李象靖(1711~1781)의 시문집이다. 그는 이황의 호를 따서 '소퇴계小退溪'로 불렸을 정도로 이황 이후 영남 유림의 종장 역할을 했던 인물이다. 따라서 그의 시문집을 지속적으로 출간할 수 있는 《대산문집》 목판은 영남에서 매우 중요시되었다. 《대산문집》 목판을 빼앗는다는 것은 영남 유림에 대한 직접적인 탄압으로 받아들여질 수 있는 대목이었다. 이 때문에 경상감사가 영남의 유생들을 마구잡이들이고 있는 것이 단순히게 시첩판에 대한 요 때문이 아니라, 영남 유림에 대한 본격적인 탄압의 시작이라고 생각할 수밖에 없었다.

실제 이 당시까지 영남 유림은 당시 임금이었던 정조에 거는 기대가 컸다. 1776년 막 즉위했을 때에는 기호 노론에 눌려 힘겹게 정책을 펴 나갔지만, 그 이후 약 10여 년이 지나면서 영남 유림을 대표하는 채제공蔡濟恭(1720~1799)을 정승으로 발탁하고, 영남 유림들을 중앙 정계로 속속 불러들였다. 그리고 1792년 도산별과를 통해 영남에 대한 직접적인 애정을 보여 주었다. 이후 영남도 그에 화답하여 만인소운동을 통해 정조에게 힘을 실어 주었다.

그러나 이 때문에 영남에 대한 기호 노론의 탄압은 이 시기가 되면서 점점 더 가시화되고 있었다. 1792년 시행된 도산별과가 영남에 따뜻한 시선을 보냈던 정조를 견제하는 기호 노론의 빌미가 되자 정조에게 힘을 실어 주기 위해 1만 여 명이 넘는 영남 유생들이 연녕상소를 올렸다. 그러나 이 상소는 정조에게 기쁨과 희망을 준 것을 제외하면, 오히려 기호 노론의 강력한 견제를 불러오는 촉매제로 작용했다. 1800년 초는 이러한 분위기가 지역에까지 미치고 있었던 것이다. 그리고 이 해 6월 정조가 승하했고, 7월 6일 하회마을까지 정조의 승하 소식이 전해지면서, 영남은 강한 좌절에 빠져들 수밖에 없었다.

출전: 류의목, 《하와일록》

신분,
프로크루스테스의 침대

오죽했으면 '투탁' 해서 노비신공을 바쳤을까...노비와 결혼한 여자, 그 뒤웅박 같은 삶...
사람이 먼저! 첩의 삼년상을 지내다...."노비는 재산", 추노를 부린 이유 ...종이 부역, 하삼도 사찰의 몰락 이유...
승려로 산다는 것, 때로는 가마꾼으로 때로는 희극인으로...통정, 엄격한 신분제에 숨구멍을 틔우다

오죽했으면 '투탁'해서
노비신공을 바쳤을까

1733년 12월 15일 도산서원은 이황의 언행록[14]이 재발간되었음을 알리는 고유제 행사를 성대하게 치렀다. 국가 차원의 행사인지라 조정에서 사제관이 파견되고 풍기군수와 예안현감을 비롯한 관료들이 제사를 봉행했다. 안동과 예안 지역 유림들이 800명 가까이나 참석한 큰 행사였다. 이와 같은 행사는 아무리 국가에서 지원해 준다고 해도, 서원 역시 경비를 녹록치 않게 지출할 수밖에 없었다.

서원 입장에서는 직접적인 행사 비용만 문제가 아니었다. 언행록을 수정·간행하기 위해 안동과 예안 지역 선비 30여 명이 몇 달을 기숙하면서 이 일을 해야 했다. 수고료는 없다 해도, 이들이 먹고 마시는 것, 종이와 필요 물품 등 제반 비용이 만만치 않게 들었다. 그리고 고유제 행사 역시 800여 명 가까이 참석하면서 그들을 대접하고 행사를 진행하는 데 들어가는 직접 비용까지 발생했다. 그야말로 언행록을 재발간하는 것뿐만 아니라 고유제 행사까지 치르면서 엄청나게 많은 비용이 들었다.

당시 도산서원 원장은 권상일이었다. 그는 한 해를 마감하면서 도산서원의 세밑 일 년 수지를 정리했다. 이 과정에서 언행록 출간과 고유제 관련 비용을 확인했는데, 다행스럽게도 이 많은 비용을 다른 곳에서 빌리거나 후원을 받지 않고도 감당했다. 도산서원 재정으로 이 모든 것을 감당했던 것이다. 도산서원의 재정은 튼튼했다. 거기에는 이유가 있었다.

도산서원은 사액서원이다. 사액이란 정부가 그 서원에 배향된 인물 및 그 서원의 존재를 공인하는 것으로, 국가가 서원의 재정과 강학을 지원했다. 지역의 토지 3결에 대해 국가가 걷는 세금을 서원에서 받았고, 군역을 면제받을 수 있는 원생을 20명까지 둘 수 있었다. 게다가 노비를 7명까지 둘 수 있었으며, 교서관에서 서적을 발간할 때도 일정 정도 지원을 받았다. 그러나 도산서원이 지역에서 세금을 거두어 재정으로 사용할 수 있다고 해도 일 년 소출이 그렇게 많을 수는 없었다. 언행록 교정이나 고유제 같은 대규모 역사와 행사를 연달아 치르는 데에는 크게 모자랐다.

그럼에도 이러한 일들을 무난히 치러 낼 수 있었던 것에 대해 당시 권상일은 '노비신공' 덕분이라는 기록을 남겼다. 노비신공이란 노비가 서원에 내는 몸값이다. 도산서원에 소속된 노비들 대부분은 서원 내에서 노동력을 직접 제공하는 솔거노비가 아니었다. 대부분 자기 땅에서 농사를 짓고 1년 수확에서 일정 정도를 세금처럼 노비신공으로 도산서원에 바치는 외거노비들이었다. 정부에서 하사받은 노비는 정해져 있음에도 불구하고, 실제 도산서원에는 많은 외거노비들이 있었다. 도산서원은 이들이 낸 노비신공으로 튼튼한 재정을 꾸릴 수 있었다. 그런데 도산서원은 어쩌다 이렇게 많은 외거노비들을 거느리게 되었던 것일까. 이를 잘 살펴보면, 당시 아픈 사회적 단면들이 나타난다.

모두가 잘 알고 있는 것처럼, 노비는 신분제사회에서 최하위 신분이다. 게다가 이 신분은 세습된다. 개인의 노력이나 의지로 신분을 바꿀 수 있는 것이 아니라, 부모 신분에 따라 자기 신분이 결정되는 체제였다. 실제로 역모에 관련된 양반에 대한 가장 가혹한 징벌 가운데 하나가 가족을 관노官奴로 편입시키는 것이었다. 신분제사회에서 노비는 그만큼 가혹한 삶을 살아야 하는 신분이었다. 그런데 이상하게도 조선시대에는 의외로 스스로 노비가 되기를 원하는 사람들도 있었다. 양반의 집이나 서원의 노비가 되기를 원하는 '투탁投託'이 성행했다.

투탁의 이유는 간단하다. 조선시대에 모든 역役, 곧 조세와 균역, 부역의 의무는 일반 양민들이 져야 했다. 관직에 나아가 국가 운영에 참여하거나 또는 참여 가능성이 있는 신분인 양반은 역이 면제되었고, 법적으로 백성이 아니라 재산에 불과한 노비 역시 역을 면제받았다. 노비는 주인과의 관계를 통해 자신이 지은 소출의 일부를 납부하고 그것을 가지고 자기 생활을 유지했다. 어떤 경우에는 자신의 농지와 함께 투탁하면서, 주인의 땅 농사를 지어 모두 납부하고 자신의 땅에서 나는 소출은 자신이 고스란히 가질 수도 있었다. 이 모든 것은 오직 주인과의 관계에서 결정되었다.

이렇게 되다 보니, 국가의 세금이 너무 과중하거나, 군역으로 인해 목숨을 걸어야 할 정도의 위태한 일이 발생할 경우, 차라리 자신의 신분을 노비로 바꾸어 양반이나 혹은 서원 같은 곳에 투탁하는 경우가 있었다. 예컨대 한 해에 국가에 내야 할 세금이 100석인데, 이웃집 양반이나 서원 같은 곳에서는 50석만 내라고 하면 양민 입장에서는 노비를 자처해서 얻을 이익이 더 커진다. 고려시대에는 절에 투탁하는 경우가 많았고, 조선시대에는 권세가나 또는 서원 같은 곳에 투탁하는 경우가 많았던 이유이다. 특히 지역사회에서 존경을 받는 서원의 경우 이러한 투탁이 집중되었다. 도산서원이 바로 그런 경우였다.

양민 입장에서 보면 국가에 세금을 내는 것이나, 서원에 세금을 내는 것이나 다를 게 없었다. 게다가 향후 양반으로 신분을 바꿀 수 있는 확실한 보장이 존재하지 않는 만큼, 노비의 삶이나 양민으로서의 삶에 질적 차이도 별로 없었다. 특히 일정 정도의 땅을 가지고 농사를 지어 주인에게 세금을 바치고 나머지를 가지고 자기 삶을 유지하는 외거노비들 입장에서는 자신에게 붙어 있는 기표만 바뀌었을 뿐, 그 내용상 차이는 거의 없었다. 이러한 현실적인 조건에서 국가가 폭압적이거나 폭력적이라면, 세금을 적게 거두는 양반이나 서원 같은 곳에 자신을 투탁하지 않을 이유가 없었다. 결국 국가의 폭력은 백성을 잃게 만들고, 백성들이 스스로 자신의 신분을 노비로 전락하게 만들었던 것이다.

예나 지금이나 국가는 최고의 권력과 권위를 자임한다. 하지만 현실에서는 국가기관에 대한 강력한 경쟁자들이 있었다. 고려시대에 사찰, 조선시대에 서원, 그리고 언제나 사회적·정치적으로 유력한 인물들이 그 경쟁자였다. 국가기관과 그 경쟁자들이 서로 차지하려고 다투는 것은 바로 백성들이다. 어느 쪽이 더 많은 백성을 획득하느냐를 놓고 끊임없이 경쟁을 해 왔다. 이것은 지금도 마찬가지이다. 사찰, 서원 같은 것들이 기업으로 바뀌었을 뿐이다.

출전: 권상일, 《청대일기》

노비와 결혼한 여자,
그 뒤웅박 같은 삶

1631년 음력 1월 19일, 눈이 조금 내리고 날씨가 흐려, 을씨년스러웠다. 예안에 사는 김령은 집에서 부리는 종 경남의 문제에 계속 마음이 쓰였다. 경남은 어렵게 얻은 아내를 빼앗길 판이어서, 울며불며 김령에게 매달리고 있었다. 하지만 사안이 녹록치 않았다. 욕심 많은 변선이 포기하지 않는 한, 그리 쉽게 해결될 것 같지 않았다. 그나마 상황 파악이 빠른 예안현감을 믿어 봐야 할 터였다.

　일은 얼마 전으로 거슬러 올라간다. 김령의 집 종인 경남의 아내는 초혼이 아니었다. 원래 그녀는 변선이라는 사람 집에서 일하던 종의 아내였다. 그런데 변선의 집 종이 일찍 사망하는 바람에 그녀는 김령의 집 종인 경남과 살림을 합쳐 새 살림을 차렸던 것이다.

　조선시대에는 양인과 노비의 혼인, 즉 양천교혼은 흔한 일이었다. 양천교혼 현상은 조선 후기로 가면서 더욱 심해졌다. 경남의 아내는 그나마 양인이어서, 노비였던 남편이 죽은 후 다른 사람과 결혼이 가능했다. 그렇지만 그녀가 비록 양인이라 해도 남편 신분이 노비이다 보니 자신의 삶 역시 노비와 별반 다를 게 없었다. 변선의 집에 있을 때에는 변선의 종 노릇을 해야 했고, 김령의 집에 있을 때에는 김령의 종 노릇을 할 수밖에 없었다.

문제는 변선이었다. 그녀가 비록 양인이라고 하더라도 자기 집 종의 아내였기 때문에 그녀를 여종처럼 부렸었다. 그런데 자기 종이 죽었다고 다른 남자와 살림을 차리니, 죽은 남자 종도 잃고 그에 딸린 노동력 하나도 잃어버리게 된 것이었다. 남자 종의 죽음에 대한 애도보다 노동력 손실에 대한 아쉬움이 더 컸다. 조선시대 노비는 재산으로 취급되었기 때문에, 변선의 생각은 그리 이상할 것도, 특별할 것도 없었다.

변선은 억울한 마음에 꾀를 냈다. 변선은 우선 매형인 박한朴玾 (1576~1652)[15]을 찾았다. 박한은 당시 풍기군수로, 그에게 자신의 억울함을 토로하는 편지를 한 장 부탁했다. 그리고는 그 편지를 들고 예안현감을 찾았다. 변선은 자기 종의 처가 김령 집안의 종인 경남의 처가 된 사안을 구구절절 설명하면서, 자신의 억울함을 토로했다. 예안현감은 우선 경남과 이 종을 중매한 사람을 찾아 관아에 가두라는 명을 내렸다. 어찌된 일인지 자신이 직접 살펴볼 요량이었다. 그런데 이 와중에 변선은 일이 거의 처리되었다고 생각해서 경남의 집에 쳐들어가 경남의 처를 데리고 가 버렸다. 심지어 현감이나 김령에게도 알리지 않고 독단으로 처리한 일이었다. 경남이 울며불며 김령을 찾았던 이유였다.

일이 이렇게 되자 예안현 아전들도 이 사실을 현감에게 보고했다. 사실 예안현에서 김령의 위치는 확고했다. 문과를 거쳐 이미 중앙 관료를 지낸 인물이었기 때문에, 현감 입장에서도 결코 함부로 할 수 없었다. 그런데 변선이 현감의 최종 판단도 없이 자기 욕심으로 그 여인을 데리고 갔으니, 현감 입장에서는 김령의 눈치를 보지 않을 수 없었다. 현감 역시 이 보고를 받고는 사건을 다시 조사하기로 하고, 변선과 그 여인을 관아로 불러들였다. 아무리 이웃 고을 군수의 편지가 있었다고 해도, 이제 이 문제는 그리 간단한 것이 아니게 되었다.

예안현감이 변선에게 캐물었다. 왜 묻지도 않고 그 여인을 데리고 갔는지, 그리고 왜 그 여인이 변선의 소유인지를 설명하라고 했다. 그러자 변선은 그 자리에서 자신의 말을 모는 남자 노비를 불러와서 그를 가리키면서, "이 여인과 우리 집 말 모는 노비는 이미 통정한 사이입니다. 그런데 다시 시집가는 것은 옳지 못한 처사입니다"라고 대답했다. 이미 통정까지 했다면야 변선의 말이 일리가 있지만, 예안현감은 자꾸 머리에 김령이 떠올랐다. 변선을 물리고 변선의 말 모는 종과 그 여자를 따로 불러 세웠다. 여인이 변선의 말 모는 종과 통정하지 않았다고 사정하자, 말 모는 종은 머뭇머뭇 하다가 제대로 답하지 못하고 결국 이 모든 일이 변선이 꾸민 일임을 고했다.

일이 이렇게 되자, 변선은 다시 고하기를 "경남의 주인인 김령이 나에게 사정을 묻지 않고 그 여인을 나에게 내주었습니다"라고 했다. 급한 와중에 입에서 나오는 대로 고했던 것이다. 그러자 예안현감은 급하게 김령에게 편지를 써서 변선이라는 자가 그렇게 자신에게 고했는데, 그게 사실인지를 물어 왔다. 김령은 이 편지를 받고 잠시 망설였다. 그대로 답변을 하면 자신에게 유리하지만, 이 경우 마치 자신이 그 여인의 노동력을 욕심내는 변선과 다르지 않게 비칠 수 있었기 때문이다. 그래서 김령은 답을 물리고 자신은 어떠한 판결도 받아들일 터이니 현감이 잘 판단해 달라는 원론적인 답장을 써 주었다. 그러자 예안현감은 변선에게 다그치기를 "김령은 이토록 시원하게 허락하였네. 그런데 자네의 처사는 참으로 온당치 못하니, 어찌 이런 짓을 하는가?"라면서 힐난했다. 이렇게 되자 변선은 스스로 부끄럽게 여겨 마침내 그 여인을 포기하고 떠났다.

조선시대에서 노비 신분은 사람이 아닌 재산의 범주에서 취급되었다. 그러다 보니 노비에 대한 소송은 재산 분쟁에 준해서 이루어졌다. 그런데 다른 재산과 달리 노비라는 재산은 도망도 다니고 결혼을 해서 자녀도 낳고 하니, 그 처리 양상은 이래저래 골치 아픈 경우가 많았다. 신분제사회에서 사람을 재산이나 노동력으로 보는 데서 나온 필연적 결과였다.

우리가 살아가는 현대는 신분제를 탈피한 지 이미 오래되었고, 내용적으로도 사람을 재산이나 노동력으로 보는 경우는 없어졌다. 하지만 정말 그럴까? 현대사회에서 심심찮게 일어나는 갑질 행위나 노동자들을 생산수단으로만 보는 고용주들의 생각 속에 여전히 이러한 의식이 존재하는 것은 아닌가 하는 생각을 갖게 된다. 노동력을 제공하고 생활을 꾸려나가야 하는 현대인의 삶 역시 그러한 측면에서 옛날과 근본적으로 달라졌을까 싶다.

출전: 김령, 《계암일록》

사람이 먼저!
첩의 삼년상을 지내다

1616년 음력으로 6월 27일, 예안 선비 김택룡은 사위 권근오가 보낸 쌀을 받고 몹시 고마웠다. 그 쌀은 7월 1일에 있을 김택룡의 두 번째 첩 제사에 쓰라고 보낸 것이었다. 그다음 날에는 각종 채소도 보내왔다. 제사에 필요한 물품들이 모두 마련되자, 29일부터 그와 가족들은 제사 준비를 서둘렀다. 본부인도 아닌, 두 번째 첩의 삼년상이었다. 본격적으로 제사 음식을 준비하게 했고, 이복李福에게는 약과를 만들라고 말을 해둔 터였다. 이번 제사는 그냥 제사가 아닌, 삼년상을 끝내는 제사여서 이리저리 신경이 많이 쓰였다.

　음력 7월 1일, 김택룡은 2년 전 먼저 간 두 번째 첩을 기리며 제사를 지냈다. 평소 알고 지냈던 진사 박회무朴檜茂(1575~1666)[16]와 이서, 그리고 홍붕 등도 김택룡의 슬픔에 동참했다. 두 번째 첩이 낳은 2남 2녀 가운데 장녀는 액을 피해야 할 일이 있어서 제사에 참여하지 못했고, 나머지 셋은 모두 참여했다. 비록 첩이었지만, 집안 전체가 그녀의 죽음을 슬퍼하며 모든 예를 다 갖추어 그녀를 떠나보냈다. 제사를 끝낸 후 모두가 평상복으로 갈아입는 것으로 삼년상을 마쳤다.

조선시대 신분제에서 첩은 비록 양반을 지아비로 섬겼다고 해도 여전히 천한 신분이었다. 첩의 자식들은 비록 양반 자식이라고 해도, 어머니 신분을 세습해야 하기 때문에 양반 신분을 가질 수 없었다. 이 때문에 첩의 죽음은 양반의 전유물인 삼년상의 대상이 되지 않았다. 첩의 죽음에 대해 굳이 삼년상이라는 형식을 갖추지 않아도 문제되지 않았던 것이다. 하지만 김택룡은 달랐다. 김택룡은 첩이 낳은 자식들에게 어머니 삼년상을 치르게 했다. 김택룡 본인도 자식들이 삼년상을 치르는 동안 부인을 잃은 마음으로 슬퍼했다.

김택룡은 조목趙穆(1552~1606)의 제자이다. 조목이라는 이름은 많은 사람들에게 낯설다. 하지만, 그는 이황의 학문을 계승했던 가장 대표적인 제자 가운데 한 명이다. 제자로서는 이황과 함께 도산서원에 배향된 유일한 인물이기도 하다. 김택룡은 그런 조목의 수제자였다. 누구보다 유교 예제禮制에 밝았고, 유학자로서의 삶이 어떠해야 하는지 잘 알았던 사람이다. 그런 그가 첩이 낳은 자식들과 함께 첩의 삼년상을 지켰다.

동양이나 서양이나 옛날에는 '학문'이 무엇인가에 대한 생각이 지금과 달랐다. 지금은 도구적 지식에 대한 발견과 축적을 학문이라고 생각하는 경향이 강하다. 그러나 유학은 지식 그 자체를 추구하기보다는 지식을 통해서 '좋은 사람 되기'가 목적이었다. 학문의 목적이 지금과 달랐기에 학문 자체의 내용도 지금과 달랐다. 유학의 경전에는 사람과 사람의 관계에 대한 성찰이 많다. 그래서 많은 학자들이 유학을 '사람과 사람의 올바른 관계 맺기에 관한 학문'으로 규정한다. 올바른 관계 맺기를 위해 자신의 이기적 욕망을 제어하고 타인을 위한 공적인 마음을 갖도록 하는 것이 조선시대 사람들이 생각했던 유학에서의 '공부'이다.

이러한 관점에서 보면 유학에서 말하는 예는 선한 마음이 가장 이상적인 관계 맺음의 행동양식으로 드러난 것을 의미한다. 그것이 현실에서 구체적으로 어떻게 드러나야 하는지 밝히고 있는 것이기도 했다. 그런데 시간이 흐르자 이상적인 관계 맺음이라는 본래의 취지보다는 그 수단인 구체적인 행위 양식에만 얽매이게 되었다. 그러자 예는 형식에 얽매이는 강제와 규율의 형태로 변해 버렸다. '사람'이 빠진 자리에 형식만 남게 된 것이다. 상복을 몇 년 입고, 절을 몇 번 하며, 제사상을 어떠한 순서로 차려야 하는지를 가지고, 그야말로 목숨을 걸고 싸우기도 했다.

하지만 김택룡은 삼년상을 지내면서, 자신을 사랑했던 사람에 대한 연민과 어머니를 잃은 자식의 입장에서 예를 해석하고 실천했다. '사람'이 가진 감정을 적절하게 행위로 풀어내려 했던 예의 본래 정신을 알고 있었다. 신분에 앞서 사랑했던 사람에 대한 감정을 먼저 기억하고, 어머니를 잃은 자식들의 슬픔을 먼저 생각했다. 김택룡이 지낸 첩의 삼년상 제사에는 이런 마음이 담겨 있었다.

출전: 김택룡, 《조성당일기》

"노비는 재산",
추노를 부린 이유

여종 막개가 도망쳤다. 김택룡의 아들 김숙이 집에서 데리고 있던 여종이었는데, 도망친 후 종적을 찾을 길이 없었다. 조선시대는 대부분 지역을 중심으로 한 공동체 사회였기에 도망을 쳐도 다른 곳에서 정착하기가 쉽지 않았다. 대체로 갈 곳이 뻔했다. 그래서 행적을 찾다 보면 충분히 찾을 법도 한데 이번에는 그렇지 않았다.

그러다가 1612년 정초인 음력 1월 9일, 막개가 양양의 향교에 있다는 소식을 전해들었다. 김숙은 부랴부랴 종 금변金卜이를 그곳에 보냈다. 막개를 잡을 사람들을 보내기 전에, 금변이를 먼저 보내 정황을 살펴보게 했던 것이다. 그리고 이날 밤 김택룡의 집에는 이 사안을 논의하기 위해 아들인 김숙과 김적, 김각 3형제와 조카 김형, 생질 정득, 그리고 사촌동생 김덕룡까지 모였다. 여종을 잡을 방법에 대한 논의로 밤이 깊었다.

3일 뒤, 여종을 잡기 위해 일종의 추노단推奴團이 꾸려졌다. 막개의 주인 김숙보다는 동생 김적이 김택룡의 사촌동생 김덕룡과 함께 나서기로 했다. 종 논복論卜과 개수介守가 이 둘을 시종하기 위해 따라나섰다. 그러나 며칠 뒤 결국 잡지 못하고 허탕만 쳤다는 소식을 알려 왔다. 준비를 단단히 하고 떠난 길이었지만, 막개 쪽도 그리 만만치 않았던 모양이었다. 그 뒤에도 이쪽저쪽에서 소식이 들려와서 막개를 잡기 위한 시도를 여러 번 했지만, 끝내 잡지 못하고 몇 년이 흘렀다.

다시 막개의 소식을 들은 것은 6년 가까이 지난 1617년 음력 12월 19일이었다. 막개가 신안新安(현재 경상북도 성주)의 향리와 결혼하여 벌써 자녀를 넷이나 낳고 살고 있다는 것이었다. 도망친 날을 계산해 보면, 막개는 도망친 지 얼마 되지 않아서 신안의 향리와 살림을 차린 모양이었다. 김택룡은 막개의 일을 처리하기 위해 아들 김숙을 신안으로 급히 보냈다. 김택룡은 다행스럽게 신안현감 김중청金中淸(1566~1629)[17]을 잘 알고 있었다. 사안에 대해 설명하고 협조를 구하는 편지도 함께 보냈다.

며칠 뒤 신안에서 보낸 아들 김숙의 편지가 도착했다. 막개를 찾았다고 했다. 자식을 넷이나 낳았다는 말도 사실이었다. 그러나 이미 자식까지 낳은 향리의 여인을 다시 끌고 오는 것도 쉽지 않은 일이었다. 막개의 남편인 향리 역시 자기 아내를 그렇게 놓아 줄 리도 없었을 것이다. 김숙은 편지에서 결국 막개가 자신에게 신공을 바치는 것으로 해결하려 한다는 사실을 알려 왔다. 노비는 주인집 농사를 일구거나, 혹은 노동력을 제공해서 일정 정도 생산에 기여해야 하지만, 현실적으로 그게 힘든 상황이니 그에 준하는 공물을 바치기로 했다는 것이다.

얼마 뒤 신안현감 김중청의 편지도 도착했다. 부탁한 대로 김택룡의 아들 김숙을 잘 대접했다는 사실과 막개의 일을 잘 처리했다는 내용이었다. 막개의 일은 아들 김숙이 보낸 내용과 차이가 없었다. 다만 막개의 차녀를 기생의 열에 예속시켰다는 소식을 보내왔다. 막개의 신분이 노비인 줄 몰랐기 때문에 그 자식에게 별도의 신분적 제약이 없었지만, 이제 그것이 확인되어 그 차녀를 관노로 예속시킨 것이다. 막개 입장에서도 차녀를 관노로 예속시킴으로써, 지금의 삶을 그대로 유지할 수 있었다. 얼마 뒤 막개는 5년간 노비생활을 하지 않은 것에 대한 대가로 베를 보내왔다. 이를 공선貢膳이라고 했다. 5년 치에 해당하다 보니 그 분량이 적지 않았다. 김택룡은 이번 일로 뜻밖의 이익을 얻은 기분이었다. 노비도 찾은 데다 5년간 밀린 공선을 한꺼번에 받았으니 지금 같으면 마치 묵혀 둔 목돈을 찾은 듯 했을 터였다.

조선시대 노비는 사람이 아닌 재산으로 취급되었다. 그러나 노비는 다른 재산과 달리 '살아 움직이는 재산'이어서, 출생과 사망, 도망 등의 변수가 있었다. 특히 노비가 도망을 가서 종적을 감추면 주인은 골머리를 앓을 수밖에 없었다. 국가나 관청 소속 공노비가 도망가면 관청에서 수색 작업에 나섰지만, 개인 소유 사노비에 대한 관리는 전적으로 해당 소유주의 몫이었다. 노비주가 알아서 찾아야 했고, 노비를 잡으러 가는 것도 개인적인 일이었다. 이 때문에 세력 있는 양반가는 관의 힘을 빌렸고, 남아 있는 가족을 압박하여 그 소재를 파악하려고 노력하기도 했다.

노비의 도망에 이렇게 집착했던 것은 노비 한 사람의 생산력이 적지 않았기 때문이다. 주인 땅을 경작하는 노비는 주인 땅에서 나오는 소출의 일정 정도를 주인에게 내고 남는 것을 자신이 갖거나, 또는 주인의 땅을 경작하는 대가로 주어진 일정 정도의 땅에서 나는 소출을 가지고 생활했다. 그런데 노비의 도망은 대개 주인들이 너무 많은 소출을 빼앗아 가거나, 혹은 땅을 경작하는 대가로 주어진 땅에서 나는 것까지 빼앗아 갔기 때문이었다. 그 상태로는 먹고살기 힘들다는 판단이 들면 그들은 도망자가 되었다. 이렇게 노비가 도망치고 나면 주인 입장에서는 당장 노동력에 공백이 생길 수밖에 없었다. 손해가 이만저만이 아닌 이유였다.

막개와의 협상이 잘 이루어질 수 있었던 것도 이런 연유에서였다. 막개의 도망으로 김숙이 입은 경제적 손해는 5년간의 손해뿐만 아니라, 앞으로 막개가 살아 있을 동안의 손해도 포함되어 있다. 주인 입장에서는 그 손해와 앞으로 받게 되는 신공만 정확하게 들어오면, 별로 손해 볼 일도 없었다. 따라서 그를 다시 데리고 와서 노동력에 포함을 시키는 것이 일반적이었겠지만, 이미 자식을 넷이나 낳고 살고 있는 상황을 되돌리는 것은 쉽지 않았다. 결국 5년간의 손해는 공선으로, 그리고 향후 매년 노비신공을 바치는 것으로 그 손해를 보상해 주기로 했던 것이다.

특수한 상황을 고려해서 내린 판단이지만, 크게 손해 날 일도 없었다. 도망쳤다가 잡힌 막개 입장에서는 이 정도에서 자기 가족을 유지하는 것으로 결론을 냈으니, 잡히기 전보다야 못하지만 그나마 다행이라고 여길 만했다. 하지만 결국 그녀에게 남은 것은 차녀를 노비의 신분인 관기로 예속시킨 것과, 매년 노비신공을 낼 일이었다. '사람이 아닌 재산'이었던 노비의 신분에서 오는 불가피한 상황들이었다.

출전: 김택룡, 《조성당일기》

종이 부역,
하삼도 사찰의 몰락 이유

1736년 초, 울산부사 권상일은 지방관으로서 바쁜 일상들을 보내고 있었다. 중앙 관료로서도 바쁜 일상이었지만, 지방관으로서도 하루도 쉴 날 없는 업무의 연속이었다. 특히 울산부사는 업무상 경주나 감영이 있는 대구에 왕래할 일이 많았다. 교통이 발달한 요즘이야 별것이 아니지만, 당시로서는 쉽지 않은 노정이었다. 이로 인해 권상일은 길 도중에 즐겨 들르는 곳이 생겼다. 그중 하나가 바로 영지사靈芝寺[18]였다. 영천(지금의 경상북도 영천군)에 위치한 절로 대구에 다녀올라치면 종종 들러 묵던 곳이었다.

　권상일이 이곳을 즐겨 들르게 된 데에는 그곳에 현판으로 걸려 있는 조호익曹好益(1545~1609)[19] 선생의 시 때문이다. 영지사 모든 건물마다 특이하게도 조호익의 시를 새긴 시판이 걸려 있었다. 조호익은 이황의 제자 중 한 명이다. 임진왜란 때 큰 활약을 했고, 학문도 높아서 성리설과 역법, 예학서 등을 남긴 학자였다. 영천은 조호익의 고향이었다. 그는 임진왜란 이후 영지사에 머문 적이 있었는데, 그때 이 시들을 남겼다. 그 당시 영지사는 몇 칸짜리 작은 암자에 불과했다. 승려도 노승들 몇 명밖에 없었다고 한다. 그런데 그 뒤로 갑자기 승도가 늘어 큰 절이 되었는데, 권상일이 영지사를 드나들 때에는 영천을 대표하는 사찰이 되어 있었다.

1736년 음력 2월 25일에도 권상일은 대구에서 김영 일을 보고 울산으로 오다가 영지사에 머물기로 했다. 그런데 이날 영지사 분위기가 썩 좋지 않았다. 연유를 알아 보니, 이유가 있었다. 영지사는 당시까지 영천 지역의 종이 만드는 부역을 담당했었다. 조선시대에 절에서 흔히 담당하는 일이었다. 그런데 영지사에서 만든 종이가 품질이 좋다는 사실이 알려지면서, 병영에서 사용할 종이까지 영지사에 부과했다는 것이다. 지역에서 필요로 하는 종이 부역만 해도 영지사 승려 전체가 매달려야 할 정도로 충분히 버거웠다. 그런데 병영에 대야 할 종이 부역까지 떨어지니, 영지사로서는 막막하기만 했다. 약삭빠른 젊은 승려들은 벌써 절을 떠나기 시작했다. 이대로 가다가는 종이 부역으로 큰 절이 비게 될 수도 있었다.

이러한 일은 비단 영지사에서만 발생한 것이 아니었다. 그 이듬해 1737년 음력 4월 21일, 권상일은 감영에 올라가는 길에 짬이 나 경주에 들렀다. 이곳에서 몇몇 지인들을 만났는데, 그들로부터 이언적李彦迪(1491~1553)[20]을 배향하는 옥산서원에 대한 이야기를 들었다. 정확히 말하면, 옥산서원에 대한 이야기가 아니라 옥산서원에 속해 있는 정혜사定惠寺[21]라는 절에 대한 이야기였다. 옥산서원이 선조 연간에 세워질 때 그곳에서 몇 리 떨어져 있지 않은 정혜사를 옥산서원에 소속시켰다. 정혜사에는 옥산서원에 소속되어 있는 절임을 표시하는 수

많은 증명서가 발급되어, 그것이 꾸러미를 이룰 정도였다. 이렇게 되면서 정혜사는 옥산서원에 필요한 노동력과 물품 등을 공급해야 했다. 실제 옥산서원에서 간행하는 서책들의 목판도 정혜사에 보관되었고, 이것을 지키는 것도 정혜사 승려들이었다.

그런 정혜사 입장에서도 가장 힘들었던 것은 옥산서원에 필요한 종이를 대는 것이었다. 서원 유생들이 공부를 위해 정혜사 한 켠에 머무는 것이야 한 철로 끝날 일이었지만, 수요가 많은 서원의 종이를 지속적으로 대는 것은 만만치 않은 일이었다. 그런데 여기에다 갑자기 병영에서 필요한 종이까지 배정했던 것이다. 이렇게까지 되자 정혜사 역시 대부분의 승려들이 흩어져서, 지금은 거의 텅 빈 절이 되었다고 했다. 그야말로 종이 만드는 부역이 사찰을 쇠락하게 만들고 있었다.

조선시대 사찰은 숭유억불정책에도 불구하고, 사회적 역할이 없어지지 않았다. 절집을 짓느라 사찰에는 건축기술을 가진 승려들이 많았고, 경전을 판각하여 출판하던 기술은 이후 유학자들의 문집을 판각하고 책을 만드는 데 활용할 수 있었다. 그러다 보니 알게 모르게 사찰을 용인해 주고, 거기에서 다양한 이익을 취하기 시작했다. 그 가운데 가장 대표적인 것이 바로 종이였다. 조선시대에는 종이를 제조하던 국가기관인 조지서造紙署가 있었지만, 정부에 필요한 종이를 생산하는 것만으로도 벅찼다. 이 때문에 관청이나 서원, 향교 등에서 필요한 대부분의 종이는 각 지역 사찰에서 감당하는 경우가 많았다. 사찰 입장에서도 일정 정도 종이 부역을 하고, 자신들의 존재를 사회적으로 인정받는 동시에, 이를 기반으로 수양할 수 있는 환경을 만들기도 했다.

하지만 부역은 늘 그렇듯 일정한 정도에서 머물지 않는 게 문제였다. 종이를 만드는 일은 필요한 만큼의 닥나무 농사에서 시작한다. 그것을 수확해서 닥나무를 찌고 전통 방식으로 종이를 생산하는 과정을 거쳐야 한다. 그러니 한 장의 종이를 생산하는 과정이 어떤 부역보다 녹록치 않았다. 그런데 숙종 대 이후 서원이 많아지자 지역사회를 중심으로 종이 수요는 더욱 많아졌다. 지방 관리들 역시 관청에서 필요한 것보다 더 많은 양을 요구하고 이를 개인적 용도로 사용하기도 했다. 이렇게 되자 결국 그 양을 감당할 수 없는 사찰에서는 승려들이 도망가거나 떠나기 시작했다. 하삼도下三道라고 일컬어지는 경상도와 충청도, 전라도에서 사찰이 쇠락하게 된 데에는 종이 생산을 비롯한 사찰에 대한 과도한 부역 부과도 중요한 원인이었다. 절이 힘들면 중도 떠나기 마련이다.

출전 : 권상일, 《청대일기》

승려로 산다는 것,
때로는 가마꾼으로 때로는 희극인으로

남원에서 살겠다고 서울 생활을 정리하고 내려온 지 채 두 달이 되지 않은 1618년 음력 4월 초, 조위한趙緯韓(1567~1649)[22]은 반가운 손님의 방문을 받았다. 토포사* 임무를 수행하기 위해 남쪽으로 가던 동생 조찬한趙纘韓(1572~1631)이었다. 조위한은 동생의 제안으로 4월 11일부터 몇몇 동료들과 함께 지리산을 등반하기로 했다. 조위한의 입장에서는 남원에 오고도 한 번도 가 보지 못했던 지리산이라 여간 기대가 큰 게 아니었다. 게다가 동생이 토포사인지라, 지역에서 도움도 충분히 받을 수 있을 터였다.

  곡성 관아와 구례현감의 지극한 대접을 받으면서 이들은 13일 지리산 무릉계곡에 도착했다. 이미 쌍계사에 기별이 가 있었는지, 쌍계사

---

* 도적(산적·화적 등)이나 반란세력을 수색, 체포하기 위해 수령이나 진영장鎭營將이 겸직한 관직.

승려 10여 명이 나와 일행을 기다리고 있었다. 이들은 조위한 일행을 가마에 태우고, 쌍계석문에 이르렀다. 최고의 경치 앞에서 병마절도사 일행이 보내온 기생들과 더불어 술자리를 마련했다. 여흥이 크게 벌어졌지만 수행하는 쌍계사의 승려들에게는 참으로 몹쓸 일이기는 했다.

이튿날(14일)이 밝았다. 조위한 일행은 이제 본격적으로 불일암[23]에 오를 요량이었다. 불일암의 경치도 그만이었지만, 불일암에서 동남쪽으로 백 걸음만 가면 불일폭포가 있었기 때문이다. 불일폭포의 장관은 널리 알려져 있었다. 조위한도 그 소문을 들었고, 이후 불일폭포를 보고는 개성에 있는 박연폭포에 뒤지지 않는 것 같다는 기록을 남겼다. 조위한을 포함한 일행 다섯이 불일암에 오르기로 했다. 쌍계사에서는 부산스럽게 가마를 준비했고, 일행은 각각 가마를 타고 쌍계사의 법당 뒤쪽 길을 통해 산을 올랐다. 산에 오르기 좋은 남여籃輿가 준비되었고, 승려들은 모두 이것을 메는 가마꾼이 되었다.

불일암에 오르는 길은 순탄치 않았다. 가마를 멘 승려들은 대장간의 풀무가 내는 듯한 가쁜 숨소리를 내었다. 하루이틀 오르는 곳이 아닌데도, 턱 밑까지 차오르는 숨을 어찌할 수는 없었던 모양이다. 조위한이 보니 이들의 등에 금방 소금기가 배어 올랐다. 길이 험하고 숨이 차서, 대여섯 설음마다 가마를 멘 어깨와 걸음을 바꾸어야 했다. 걷는다기보다는, 앞에서 당기고 뒤에서 미는 형국이었고, 가마도 왼쪽과 오른쪽으로 기울어지면서 요동을 쳤다. 가마를 메는 것이 얼마나 어려운지 짐작할 만하지만, 가마를 메지 않는 양반의 입장에서는 가마에 앉아 있는 것도 힘들다는 생각을 했다. 한 치를 오르면 한 자나 물러나는 것과 같은 길을 억지로 올라 겨우 8~9리 정도를 올라가니 길은 더욱 험해졌다.

벼랑이 나오자 조위한 일행은 결국 가마에서 내려야 했다. 나무로 구름다리를 만들어 이어 놓은 곳이 많아, 도저히 가마가 지나갈 수 없었다. 몇몇 군데 이런 다리가 이어져 있어서, 결국 다리에 엎드려 바짝 붙은 후에 기듯이 건너야 했다. 평지라도 나오면 다시 승려들에게 업혔고, 그렇지 않으면 엉금엉금 기어 산을 올랐다. 산 곳곳을 잘 알고 있는 승려들은 비교적 무난하게 잘 이끌었지만, 험한 길 앞에서 초행길의 여행객들은 턱턱 차는 숨을 골라야 했다. 가마를 메었던 승려만큼이야 못하겠지만, 여행객들 입장에서는 고된 영웅담을 하나 만들고 있었다.

그런 영웅담 뒤에는 그 험한 산을 가마를 메고 다녀야 했던 승려들이 있었다. 쌍계사 승려들은 지리산을 찾는 양반과 관료들을 위해 늘 이처럼 가마를 메야 했다. 실제로 1643년 안음현감으로 있던 박장원朴長遠(1612~1671)[24]이 남긴 지리산 유산일기 《유두류산기》에 따르면 승려 70여 명이 가마꾼으로 동원되어 산을 올랐다. 1751년부터 기록된 경상감사 조재호의 《영영일기》에도 경상감사 일행이 지리산에 오르는 기록이 있는데 백련암을 돌아볼 때 견여를 탔다. 승려들이 아니면 이 견여를 멜 사람이 없었다는 점을 상기해 보면, 쌍계사 젊은 승려들은 수행자라기보다는 오히려 가마꾼에 더 가까웠다고 말할 정도였다.

승려들이 선비들의 유람에 가마꾼으로만 동원된 것은 아니었다. 1796년 5월 12일 금강산에 오른 남한조南漢朝(1744~1809)[25]는 금강산 발연폭포에 이르렀다. 승려들 시중을 받아가면서 이곳에 도착한 남한조 일행 가운데 한 사람이 폭포를 보고는 옛날 고사에 나오는 유희를 하자면서, 짓궂은 제안을 했다. 옛날 고사에 따르면 발연폭포에서는 승려가 나뭇가지에 앉아 폭포 위에서 물을 타고 내려오는 놀이를 했다고 한다. 이는 승려들의 놀이가 아니라, 승려들이 목숨을 걸고 내려와서 못 속에 처박히는 것을 보면서 박장대소를 했던 양반들의 구경거리였다. 이러한 기록은 남효온이 남긴 《유금강산기》에 더 자세하게 나온다. "유희를 좋아하는 승려들은 폭포 위에서 나뭇가지를 꺾어 그 위에 앉아 물결을 타고 내려갔다. 요령이 있는 자는 잘 내려가고, 요령이 부족한 자는 거꾸로 내려갔다. 거꾸로 내려가면 머리와 눈이 물에 빠져서 한참을 허우저거리다 나왔다. 그러면 곁에 있던 사람들이 모두 깔깔거렸다."

남한조 일행이 제안한 유희는 바로 이러한 것이었다. 그러자 당시 함께 갔던 승려들은 배우지 못했다면서 황급히 손사래를 쳤다. 이들은 이것으로 더이상 승려들을 괴롭히지는 않았지만, 실제 이러한 일을 당해야 했던 승려들 입장에서는 참으로 난감할 일이었을 것이다. 가마꾼 역할로도 모자라, 웃음을 주는 희극인 노릇까지 해야 했으니 말이다.

이 때문에 1587년 8월 7일, 포항에 있는 보경사寶鏡寺에 들렀던 황여일黃汝一(1556~1622)[26]은 그곳 승려인 학연學衍으로부터 다음과 같은 이야기를 들었다. 원래 보경사가 있는 내영산은 그리 유명한 산이 아니었는데, 이황의 제자였던 이정李楨(1512~1571)이 경주부윤으로 있으면서 이곳을 다녀간 후 갑자기 유명해졌다. 그런데 이후 영남에서 유람하는 선비나 공무로 지나가는 관료, 지방에 부임한 관리들까지 이곳을 찾았다고 한다. 이렇게 되자 이곳에 있는 승려들은 가마꾼이 되고, 절은 밥을 지어 나르는 여관이 되었다. 이 때문에 산이 유명해진 것이 승려들에게는 심한 재앙이 되었다는 것이다. 조선시대 승려로 산다는 것, 그것은 매년 종이 부역에 시달리면서도, 때론 가마꾼으로, 때론 여관 심부름꾼으로, 그리고 때론 여행 온 양반이나 관료들을 웃기는 희극인이 되어야 하는 것을 뜻했다.

출전: 조위한, 《유두류산록》/남한조, 《금강산소기》/황여일, 《유내영산록》

통청, 엄격한 신분제에
숨구멍을 틔우다

1802년 하회마을의 연초는 이리저리 바삐 지났다. 그나마 초이레(7일)가 되면서 차츰 차분해지던 중에, 아침 댓바람에 서원의 종이 소를 끌고는 류의목柳懿睦의 할아버지 류일춘柳一春[27]을 찾았다. 아침 일찍부터 서원에 여러 장로들이 모였는데, 급하게 류일춘을 모셔 오라 했다는 것이다. 마을의 장로급에 해당하는 류일춘인지라, 급하게 상의할 것이 있었던 듯했다. 그러나 류일춘은 몸이 불편하고 날도 너무 추워 거동이 불편하다고 핑계를 대면서, 막내아들[28]을 대신 보냈다. 아버지 대신 서원 회의를 참석하고 온 막냇삼촌은 아버지에게 "통청通清한 서족庶族 10명을 서원 명부에 기록하는데, 한 마을에 각각 한 사람씩입니다. 하회는 평성 아저씨가 명단에 들었습니다"라고 고했다.

옆에서 듣고 있던 류의목은 '서원의 통청'이 무슨 말인지 몰라 고개를 갸우뚱하였다. 아직 세상 경험이 많지 않았던 류의목에게 이 말은 낯설었다. 통청이란 '청직清職에도 나아갈 수 있도록 허락한다'는 뜻이다. 좀 더 자세하게 말하면 청직에 나아갈 수 없었던 사람들에게도 청직에 나아갈 수 있도록 허가한다는 의미였다.

그럼 '청직'은 무엇이고, '청직에 나아갈 수 없는 사람들'은 누구일까? 우선 후자는 조선시대 본처에게서 난 자식이 아닌 '서얼'들을 의미한다. 이들은 아버지는 양반이지만 어머니가 양인이거나 천인의 신분인 사람들로, 엄밀히 말하면 양인 신분의 어머니를 두고 있는 '서자'와 천인 신분의 어머니를 두고 있는 '얼자'로 나뉜다. 이들은 혹 과거에 합격해서 관리가 되더라도 지금까지 청직에 나아가지 못하도록 제도적으로 제한해 왔다는 것이다.

청직이란 말 그대로 '깨끗한 직'인데, 흔히 비판과 간언, 탄핵, 문헌 및 경연을 담당했던 삼사三司가 대표적이었다. 이른바 사간원과 사헌부, 홍문관이다. 선비들이 관리로 나아갔을 때 가장 가고 싶은 대표적인 부서들이었다. 사실 조선시대 역사를 통틀어 보면 서얼들은 아예 과거에 응하지 못했던 경우가 더 많았고, 과거에 급제해도 청직에는 임명되지 못했다. 그러다가 영조 대에 오면서 서얼들도 청직에 나아갈 수 있도록 허락했다. 영조 입장에서는 정치적인 이유와 탕평의 이념을 관철시키는 과정이었겠지만, 기록에는 "서얼들의 억울함을 민망하게 여겨" 통청을 허락했다고 했다. 영조 자신도 미천한 신분의 어머니를 두었기 때문에 이러한 정책을 폈을 것이라 짐작되기도 한다.

그러나 아무리 임금의 명이라고 해도, 서얼은 관료 진출조차 허락되지 않던 사회에서 그들의 통청은 어불성설이었다. 영조의 의지가 아무리 강했어도 그의 사후 26년이 지난 당시에도 관료사회에서 통청이 쉬 이루어지지는 못했다. 그러나 그 바람은 서서히 변화를 만들었다. 특히 통청의 적용이 가능한 지역에서는 그 바람이 불기 시작했다.

당시 하회마을에까지 통청의 바람이 불면서 변화는 예고되고 있었다. 물론 이는 오랫동안 눌려왔던 서얼들이 불만을 드러내기 시작하면서 나온 결과이기는 했다. 이들은 조정에서도 서얼들의 청직 진출을 허락했는데, 고을에서는 아직 서원 출입조차 막고 있다며 불만을 표했던 것이다. 그러면서 만약 이를 들어주지 않으면 서얼들을 중심으로 '만인계'를 만들어 양반들을 핍박하겠다는 협박까지 서슴지 않았다.

하회를 중심으로 한 양반들 입장에서는 여간 껄끄러운 게 아니었다. 그들 말이 아예 틀린 것도 아니어서 새해 벽두부터 서원에 모여 그 문제를 논의하기에 이른 것이었다. 이들은 논의 끝에 "주상의 하교에 비록 서원에 대한 이야기는 없지만, 우리 지방의 서얼들에게는 서원에 드는 것이 조정에서 청직에 나아가는 것과 같은 것이다. 서얼들이 이를 가지고 불만을 갖는 것이 이상할 것은 없다"는 결론을 내렸다. 다만 서원에 드는 것은 일정 정도 자격을 가져야 하며, 이는 양반들도 마찬가지였다. 이러한 이유에서 고을 내에서 서얼들을 선발하고 날짜를 정해 강론을 시험하여 합격한 사람은 서원에 들게 하되, 그렇지 않으면 영원히 금지하여 서원에 발을 들이지 못하도록 하자는 결정을 내렸던 것이다.[29]

이렇게 해서 최종적으로 10명의 서얼들에게 서원의 구성원이 될 수 있는 자격이 주어졌다. 물론 서얼들 가운데 시험을 보지도 않고 거짓으로 방을 조작해서 걸고 자신도 서원의 구성원이 되었다고 주장하는 해프닝도 있었다. 그렇지만 지역사회 입장에서 보면 중앙의 개혁을 지역에 적용시켜 나가는 중요한 계기가 되었던 것도 사실이다. 하지만 이 당시에도 류의목은 여전히 서얼들을 서원에 들이는 게 옳은 것인지, 이것이 강상의 윤리가 무너지는 것은 아닌지 걱정하는 기록을 남기고 있다.

　역사를 보면 개혁은 늘 한 발 한 발 이루어졌다. 개혁은 가시적인 사회 환경의 변화뿐 아니라 보이지 않는 머릿속의 상식과 관념의 변화이기도 하기 때문이다. 현대의 관점에서 보면 서얼의 존재 자체가 얼마나 우스운 일인지 모두 잘 알고 있지만, 불과 200년 전만 해도 많은 양반들이 강상의 윤리를 깨는 것이라고 생각했다. 하지만 한 걸음만 물러나 생각하면 지금 우리가 가지고 있는 상식도 최근의 것일 뿐이다. 서자에 대한 편견은 불과 한두 세대 전 만해도 사회적으로 어두운 그림자를 가지고 있었기 때문이다. 세상은 늘 변한다. 우리가 지금 너무나 당연하다고 생각하는 것이 이후에는 또 어떻게 변할지 모를 일이다.

출전: 류의목, 《하와일록》

조선을 만든
국가 시스템

사기꾼까지 등장한 왕실 직속 내수사의 위세...예나 지금이나, 기득권의 반발을 산 호패 개혁...
억울한 죽음이 없게 하라, 치밀한 살인사건 처리...도덕정치를 위한 제도적 장치, 피혐...허참례와 면신례, 영광만큼 기혹한 관료 신고식...
오피니언 리더들을 위한 매스미디어, 조보...후임을 스스로 정하는 자대권의 명과 암...조선의 인사청문회, 서경...
조선 왕조 역사 보존의 중심, 태백산사고 ...어머니의 눈물, 임금의 눈물

사기꾼까지 등장한
왕실 직속 내수사의 위세

예안 고을에 오랜만에 통쾌한 소식이 들려왔다. 내수사(內需司) 위차(委差)[30]를 사칭하면서 온 고을을 휩쓸고 다녔던 사람들이 잡혀서 관아에 끌려갔다는 것이다. 1622년(광해군 14) 음력 11월 7일의 일이었다. 사실 예안 고을이 내수사 위차들로 골머리를 앓기 시작한 것은 이 기록이 남아 있는 《계암일록》에서만도 10개월 전인 1622년 1월 3일부터였다. 당시 정초인데도 불구하고 내수사 위차가 난동을 피워 예안현 관속들이 다 도망가고 읍에 사람이 없을 정도였다. 예안현감도 이들을 제어하지 못하고 그냥 두고보았을 정도였으며, 관속들도 슬슬 피해 다녔지 그들과 맞서지 못했다.

그럴 수밖에 없었던 이유는 내수사라는 관청이 가진 위세 때문이었다. 내수사는 조선 조정의 직제에서 보면 기형적인 조직이었다. 정부의 정상적인 업무 처리를 위해 만들어진 조직이 아니라, 특수한 필요에 의해 한시적으로 만들어졌다가 슬그머니 정식 조직이 되었다. 내수사는 조선시대 왕실의 재정을 관리하기 위해 설치된 관청이었다. 그런데 조선은 이념적으로 왕실의 사유재산을 인정하지 않았기 때문에 이러한 관청을 공식화할 수는 없었다. 조선 전체가 왕의 소유이므로 왕에게 별도의 사유재산이 있을 필요가 없다는 것을 명분으로, 왕실에서 사유재산을 갖지 못하도록 관리했기 때문이다. 물론 이런 명분은 왕에 의해 나온 것이 아니라, 유학의 이념에 맞는 제도를 만들었던 신하들에 의해 나왔다.

문제는 조선을 건국하는 과정에서 이관받은 고려 왕실의 사유재산 처리였다. 게다가 태조인 이성계 역시 적지 않은 사유재산을 가지고 있었다. 따지고 보면 그런 사유재산이 없었다면 그의 힘의 근원인 사병私兵을 거느릴 수 없었을 것이고, 그랬다면 그는 조선을 건국할 수 없었을 것이다. 어쨌든, 건국 초기 어쩔 수 없이 이를 관리할 조직이 필요했다. 처음에는 내수별좌를 두어 이와 관련된 재산의 출납만 관리하게 했다. 그러다가 세종 대에 내수소(1430)로 개편하면서 궁궐에서 필요한 재정을 관리하게 되었고, 세조 대에 이르러 내수사로 정식 개편하였다. 특수 팀으로 시작했다가 업무 범위를 늘려 정식 관서가 된 조직이었다. 이렇게 내수사는 왕실 재정을 관리하고 왕실에서 필요한 쌀이나 베, 잡화 및 왕실 노비 등에 관한 사무를 관장하게 되었다. 운신의 폭도 커졌고, 왕실 재정이라는 특수한 대상을 관리하는 과정에서 업무 영역도 넓어졌다.

왕실의 재정을 관리한다는 것은 내수사에 소속된 경작지 및 염전, 어장과 같은 재산들을 관리한다는 의미이다. 나아가 내수사에 소속된 외거노비 역시 내수사의 관리 대상이었다. 특히 왕실 재산은 그 특성상 면세 특권을 부여받았기 때문에 내수사에 소속된 논을 경작하는 농민이나 노비는 당연히 내수사에 내는 세금을 제외하고는 세금을 내지 않았고, 부역과 군역 등 역도 면제받았다. 이렇게 되자 일반 백성 가운데 국가에 세금을 내지 않기 위해 내수사에 자기 토지를 투탁하는 경우도 많았다. 백성들 입장에서는 가혹한 세금과 부역에서 해방될 수 있었고, 내수사 입장에서 보면 왕실 재정을 증식시킬 수 있었기 때문에 서로가 인-인 히는 방법이었다. 물론 나라의 재정을 깎아먹는 일이어서, 이를 벌충하기 위해서는 일반 백성들이 궁극적인 피해를 볼 수밖에 없었다.

특히 내수사 재산은 강력한 왕실 권력을 배경으로 집행되다 보니, 내수사에 소속된 노비나 위차들이 지방관과 상관없이 백성들의 땅을 불법적으로 침탈하기도 하고, 경작 농민들이 조건을 이행하지 못하면 그들의 재물을 차압하거나 처벌하기도 했다. 내수사 위차의 위세가 등등할 수밖에 없는 이유였다. 내수사를 사칭한 사기꾼의 등장도 이런 배경과 관계되어 있었다. 지역에서 내수사에 대한 직접 관할이 힘들고, 내수사 위차임을 사칭할 경우 이를 빠르고 정확하게 조사할 수 있는 방법이 거의 없었다. 게다가 이미 내수사 위차들의 횡포를 워낙 많이 본지라, 지역 관속들 역시 피하기만 할 뿐 그들과 대응하지 않으려 했다. 이렇게 되자 내수사 위자를 사칭하면서 재물을 빼앗고 지역 사람들을 괴롭히는 사람들이 나왔다.

예안 지역에서는 일 년 가까이 지속되던 내수사 위차들이 저지르는 작란의 심각성이 극에 달해 있었다. 이러한 과정에서 그 위차들이 사기꾼인지 그렇지 않은지를 판단할 수 있는 상황도 아니었다. 이때 권극관權克寬(1560~1634)[31]의 집에 위차를 사칭한 자가 온갖 패악을 부리면서 재산을 탈취하려 하였고, 이 과정에서 단성丹城 김효일金孝一까지 욕을 당했다. 김효일은 여강서원[32] 원장을 맡고 있던 인물로, 지역을 대표하는 유림 중 한 사람이었다. 당시 내수사 위차들이 얼마나 안하무인이었는지를 보여 주는 것으로, 위차를 사칭하는 사람들마저 위아래 가리지 않고 포악하게 지역에서 이익을 취했던 것이다. 다행스럽게도 권극관의 아들이 이들의 행동을 의심하여 살핀 후 거짓인 것을 알고 결박하여 관아로 끌고 갔다. 이렇게 해서 이들의 사기 행각도 막을 내렸다.

권력이 부정하면, 이를 집행하는 사람들 역시 부정할 수밖에 없다. 심지어 이를 가지고 사기 행각을 벌이는 사람들 역시 부정한 권력을 기준으로 행동하게 된다. 고려 왕실의 사유재산제도가 가진 폐해는 조선 건국 과정에서 중요한 개혁 과제가 되었다. 그러나 작은 필요성을 인정하는 과정에서 남겨두었던 부정한 권력은 결국 씨앗이 되어 그 권력을 넓혀 갔고, 이것은 결국 백성들의 피해로 돌아갔다. 모든 것이 그렇듯 부패도 성장한다.

출전: 김령, 《계암일록》

예나 지금이나,
기득권의 반발을 산 호패 개혁

1628년 음력 7월 15일. 뜨거운 여름의 중간, 즉 백중절이다. 햇볕 가릴 구름 한 점 없는 날씨에 더위는 기승을 부렸다. 아침부터 김령은 방잠芳岑[33]에 있는 가묘家廟와 집에 있는 가묘에 각각 제철음식을 올려 백중절을 기념했다. 그리고 함창咸昌(현 경북 상주시 함창읍)에 있는 가묘에도 음식을 올리게 했다. 조만간 날을 잡아 일꾼들과 하루 쉬는 '호미씻이' 행사도 해야 이 더위가 물러갈 듯했다. 오후 늦게 친척인 김확이 집에 들렀다. 이런저런 이야기를 하다가, 근래 조정에서 다시 호패戶牌를 엄하게 시행할 계획이라는 이야기를 들었다. 조정의 의도는 알겠지만, 이로 인해 철퇴를 맞을 사람들이 적지 않은 일이어서 혼란은 불가피할 듯했다.

호패는 조선시대에 왕족부터 노비에 이르기까지 16세 이상 남자에게 발급한 패였다. 신분에 따라 상아나 나무로 만들었다. 길이는 10센티미터 남짓, 너비는 3센티미터 남짓이었다. 지금도 우리나라에서 국민임을 증명하는 가장 기본 신분증이 주민등록증이듯, 호패는 조선시대에 16세 이상 모든 남자들에게 발급한 기본 신분증명서였다. 호패제도의 목적은 인구수를 파악하고, 유민을 방지하기 위한 것이었다. 유민이란 어떤 마을에 정착하지 않고 떠돌아다니는 사람들이었다. 어디에 사는 어떠한 신분을 가진 누구인지를 알게 되면 정책의 기본이 되는 백성의 수와 각 지역 백성들을 파악할 수 있다. 백성들의 신분과 그 수를 파악되면 군역 및 부역에 징발할 대상이 분명해지고, 신분질서를 확립하는 데에도 유용했다. 더불어 지역별로 어떠한 정책을 펼지도 분명해진다. 이 때문에 조선에서는 건국 후 20년 정도 지난 1413년부터 호패제도를 시행했다.

호패제도가 국가 입장에서는 필요하고 편리했지만 일반 백성이나 양반들 입장에서는 그리 달가운 것이 아니었다. 일반 백성들 입장에서는 빼도 박도 못하고 군역을 져야 하기 때문에 직접적으로 그 피해를 당해야 했다. 양반들 입장에서도 국가가 직접 백성들에 대한 영향력을 행사하는 것보다 일정 정도 지역 향권 및 양반들의 영향력 아래 있기를 바랐기 때문에, 그다지 호의적이지 않았다. 게다가 양반들 스스로도 호패를 차야 하기 때문에 그렇게 달가울 리 없었다. 이 때문에 호패제도를 처음 시작할 때부터 민간의 반발이 심했고 많은 사람들이 호패를 차지 않기 위해 편법을 동원하기도 했다.

1627년 정묘호란이 터지면서 조정은 호패제도를 엄하게 실시하였다. 임진왜란과 정묘호란을 거치면서 군역과 국가 재정을 튼튼히 해야 하는 일이 국가 정책의 일 순위로 떠올랐다. 하지만, 임진왜란 이후 지속적으로 황폐해 가는 토지 상황과 백성 수 감소는 국방과 국가 재정을 악화시켰다. 중앙 정부는 전체 백성의 수와 신분을 정확하게 파악하여, 군역을 질 사람들을 파악하고 세수를 늘릴 방법을 찾아야 했다. 이러한 이유에서 토지를 다시 측량하고 확인하는 양전量田과 백성들의 수를 확인하는 호패제도를 엄하게 하는 정책이 만들어졌다.

이 당시 조정에서는 호패를 엄하게 해야 할 분명한 목표가 있었다. 우선 군역 기피자들을 가려 이들에게 군포를 받아야 했다. 더불어 서 언든에게도 무과에 응시할 수 있도록 함으로써, 전쟁 후 결원이 생긴 국방력을 보완할 필요가 있었다. 그리고 이와 반대로 향교에 소속되지 않은 양반들이나 특별하게 역이 정해지지 않은 한량들은 모두 군 적에 포함시킬 예정이었다. 호패를 통해 국가 수입을 늘리고 국방을 튼튼히 하려는 목적 자체는 분명했던 것이다. 조정에서는 조사에 필 요한 지침을 각 도의 감영에 내려보냈고, 그에 따라 경상감영에서도 조사에 착수할 예정이었다.

이렇게 되자, 백성들 사이에서 불만이 불일 듯 일었다. 향교에 이름 만 걸쳐 놓고 군역을 지지 않았던 사람들이나 자신이 감당해야 할 역 役을 재주껏 잘 피해 다녔던 사람들에게는 그야말로 날벼락이었기 때 문이다. 늘 그랬듯이 다양한 편법을 동원하는 사람들이 나왔다. 아는 사람들을 동원하여 로비도 했고, 뇌물을 통해 호패를 피해 가려 하기 도 했나.

조정의 정책에 비판적인 입장을 보였던 때가 많았던 김령이었지만, 이번에는 달랐다. 그는 단호하게 "호패법은 중지되어서는 안 될 것이 다"라면서 자신의 입장을 남겼다. 지금도 그렇지만, 당시에도 세력을 믿고 나라 세금이나 군역을 피하는 것은 주로 권력을 가진 양반들이 었지, 일반 백성들은 아니었다. 그런데 나라를 유지하기 위한 재정과 군역의 총량은 일정 정도 정해져 있기 마련이다. 결국 양반들이나 권력자들이 다양한 방법으로 세금과 군역을 피하면, 그 부담은 온전히 힘없는 백성들에게 돌아올 수밖에 없다. 결국 호패제도만 제대로 실시하면 비록 양반들에게는 재앙이 되어도 일반 백성들에게는 이익이었다.

굳이 오늘날의 민주주의 이념에 비추어 보지 않아도, 국가 유지를 위해 감당해야 할 의무는 국민(백성) 모두에게 공평하게 주어져야 한다. 이를 제도적으로 마련하고 유지하는 것은 국가가 국가로서 유지될 수 있는 기본적인 기반이다. 국방의 의무를 피해 간 사람들이나 탈세하는 권력자들을 대상으로 하는 국민적 분노는 공평하지 못한 제도와 이를 시행하는 국가에 대한 것이 더 큰 법이다. 호패법은 이처럼 의무를 공평하게 부담할 수 있도록 하기 위한 최소한의 정책이었다.

출전: 김령, 《계암일록》

억울한 죽음이 없게 하라,
치밀한 살인사건 처리

1751년 윤5월 24일, 성주에 있는 독용산성[34]의 별장別將[35]인 박문두朴文斗가 놋그릇을 도둑맞았다. 평소 제사 등에 사용하면서 중시했던 것인지라, 이를 훔쳐 간 도둑이 여간 괘씸하지 않았다. 도둑도 잡고 놋그릇도 찾을 요량으로 사건을 수사하던 중에 걸려든 사람은 바로 성 아래에 살고 있는 유기장 조수업趙守業이었다. 놋그릇을 만드는 사람이니 그것을 녹여 새로 그릇을 만든 게 아닌가 하는 의심이 들었는데, 의심은 근거 없이 확신으로 굳어졌다. 일단 잡아들여 5일 동안이나 가둔 후 29일 문초를 하고 곤장을 10대나 때렸지만, 별다른 성과가 없어 풀어 주었다. 그런데 곤장을 맞고 풀려난 조수업이 그만 그 다음 날 사망했다.

멀쩡했던 사람이 도둑으로 몰려 감옥에 갇혀 있다가 곤장을 맞고 나와 죽었으니, 유가족 입장에서는 이만저만 억울한 일이 아니었다. 조수업의 가족과 그의 동생 조대만은 억울한 심정에 조수업의 죽음은 살인사건이라며 관청에 소장을 제출했다. 성주목사 신준申晙은 소장을 접수하고, 살인사건 수사 규정에 준해 검험을 실시했다. 죽은 원인을 밝히기 위해 시체를 검증하고 검안서를 작성하는 검험은 반드시 2회에 걸쳐 진행하도록 규정되어 있는데, 지방에서는 첫 번째 검험[초검初檢]을 해당 지방 수령이 맡도록 되어 있기 때문이었다. 그리고 두 번째 검험인 복검覆檢은 인근 고을의 수령이 맡도록 한 규정에 따라 고령현감 정창유鄭昌兪가 맡았다.

두 번의 검험에서 동일한 결론이 내려졌다. 모두 사망 원인이 곤장으로 인한 것이라고 했다. 다만 문제는 곤장 10대로 사람이 죽을 수 있는가 하는 것이었다. 당시 성주목사는 이 사건을 조사하면서 공초供招* 과정에서 조수업의 아내 유약지로부터 조수업이 어릴 때 나무에서 떨어져 어혈이 있었다는 증언을 받아 냈다. 조대만 역시 형이 평소 숙환이 있었다고 증언했다. 이러한 증언들을 바탕으로 평소 어혈로 인한 통증을 가지고 있었던 조수업이 곤장 10대를 맞아 연이어 가슴을 다쳐 죽음에 이른 것으로 결론을 내렸다. 그리고 이 사실은 전임 경상감사 민백상閔百祥[36]과 교체되어 신임 경상감사로 내려온 조재호에게 보고되었다.

경상감영에 올라온 성주목사와 고령현감의 검험 결과가 일치했으므로, 경상감사 조재호는 이를 기반으로 사건을 판결했다. 이 판결에서 조재호가 주목한 것은 바로 형사사건을 조사하는 과정에 대한 것이었다. 도둑맞은 물건을 찾아내지도 못한 상태에서 단지 행동이 의심스럽다는 이유로 중형에 해당하는 곤장형을 내린 것은 당시 국법에

* 죄인이 범죄 사실을 진술하던 일.

도 어긋났다. 특히 죄인을 가두고 곤장과 같은 무거운 처벌을 내릴 때에는 객관성을 담보하기 위해 반드시 심문관 두 명이 함께 추국하는 '동추同推'를 해야 했음에도 불구하고, 이를 어겼다. 죄인의 억울한 죽음을 막고 조사의 객관성 확보를 위한 국가의 규정을 어긴 결과가 결국 한 개인을 죽음에 이르게 했다고 본 것이다.

경상감사 조개蓝는 이 판결에 따라 우선 독용진성 별장 박문두를 파면했다. 그리고 별장임을 증명하는 인신印信은 독용진禿用鎭 절제사를 겸하고 있는 성주목사에게 이첩시키고, 임시 별장을 보내 산성을 지키게 했다. 그리고 이 사실을 조정에 보고한 후, 박문두의 죄는 형조에 이첩하여 처리하게 했다. 조수업의 억울한 죽음에 대해 규정에 따라 처리한 결과였다. 사람의 생명에 관한 조선시대 형사절차의 한 단면을 보여 주는 대목이다.

억울한 죽음이 없도록 해야 한다는 원칙은 그것을 처리하는 과정 역시 엄격하게 규정했다. 살인사건이나 그에 준하는 죽음이 발생하면, 조선시대에도 지금의 부검과 같은 검험을 반드시 실시했다. 검험 역시 두 번을 의무화하고 있는데, 초검은 한성부(지금의 서울)의 경우에는 5부의 관리가 맡았고 지방은 사건 발생지의 수령이 맡았다. 그리고 두 번째 섬험인 복검은 한성부의 경우 한성부 낭관이 맡아서 서리와 의원, 율관, 오작인(시체사역인)을 대동하여 시신을 검안했고, 지방은 연락을 받은 인접 고을의 수령이나 다른 도의 수령이 검시관이 되어 한성부와 같은 방법으로 실시하였다. 한성부는 두 번의 검안 결과를 형조에 보고했고, 지방에서는 상급기관인 관찰사에게 보고했다. 그러면 형조나 관찰사는 두 번의 검안서를 대조하여 내용이 일치할 때 사망증명서인 입안立案을 발급하고 매장을 허가했다. 그러나 약간의 의심만 있어도 다시 검시를 했고, 중앙 정부 역시 문제가 있다고 판단되면 어사를 파견하기까지 했다. 사람의 생명이 걸린 문제에 대해서는 신중에 신중을 기했던 것이다.

군이 유교 이념을 거론하지 않더라도, 조선시대는 어떤 전근대사회보다 사람의 생명을 중요한 가치로 인정했다. 이 때문에 억울한 죽음을 없애기 위해 엄격한 형사절차를 만들었다. 특히 이러한 문화는 원칙과 이론으로만 존재했던 것이 아니라, 지방의 작은 현에서조차 철저하게 적용되었다. '사람의 가치'에 주목했던 수준 높은 문화가 만들어 낸 한 단면이다.

개인과 사람을 중시하는 이론 영역은 현대사회로 오면서 훨씬 더 보강되었다. 그러나 그것이 적용되는 실천 영역에서는 조선과 비교할 때 얼마나 보강되었을까?

출전: 조재호, 《영영일기》

도덕정치를 위한
제도적 장치, 피혐

감찰 기능을 담당하고 있는 사헌부는 지금으로 보면 검찰이나 감사원과 유사한 정부기관이다. 사헌부 관원 권문해權文海(1534~1591)는 1583년(선조 16) 음력 윤2월 14일 왕에게 보고서를 올리는 일로 아침부터 바빴다. 하루 종일 바쁠 것 같았다. 밀려 있는 보고서를 처리한 후에는 사간원 관리들과 업무 협의도 예정되어 있었다. 감찰과 법 집행을 중심으로 하는 업무가 사헌부의 주요 임무라면, 비판과 간언의 기능은 주로 사간원이 담당했다. 하지만 두 기관은 업무적으로 겹치는 영역이 많았다. 사간원과의 업무 협의를 통해 탄핵과 감찰을 함께 진행하는 것이 효율적이었으므로, 사헌부와 사간원의 업무 협의는 일상적이었다.[37]

  사헌부와 사간원 관원들은 업무 협의를 진행하면서 왕에게 아뢰어야 할 사안들을 검토하기 시작했다. 이때 중심 주제로 떠오른 것이 바로 병조판서 이이李珥(1536~1584)의 독대 요청이었다. 독대란 신하가 왕과 단 둘이 대면하는 것이다. 이이 입장에서는 무언가 강하게 요청할 내용이 있었던 것으로 보인다. 그런데 이때 문제가 된 것은 독대에서 나눈 내용이 아니라 '독대' 그 자체였다. 조선의 정치문화에서 독대는 간신들에게 악용될 소지가 있다고 판단되어, 관리들이 엄격히 금해야 할 일 가운데 하나였다.

사간원에서는 이이의 독대가 옳지 않다고 왕에게 건의해야 한다는 쪽으로 입장이 정리되었다. 그런데 이렇게 되자 이 자리에 있었던 사간원 언관 권극지權克智(1538~1592)[38]가 난감해 하면서, "지난번 조강朝講(임금을 대상으로 하는 아침 경연)에서 이이가 다른 날 주상께 독대를 청하는 것을 듣고 옳지 않다는 생각을 하였습니다. 그러나 그 자리에서 바로 규정規正(바로 잡아서 고침)하지 않았으니, 지금은 제가 피혐避嫌하지 않을 수 없게 되었습니다"라고 말했다. 그 자리에서 바로 옳지 않다고 아뢰고 바로잡지 않았으니, 자신은 이 일에서 피혐하겠다는 것이다.

피혐이란 '혐의가 있어서 그 일에서 피해 있음'을 뜻하는 말이다. 예컨대 사건을 조사해야 하는 사람이 그 조사하는 사안에 관련이 있거나 또는 관련이 있는 사람과 관계되어 있다고 밝혀질 경우, 그 일에서 손을 떼고 관련이 없는 사람으로 하여금 조사하게 하는 것을 말한다. 일반적인 피혐은 이러한 경우에 발생한다.

그런데 조선시대 정치문화에서 피혐은 이 경우보다 더 엄격하게 적용되었다. 예컨대 사간원이나 사헌부 등에서 관리를 탄핵했을 경우, 이 관리는 자신에게 혐의가 있다고 해서 조정에 출사하지 않고 대기하면서 피혐하는 것이 관례였다. 이는 스스로 자신의 직무를 정지함으로써 자신에게 혐의가 없음을 간접적으로 보여 주려는 것이면서,

동시에 혐의를 조사하는 과정에 스스로 개입하지 않음으로써 조사의 공정성을 담보해 주려는 것이기도 했다.

그런데 지금 문제는 탄핵을 주 업무로 하는 사간원이나 사헌부 관원들에 관계된 것이다. 관리들에게 혐의가 있다고 탄핵하는 업무를 맡은 언관들이라고 해도 피혐에서 예외일 수는 없었다. 다만 그 형태가 조금 복잡했다. 언관의 임무는 앞에서 보았던 것처럼, 국왕에게 '바른말'을 하고 국왕과 일반 관원들의 '잘못을 탄핵'하는 것이다. 잘못된 일이 있으면 반드시 보고하고 임금에게는 바른말을 해 주는 것이 업무의 중심이었다. 그리고 관료들의 옳지 않은 행위에 대해 탄핵해야 했다. 따라서 옳지 않은 일을 보고도 바른말을 하지 않았으면, 이것은 스스로 직무를 충실하게 수행하지 않은 것으로 볼 수 있다.

언관인 권극지 입장에서 이이가 왕에게 독대를 청한 것이 '옳지 않은 일'이었다면, 그는 바로 그 자리에서 '바른말'을 하고 '옳지 않은 일'을 바로잡았어야 했다. 하지만 그 이야기를 듣고 마음속으로 꺼려지기는 했지만 고하지 않음으로써, 언관으로서 자기 업무를 제대로 수행하지 않았던 것이다. 권극지가 피혐한 이유가 바로 이것이었다. 자신은 이미 '업무를 소홀히 한 혐의'가 있고, 이 때문에 스스로 물러나면서 그 업무에서 배제되어야 한다는 것이다. 이이의 독대 문제가 아니라, 그것을 비판하지 않은 자기 잘못을 스스로 탄핵하고 있었던 것이다.

피혐은 조선 정치의 한 특징을 보여 준다. 이것은 기본적으로 유학자들을 관료로 선발하여 도덕정치를 실현하려 했던 것에서 비롯되었다. 도덕적으로 흠결이 있을 가능성만으로, 스스로 그 일에서 물러남으로써 자신의 도덕성을 증명해야 했다. 적극적으로 자신의 무죄를 증명하기 이전에 도덕적 흠결이 있다고 거론되거나 의심되었다는 이유만으로 스스로를 단속하고 부끄러워하는 도덕 실천의 한 단면으로 볼 수 있다.

　원론적으로 말한다면 정치의 영역이 도덕의 영역과 완전히 일치하지는 않는다. 또 두 영역의 완전한 일치가 바람직한 것이라고 보기도 어렵다. 나아가, 도덕이나 윤리도 개인적 차원과 집단적 차원 간에는 일정한 차이가 존재한다. 하지만 정치의 영역에 도덕적 측면이 상당 부분 겹쳐지는 것을 부정할 수는 없을 것이다. 다양한 사람들의 삶을 중재하고 공동체의 가치를 모아 가는 것을 정치라고 말한다면, 그 속에는 타인을 먼저 생각하고 배려하는 도덕이 중요한 덕목이다. 효율적이지만 염치 없는 정치가 지배하는 세상과 비효율적이지만 염치가 있는 정치가 지배하는 세상 가운데 우리는 어느 쪽에서 살고 싶은가?

출전: 권문해, 《초간일기》

허참례와 면신례,
영광만큼 가혹한 관료 신고식

대과 합격! 그 영광의 크기는 자기 성취와 사회 진출의 경로가 다양한 현대사회를 살아가는 사람이 짐작하기 어렵다. 흔히 고시 합격과 비교하는 사람들도 있지만, 정기 과거시험의 경우는 3년마다 33명만을 뽑는 것이어서, 단순비교가 불가능하다. 유학 공부가 과거를 목적으로 하는 것은 아니지만, 자기 수양을 넘어 왕도정치의 구현을 위한 첫걸음이라는 관점에서도 대과 합격은 당시 이만저만 영광스러운 일이 아니었다. 그러나 이들의 첫 출근과 관리로서의 시작은 결코 녹록치 않았다.

예안 출신 김령이 대과에 최종 합격한 것은 1612년 9월 4일이었다. 이후 방방연*과 귀향,** 그리고 분관分官*** 등의 과정을 거쳐 1614년 초에

---

* 과거 합격자의 방을 붙이고 그 이후 다양한 연회 등이 이어지는 과정을 의미한다.
** 흔히 어사화를 쓰고 말 탄 가두행진을 하는 과정이 귀환 과정에서 이루어졌다.
*** 최초의 근무지를 결정하는 것이다. 33명 가운데 3등 안에 드는 갑과 합격자의 경우에는 '권지' 없이 바로 근무지 발령을 받고, 그 외에는 승문원이나 성균관 등에서 지금 같으면 '시보'에 해당하는 '권지'로 시작하게 되는데, 그 근무지를 결정하는 것을 분관이라고 한다.

비로소 승문원 권지로 임명되었다. 외교문서를 담당하는 승문원에서 일종의 '시보'나 '인턴십'에 해당하는 '권지' 벼슬을 받고, 막 관료생활을 시작했던 것이다. 그런데 관료생활의 시작에서 업무보다 더 힘들고 중요했던 것은 바로 선배 관원들과의 '인사'였다. 허참례許參禮를 행해야 했고, 허참례 후 열흘 쯤 뒤에는 면신례免新禮도 치러야 했다.

허참례는 말 그대로 관료로서 첫 출발하는 신입 관리가 선배 관원들에게 자신도 관원의 반열에 참여할 수 있도록 허락해 달라고 하면서 이루어지는 의례이다. 또, 면신례는 선임자와 동석할 수 있는 자리에 드는 의례이다. 이 의례는 모두 신입 관원들이 선배 관원들에게 술과 안주를 준비해서 성의를 표하는 형식으로 진행되지만, 이 과정에서 선배 관원들의 고질적인 신입 관리 괴롭히기가 벌어졌다.

1614년 음력 3월 7일 기록을 보면 김령은 허참례에서 벌어진 일들을 간단하게 남기고 있다. 그런데 가만히 살펴보면 그 일들이 그렇게 간단해 보이지 않는다. 해도 뜨기 전인 이른 새벽에 승문원으로 들어간 김령은 우선 주어진 제목으로 글을 짓는 것으로 허참례를 시작했다. 글이야 과거시험 칠 때까지 워낙 훈련된 것이어서 쉽게 지었지만, 이를 빌미로 본격적인 괴롭힘이 시작되었다. 앞뒤로 나아갔다 물러나며, 종종걸음을 치기도 하고, 뛰어오르기도 하며, 바닥에서 몸을 뒤집어 구르기도 했다. 기록이 간략하고 번역이 그에 따라 이루어졌기 때문에 내용 자체는 소략해 보인다. 하지만 실제 그 광경을 연상해 보면 끔찍하다. 대과에 합격한 신임 관료가 어제의 영광을 뒤로 하고 맨바닥에서 굴러야 하는 일은 상상조차 해 본 적이 없을 터였다.

기록은 여기에 그치지 않는다. 몸을 구부려 대청 아래를 기어나오기도 했고, 심지어 기와 위에서 책상다리를 하기도 했다. 가장 힘든 것은 국궁鞠躬 자세로 단단히 세워 놓는 일이었다. 이 밖에도 표현하지 못할 온갖 곤욕스러운 일을 모두 시키니, 기력이 떨어져 몸이 버틸 수 없는 지경에 이르렀다. 이러한 행태는 오후에도 이어졌다. 종일 엎드려서 꾸중을 들었다는 기록을 남기고 있다. 그 고달픔과 피곤함을 글로 표현하기 힘들었을 것이라는 점을 감안하면, 그 괴로움이 어느 정도였을지 짐작할 수 있다.

형식적으로 신임 관료가 술과 안주를 준비하는 것이지만, 내용은 신임 관료들에게 기합을 주고 가혹할 정도의 신고식을 치르게 하는 것이었다. 오죽하면 힘들어서 '잠도 오지 않을 정도'라고 기록하고 있을까! 내로라하는 양반 자제들, 그것도 대과에 합격할 정도로 공부에만 매진하면서 몸이라고는 써 본 적이 거의 없던 신임 관료들이 새벽부터 이리 뛰고 저리 뛰면서 온갖 고초를 '허참례'라는 형식으로 치러야 했다.

이런 고통이 이날 하루로 끝나는 것도 아니었다. 면신례까지 열흘 남짓은 거의 매일처럼 선배 관원들에게 집단적으로, 또는 개별적으로 불려가 온갖 괴롭힘을 당했다. 이 기간에 선배 관료들은 인격적인 모독을 일삼을 뿐만 아니라, 직무상 함정에 빠뜨려 절망스러운 상황으로 몰아넣기도 했다. 심지어 가혹 행위와 구타를 하기도 했다. 그러나 신임 관료들 입장에서는 면신을 잘 치러야 선배 관원들로부터 재능과 인품을 인정받아 관직생활이 순탄할 것이라는 생각에, 묵묵히 치러 낼 수밖에 없었다. 오죽 고통스러우면 선배 관원들에게 뇌물을 바치면서 이를 수월하게 하려 시도할 정도였다. 심지어 허참례와 면신례 과정에서 사망 사건이 발생하기도 했으니, 그 정도가 어떠했는지 짐작 가능하다.

허참례나 면신례는 원래 신임 관원의 오만함을 누르고 상하를 엄격히 구분하기 위한 목적에서 실시되었다. 대과 합격자들 중 적지 않은 수가 조선 최고 명문가 자제들이었다. 과거시험이라는 시스템에서 볼 때도 조선 최고의 수재들이었다. 평생을 대과 합격을 목표로 공부해 왔으며, 이들의 대과 합격을 온 문중과 지역이 힘을 합쳐 기대하고 밀어주었을 것이다. 대과 합격 하나로 모든 것을 이루었다고 생각할 만큼 대과 합격은 이들에게 커다란 영광이었다. 실제 그들의 신분은 대과 합격으로 새로운 단계에 올라선 것이기도 했다. 그렇기 때문에 그들의 오만함을 제거하고 상하를 엄격하게 구분해서 업무 효율성을 기하기 위한 장치로써 허참례나 면신례 같은 절차가 필요했던 것은 사실이다. 여러 번 금지하는 왕명도 있었지만 쉽게 사라지지 않았던 이유이다.

현재 한국사회 역시 엘리트 집단이라고 인식되는 곳의 신고식은 센편이다. 요즘은 많이 달라졌지만, 필자가 대학 다닐 때만 해도 의사사회로 진입하기 위해서는 의대 입학 때부터 신고식을 치르고, 대학 내내 선배들의 기합에 시달려야 했다. 인턴 과정과 전문의 과정의 고초는 이미 모두에게 소문이 나 있다. 기자사회로의 진입 과정에서 수습 기간, 사회부 말단기자의 삶은 고달프기 이를 데 없다는 것도 잘 알려져 있다. 심지어 옛날 판사들은 자신들이 판사로 임용되고 난 후 초임 때는 밤을 새워 판결문을 베껴 썼던 기억들을 말하곤 한다. 사람의 생명을 다루고, 사람들을 위해 올바른 판단을 내려야 하는 사람들에게서 오만함을 제거하고, 낮은 자세에서 신중하게 접근할 수 있도록 하기 위한 장치로써 일정 정도 의미가 있었을 수는 있다. 하지만 그것이 전부였을 리는 없다.

출전: 김령, 《계암일록》

오피니언 리더들을 위한
매스미디어, 조보

예안현에 사는 김령은 1636년 음력 3월 29일 오랜만에 현청에 들렀다. 조보朝報를 구해 보기 위해서였다. 김령이 구한 조보에는 최근의 내용인 음력 2월 25일부터 3월 18일까지 기사가 실려 있었다. 조보에 따르면, 이 당시 조선과 청나라 관계는 살얼음판 같았다. 실제로 이 해 말인 1636년 12월에 병자호란이 발발했는데, 그것을 예상케 하는 내용들이 조보에 실려 있었다. 무례한 청나라를 직접 정벌하자는 분기 어린 재야 선비의 상소도 실려 있었다. 물론 어림도 없는 일이기는 했지만, 당시 양국의 격앙된 상황이 어떠했는지 잘 보여 주는 기록이다.

또 다른 기사도 있었다. 승지 구봉서具鳳瑞(1596~1644)[39]가 사간원 탄핵으로 곤란한 지경에 처해 있었다. 근무 태도가 문제되었는데, 국상 때 창기를 끼고 놀았다는 비판이 치명적이었다. 해괴한 일도 많았다. 대동강에서 수많은 오리들이 서로 싸웠다. 무리를 지어 양쪽 강변으로 나뉘어 진을 친 후 싸우면서 서로를 죽이기까지 했는데, 그 수를 헤아릴 수 없었다고 했다. 불길한 일이었다. 상주에 있는 공검호[40]에서도 진을 이룬 들오리들의 싸움이 7~8일간이나 지속되었다. 여기서도 오리들이 셀 수 없을 정도로 죽었다. 흰 무지개가 달을 관통하기도 했다.

한양에 있는 승정원에서 발행한 조보가 멀리 이곳 예안 고을까지 전달되어 관료 출신인 김령 역시 이를 받아보았다. 인사 이동, 전국의 해괴한 일 등이 분류되어 뉴스 형식으로 발간된 조보 내용을 김령은 읽었던 것이다. 조보는 현재 정부에서 발행하는 관보와 유사한 소식지로, 당시 조정에서 진행되고 있는 나라 안의 일들을 관리 또는 관료 출신 지도층 인사들과 공유하기 위해 만들어졌다. 조보는 조보소朝報所*에서 제작되었다. 조보서는 독립 관청이 아니라 왕의 비서실에 해당하는 승정원에 소속된 기관이다. 임금을 위한 정보를 모으고 왕명을 발송하기도 하는 승정원이 수집한 자료를 토대로 조보를 제작했다.

조보는 신속성을 중시하는 뉴스 성격을 갖기 때문에 시간이 많이 걸리는 활자인쇄를 하는 경우는 많지 않았다. 조보 제작이 필사로 이루어지는 경우가 많은 이유다. 제작 및 형태는 전달받을 사람에 따라 달랐다. 신분이 높은 사람들에게 보내야 하는 조보는 정성을 들여 정자체로 적었고, 내용 역시 더 자세했다. 정보 보고 성격도 있다 보니, 구독 대상에 따라 차별을 둘 수밖에 없었던 것이다.

발행 시기 역시 차이가 있었다. 특히 시기와 관련해서는 중앙과 지방에 따라 차이가 있을 수밖에 없었다. 한양에 사는 독자들에게 제공

---

* 기별청奇別廳이라고도 불렸다. 경복궁 유화문維和門 바로 옆에 위치했다. 유화문은 근정전으로 들어서기 전 좌측에 있는 문이다. 경복궁 서쪽에는 춘추관, 승정원, 홍문관, 예문관 등이 있었고 그 관리들이 이 문을 이용했다.

되는 조보는 매일 1회 발송했다. 주로 오전에 발행했다. 매일 발행되는 조간신문 같았다. 하지만 지방에는 이렇게 할 수 없었다. 이 때문에 지방에 따라 5일에서 10일 단위로 기사를 싣기도 하고, 아주 먼 곳에는 1개월분 기사가 한꺼번에 배포되기도 했다. 김령이 받아 보았던 조보 역시 거의 한 달 치가 실려 있었다. 예나 지금이나 안동이 서울에서 멀기는 멀었나 보다.

이렇게 될 수밖에 없는 것은 조보 발행 시스템을 이해하면 더욱 분명해진다. 중앙 관청의 경우는 각급 관서에 필요한 양만큼 제작을 하고, 기별 군사들이 이를 가지고 해당 기관에 전달했다. 때로는 승정원에 소속된 기별 서리들이 직접 전달하기도 했는데, 이 경우에는 매일 발행되는 조보가 바로 배달되었다. 이렇게 승정원에서 중앙 관청을 중심으로 조보를 발행하면, 각 관청은 이것을 다시 필사해서 하급 기관이나 소속 관리들에게 배포했다. 따라서 모든 조보의 내용이 동일할 수는 없었다. 발행된 조보는 파발이나 지역으로 통행하는 사람들을 이용하여 지방 관청에까지 전달되었다. 그렇게 되면 지방 관청에서도 이것을 필사하여 관직을 지낸 지역의 양반이나 휴가차 내려와 있는 관료에게 우선적으로 보내 주었다.

내용은 이미 앞에서 잠깐 살펴보았던 것처럼, 현재의 관보와 큰 차이가 없다. 주로 왕의 명령이나 지시, 조정의 중요 결정 사항, 관리 임명, 조정의 크고 작은 사건 등이 주된 내용이었다. 그리고 당시 조선의 국정 이념이던 유학을 널리 전파하는 목적으로도 활용되었고, 걱정될 만한 천재지변이나 기이한 일들도 실렸다. 유생들이나 관리들이 올린 상소 내용과 그에 대한 왕의 답변인 비답批答이 실리기도 했다. 이렇다 보니, 왕 역시 이것을 매우 중요하게 생각하여, 실어야 할 내용과 싣지 말아야 할 내용을 엄격하게 관리했다. 관보 성격에 사회의 정보 충족 욕구가 더해져서 발행된 것이 바로 조보였다.

조보를 받아 본다는 것은 사회적으로 지배층에 속했음을 의미했다. 중요한 정보를 공식적으로 취득할 수 있는 위치에 있음을 뜻했기 때문이다. 이 때문에 점점 더 많은 사람들이 조보를 받아 보기 원했다. 이렇게 되자 1577년 8월에는 민간업자들이 의정부와 사헌부의 허가를 얻어 조보를 본떠 매일 인쇄로 발간하고, 독자들에게 구독료를 받는 사업을 시작하기도 했다. 그런데 그해 11월 임금이었던 선조는 이를 탐탁지 않게 생각했다. 나라와 역사에 관련된 일들이 상업화되는 것은 옳지 않다고 생각했던 것이다. 더불어 이렇게 발행된 내용이 다른 나라로 흘러들어갈 경우 나라의 기밀을 공공연하게 알리는 것과 다를 바 없다는 이유가 덧붙여졌다. 이로 인해 근대적 개념에 가까운 신문 발행 사업은 더이상 지속될 수 없었다.

하지만 이후에도 계속하여 조보는 조선시대 중앙과 지방이 소통할 수 있는 언론으로서의 역할을 톡톡히 했다. 특히 언제나 관직에 발탁될 수 있는 사람들을 대상으로 늘 조정의 소식을 전함으로써, 국가 운영에 함께할 수 있도록 유도했다. 이러한 점 역시 조선이 정치적으로 구심력을 유지할 수 있었던 중요한 이유 가운데 하나였다.

출전: 김령, 《계암일록》

후임을 스스로 정하는
자대권의 명과 암

김령은 오랜만에 조정 소식을 들었다. 1629년 음력 11월 8일의 소식은 워낙 파장이 컸기에 지방에 있는 선비들까지 웅성거릴 정도였다. 국왕 인조가 전랑의 자대권自代權을 금지시켰기 때문이다. 전랑도 어려운 말이고 자대권도 어려운 말이다. 그런데 이 말의 의미들을 자세하게 살펴보면, 조선시대 독특한 인사 시스템의 단면을 이해할 수 있다.

조선시대에 이조, 병조, 예조 등 6조에는 정5품에 정랑, 정6품에 좌랑 벼슬이 있었다. 단순비교는 불가능해도 현재의 공무원 직제와 비교하면 실무의 한 부분을 관할하는 사무관이나 서기관에 해당하는 업무와 권한을 가지고 있었다고 볼 수 있다. 6조 정랑과 좌랑 중에서 특히 이조와 병조의 정랑과 좌랑은 권한이 컸다. 두 부서에는 관료 인사권이 있었기 때문이다.

이조의 정랑과 좌랑은 병조의 인사를 제외한 모든 관원의 인사 실무를 담당했고, 병조의 정랑과 좌랑은 무관들의 인사 실무를 담당했다. 이처럼 이조와 병조의 인사 실무를 담당했던 정랑과 좌랑 전체를 통칭해서 부르던 말이 바로 전랑이다. '전랑銓郎'에서 '랑郎'은 직급의 범위를 말한다. 군대에서 소위에서 대위까지를 '위관'이라거나 소령에서 대령까지를 '영관'이라 부르는 방식과 유사하다. '전銓'은 저울대를 말한다. 인사를 위해 사람을 공정하게 평가한다는 뜻이다. 조선은 문관 중심의 국가였다. 때문에 병조와 이조의 전랑에서 더 중요한 쪽은 이조의 전랑이었다. 그래서 통상 전랑이라고 하면 이조 전랑을 뜻하는 경우가 많았다.

요즘으로 치면 전랑들은 공무원 인사 담당자라고 볼 수 있다. 그러나 이들의 실권은 요즘 인사 실무 담당자들과는 전혀 달랐다. 요즘이야 인사 담당자들의 주 업무가 인사 사실에 대한 관리이지, 실제로 임용하고 승진시킬 수 있는 권한을 갖고 있지는 않다. 그러나 전랑들은 인사 관리를 넘어 당상관 이하, 다시 말해 정3품 통훈대부 이하 관리들의 임명과 승진에 대한 권한을 가지고 있었다.

특히 이들이 가지고 있었던 가장 큰 권한은 바로 '낭천권郎薦權'이었다. 이것은 일종의 '추천권'으로, '지역에 있는 유력한 사람을 천거할 수 있는 권한'이다. 이 권한은 오직 전랑들만 가지고 있었다. 추천을 전랑들이 할 수 있고, 임용할 수 있는 권한도 전랑들이 가지고 있었다. 이 때문에 이 낭천권은 단순한 추천권이 아니라 실제 관직을 임명할 수 있는 권한이었다. 그런데 이 같은 권한이 의미 있었던 것은 그것을 행사할 때 그 부서의 장관인 이조 판서조차 관여할 수 없었기 때문이다. 전랑들의 판단에 따라 유력한 사람을 바로 임명할 수 있었던, 오직 그들만의 권한이었다.

낭천권과 더불어 전랑들에게 주어진 중요한 권한은 인사에 대한 동의권이었다. 특히 사림들이 중앙 정계에 진출한 이후 청요직으로 불리는 홍문관과 사간원, 사헌부의 관리를 임명할 때에는 반드시 전랑들의 동의가 필요했다. 홍문관과 사간원, 사헌부 관리가 된다는 것은 전랑들의 지지와 동의를 얻을 수 있는 사람임을 의미하는 것이다. 여기에 대해서도 판서나 정승들이 관여할 수 없었다. 전랑은 스스로 판단하여 선비를 추천할 수 있고, 스스로 판단하여 청요직에 낄 사람들에 대해 동의해 주었다는 말이다.

이처럼 강력한 권한을 가진 자리였기 때문에 전랑 자리는 조선시대 최고의 엘리트 코스였다. 청요직과 더불어 이조 정랑이나 이조 좌랑 같은 전랑을 지냈다는 것은 이후 당상관이나 재상으로의 승진에 중요한 고려 요소였다. 그런데 이들에게 좀 더 특별한 권한이 하나 더 있었는데, 그것이 바로 '자대권'이다.

자대권은 자신의 후임자를 자신이 직접 지목할 수 있는 권한이다. 이조 전랑 자리에서 떠날 때, 자기 자리에 올 사람을 떠나는 전랑이 직접 지목할 수 있었다. 전랑을 지목할 수 있는 권한을 전임 전랑에게 주었던 것이다. 전랑이 되기 위해서는 전임 전랑들에게 신임을 받아야 할 뿐, 그 외에 다른 길은 없었다. 전랑들 입장에서도 자신이 진행하고 있는 일을 그대로 맡아 줄 수 있는 능력 있는 후임을 선택하여 걱정 없이 그 자리를 떠날 수 있었던 것이다. 그러면 조선이 본질적으로 관리 한 사람에 불과한 이들에게 자대권까지 주었던 이유는 무엇일까?

앞에서 본 것처럼 전랑은 막강한 인사권을 가졌다. 이들에게 이렇게 큰 권한을 주었던 이유는 인사정책이 고위 관료들의 사적 판단과 친소관계에 따르는 것이 아니라, 인사 실무자들을 중심으로 돌아가게 하려 했던 것이다. 예나 지금이나 관료조직에 속한 사람은 누구나 할 것 없이 자신의 인사권을 가지고 있는 윗사람들에게 휘둘리기 마련이다. 그런데 자신의 추천권과 임명 동의안에 대해 누구도 관여할 수 없고, 인사상 불이익도 없으며, 이후 자기가 추천한 사람에 의해 자기가 추진했던 정책을 이어갈 수 있다면, 자기 소신이 가장 중요한 판단 기준으로 작용할 수 있게 된다. 즉, 자대권은 인사 실무자들이 외압에 흔들리지 않고 소신껏 인사정책을 처리할 수 있도록 하려는 정책적 장치였다.

이와 같은 제도의 목적은 분명했다. 본래 관료조직은 인사권을 매개로 상급자의 명령이 수직적으로 하달되도록 구성되기 마련이다. 이러한 관점에서 보면 전랑은 전혀 관료적이지 않았다. 하지만 조선은 바로 이런 장치를 통해 윗사람 눈치를 보지 않고 자기 일만 소신껏 할 수 있는 관리상을 정립하려 했다. 따라서 전랑에 임명된 사람이 도덕적으로 깨끗한 선비라면, 조정 전체의 인사정책 역시 깨끗하고 공정해진다. 지연과 혈연, 인맥 등으로 묶일 수밖에 없는 인사 시스템을 단숨에 깨끗하게 만들 수 있는 가장 효율적인 방식이다. 이처럼 조선은 관료적으로 사고하지 않는 관료를 관료조직 안에 두어, 권력을 견제하고 부패를 정화시키는 기능들을 하도록 했다.

그런데 이 당시 인조는 이러한 자대권을 왜 금지하라고 했을까? 앞에서 본 것처럼 자대권이 효율적일 수 있는 가장 중요한 조건은 전랑들의 도덕적 깨끗함이다. 전랑은 청탁이나 혈연 중심으로 판단하지 않는 사람이어야 한다. 만약 그렇지 않다면, 자대권은 끔찍한 결과를 초래할 수밖에 없었다. 능력이라는 미명 아래 자기 사람들을 추천해서 등용하고, 자기와 당파가 같은 사람을 자기 후임으로 앉혀도 이를 견제할 제도적 방법이 없다. 자기가 속한 당파의 힘을 강화하기 위해 같은 파당의 사람들을 고속 승진시켜도 제지할 방법이 없다. 자대권 금지 조치는 자대권의 전제조건인 전랑들의 도덕적 깨끗함과 자기 업무에 대한 공정함에 대한 신뢰를 잃어버렸기 때문이다.

조직 안에서 주어진 권한은 효율적 업무 수행을 담보하기 위한 도구이다. 그런데 권한은 그 권한의 크기만큼 효율적일 수 있지만, 그만큼의 폐해를 불러올 가능성도 동시에 지니고 있다. 권한의 부여와 견제 기능의 강화는 정책에서 늘 동전의 양면과 같다. 사람에 대한 강한 신뢰가 간혹 그 사람의 권한을 강화하여 제도적 견제를 소홀히 하게 되는 경우가 있다. 하지만 제도는 사람을 신뢰하지 않는 데 기반하고 있다는 사실을 다시 한번 더 기억할 필요가 있다.

출전: 김령, 《계암일록》

조선의 인사청문회,
서경

1636년(인조 14) 병자년 겨울은 조선 왕조 최악의 계절로 기억된다. 여러 해 지속되던 조선과 청나라 사이의 정치적·군사적 갈등이 비등점을 넘어 결국 청나라의 전격적인 조선 침략으로 폭발했기 때문이다. 청나라 병사들이 12월 9일 압록강을 건너면서 전쟁은 시작되었다. 조선 조정도 급하게 움직였지만, 당시 청나라 군대의 진격 속도는 그에 대한 보고보다 더 빨랐다. 조선 왕실과 조정은 원래 강화도로 피신하려 했다. 하지만 청나라 군대의 엄청난 진격 속도로 인해 국왕 인조는 강화도로 가던 길을 돌려 남한산성으로 피신할 수밖에 없었다. 청나라 병사들이 압록강을 넘은 지 불과 6일 만인 12월 15일의 일이다. 곧이어 청나라 군대가 남한산성을 봉쇄했다.

예안현은 서울과 거리도 멀었지만 그 사이에 산도 많았다. 서울 쪽의 다급한 소식이 알려진 것은 12월 20일경이었다. 그리고 이날 예안 고을 좌수座首[41] 황유문이 백성들에게서 편전[42]통을 토지 8결당 3개씩 강제로 징수하고, 거마창과 능철 같은 무기를 민간에서 거두러 다녔다. 편전통은 화살을 담는 통으로, 이것을 마련하기 위한 세금을 거두기 시작했던 것이다. 그리고 기마대를 막기 위한 창과 길에 뿌려서 말이 못 지나가게 하는 능철을 강제로 징수하기 시작했다. 하지만 일반 민간에서 결코 사용할 일이 없는 거마창과 능철이 어디 있겠으며, 편전통으로 인해 다시 세금이 늘고 있으니 백성들의 푸념도 함께 늘기 시작했다. 결국 거마창과 능철은 새로 만들어 내야 할 판이었다.

그런데 예안현 백성들에게 전쟁 상황보다 더 답답한 일이 발생했다. 예안현 입장에서 전쟁은 아직 미치지 않은 재앙이지만, 현감의 문제는 이미 닥친 재앙이었다. 전쟁이 일어나기 얼마 전 신임 예안현감으로 김경후金慶厚(1584~?)가 낙점되었다. 중앙 정계 소문에 밝은 김령은 김경후에 대해 시비를 가릴 줄 모르는 형편없는 사람으로 평가했다. 그런데 이 사람이 임지로 떠나는 과정을 밟고 있던 중에 전쟁이 터져서 부임이 늦어질 것으로 생각하고 있었는데, 병란을 틈타 급하게 부임해 왔다. 아직 서경署經을 받지 않았기 때문에 정식 임명이 안 된 상태인데도 불구하고, 전란으로 서경을 할 수 없게 되자 바로 임지로 내려왔던 것이다. 지금 같으면 인사청문회도 거치지 않고 바로 취임해 버린 것과 유사한 상태였다.

서경이란 감찰을 전문으로 하는 기관인 사헌부와 탄핵 및 간언을 전문으로 하는 기관인 사간원 관리들이 새로 부임하는 관료에 대해 하자가 없는지 살핀 후 그 인사에 동의하는 절차이다. 조선시대 일반 관료의 인사는 이조가 담당을 했고, 무관들 인사는 병조에서 담당했다. 인사 담당 부서에서 특정한 자리에 사람을 임명하려면, 실무자들은 인사카드의 일종인 정안政案을 토대로 적임자 3명을 추천했다.

추천을 받은 사람들은 '망望'이라고 하는 추천 대상자 명단에 오르는데, 1순위부터 3순위까지 매겨졌다. 흔히 1순위를 수망首望이라고 하고, 2순위를 아망亞望, 3순위를 말망末望이라고 했다. 이렇게 추천 대상자에 오르는 것을 '물망物望'에 올랐다고 했다. 요즘도 '누가 어느 장관의 물망에 올랐'라고 말하는데, 바로 여기에서 유래한 말이다. 이렇게 망 단자가 왕에게 올라오면 왕은 이를 보고 한 명의 이름에 점을 찍어 적임자를 결정하는데 이를 '낙점落點'이라 했다. 요즘도 '누가 이사에 낙점되었'라는 말을 많이 쓰는데, 이 역시 조선시대 인사 방식에서 나온 말이다. 대개 수망에 낙점을 하는 경우가 많지만, 경우에 따라 임금의 마음에 드는 사람을 낙점하기도 했다. 기본 인사안은 인사 부서에서 만들되, 왕에게 최종 인사권을 주는 방식이 물망과 낙점의 형식이었다.

하지만 인사는 여기에서 끝나지 않았다. 당시 예안현감 김경후는 현감으로 낙점되는 과정까지 모두 마쳤다. 마지막으로 남은 것이 바로 서경이었다. 앞에서도 말했던 것처럼 감찰과 탄핵 전문 부서에서 이 인사의 적합성을 확인하는 작업이 남아 있었다. 요즘도 대통령이 장관이나 공공기관의 기관장을 지명하면, 국회에서 인사청문회 절차를 진행하는 것과 유사했다. 다만 지금과 다른 것은 지금 인사청문회는 장관급에 대해서만 진행되지만 조선시대는 5품 이하 모든 관리가 대상이었다는 점이다. 사헌부와 사간원 언관들은 그 인사의 적합성을 따지게 된다. 해당 인사가 그 직책에 적합한지, 그리고 임명된 사람의 인격적 결함은 없는지를 살폈다. 그리고 임명받은 곳과 관계된 유관 기관이나 직속기관에 친인척은 없는지, 과거 전력이 해당 직책에 저촉되는 것은 없는지, 그리고 그 사람 가문에 특별한 문제는 없는지 등을 꼼꼼하게 따졌다. 이렇게 해서 문제가 없다고 판단되면 임명장에 해당하는 '고신告身'이라는 문서에 동의한다는 의미에서 서명을 했다. 이것이 서경이다. 감찰기관과 탄핵 전문기관에서 그 사람에게 임명하지 못할 특별한 흠결이 없음을 증명하는 것이었다.

　서경은 인사 시스템에서 매우 중요한 의미를 가졌다. 물망과 낙점만 해도 인사 부서의 견향이니 왕의 득민을 이느 징도는 믹을 수 있었다. 그러나 조선은 여기에서 그치지 않았다. 그 인사의 적절성을 감찰기관을 통해 다시 확인받는 작업을 통해 혹 있을 수 있는 인사 부서와 왕의 전횡을 재차 차단하는 과정을 밟았다. 5품 이하 관리들에게 서경은 상당히 부담스런 과정이었다. 대간臺諫에서 서경이 거부된 경우에 임명 자체가 취소되었기 때문이다.

　예안현감 김경후는 마지막 서경 절차를 밟지 않았다. 전쟁이 일어나서 서경 절차를 밟을 수 없다는 사실을 알게 되자, 바로 내려왔기 때문이다. 전쟁통에 후방에 해당하는 예안으로 피란하려는 의도도 있었고, 서경이라는 복잡한 절차를 거치지 않으려는 의도도 강했던 것으로 보인다. 그는 한쪽 다리와 팔이 불편한 사람이라 부임이 늦어질 만도 한데, 그의 부임을 돕기 위해 예안에서 올라간 사람들을 채근하여 그야말로 업혀서 부임을 했던 것이다. 그리고는 중앙 정부에 잘 보이기 위해 황급히 도가니를 하나 만들고 대장장이를 고용하여 각종 무기를 만들게 했다. 예안현 백성들 입장에서는 나라에 닥친 난리보다 고을에 들이닥친 현감이 더 두려울 만했다.

출전: 김령, 《계암일록》

조선 왕조 역사 보존의 중심,
태백산사고

1606년 음력 5월 27일, 험준하기 이를 데 없는 태백산 줄기 각화산에 새로 지어진 태백산사고史庫에 새로 제작된 조선 역대 임금들의 실록이 안치되었다. 이날은 이후 300년 넘게 이어질 태백산'사고'의 기능이 시작되었던 날이다. 현 경상북도 봉화군 춘양면 석현리 각화산이 그곳이다. 이날 실록 안치를 위해 예조판서 서성徐渻(1558~1631)과 한림 임장任章(1568~1619)⁴³ 등이 직접 내려와서 봉안奉安 의식을 거행하였다. 임진왜란 때 불에 타 사라질 위기에 처했던 《태조실록》부터 《명종실록》까지 기록이 다시 제작되어, 그 전질이 새롭게 지어진 태백산사고에 보관되기 시작한 날이었다. 조선시대에 실록을 사고에 안치하는 것을 '봉안'한다고 했다. '받들어 안전하게 둔다'는 뜻이다. 실록에 대한 당대인들의 생각과 태도를 엿볼 수 있는 단어이다.

모두 잘 알고 있는 것처럼, 《조선왕조실록》은 조선시대를 대표하는 역사서이다. 조선시대에는 왕이 승하하면, 그의 재임 기간 동안 사관들이 기록했던 사초를 모아 '실록'을 편찬했다. 객관적인 역사 기록을 통해 왕으로 하여금 역사를 두려워하도록 했던 유학의 신념이 국가제도로 만들어진 결과이다. 또 조선은 이처럼 역사를 기록하는 데 머물지 않고, 이를 잘 보존하기 위해 심혈을 기울였다. 개인의 기억은 기록을 통해 공동의 기억이 되고, 그 기록에 대한 보존을 통해 전 세대의 기억이 된다는 사실을 정확하게 이해했다. 이 같은 보존 노력은 분산 보관을 통해 기록물을 보존하는 방법으로 드러났다.

임진왜란 이전만 해도 실록은 4질씩 제작되었다. 한 질은 역사 기록 담당 정부기관인 한양의 춘추관에 보관하고, 나머지 3질은 전주사고와 충주사고, 그리고 성주사고에 나눠 보관했다. 화재를 비롯한 다양한 재해로부터 이를 보존하기 위한 목적에서였는데, 이 방법은 실제 지금까지 한 왕의 실록도 빠짐없이 모든 보존될 수 있었던 결정적 이유이다. 임진왜란이 발발했을 때 춘추관에 보관되었던 실록뿐 아니라 충주사고와 성주사고에 보관되었던 실록까지 전쟁의 불길을 피할 수 없었다.

마지막 남았던 전주사고에 보관했던 실록 역시 전쟁으로 인해 불에 탈 위기에 처했지만, 전주의 선비 안의安義(1529~1596)와 손홍록孫弘祿(1537~1610)에 의해 보존될 수 있었다. 이들은 가족의 피란을 뒤로한 채 수십 마리 말에 실록을 나누어 싣고, 강화도까지 피란을 하면서 극적으로 이를 지켰다. 이들의 노력이 없었다면 《태조실록》부터 《명종실록》까지는 오늘날 남아 있지 않았을 가능성이 매우 크다. 만약 그렇다면 조선 건국의 역사나 세종대왕 등에 대해서 오늘날 우리는 훨씬 희미한 이미지만을 갖고 있을 것이다.

임진왜란이 끝나자, 어렵게 보존된 전주사고본 실록을 원본으로 하여 실록 복원 작업을 진행했다. 3년간의 노력 끝에 실록 3질을 더 제작하였다. 이로써, 원본인 전주사고본과 이것의 교정 인쇄본, 그리고 그에 따라 인출된 3질까지 해서 총 5질의 《조선왕조실록》을 복원해 낼 수 있었다. 이제 이것을 안전하게 보관해야 할 사고지를 선택해야 했다. 임진왜란 이전 사고가 도심에 있었기 때문에 병화를 피하기 어려웠다는 점이 감안되었다. 사람들 왕래가 드물고 접근성이 크게 제한되는 높은 산을 중심으로 사고지史庫址가 결정되었던 이유이다. 이렇게 해서 강원도 마니산과 평안도의 묘향산, 강원도 평창에 있는 오대산, 그리고 봉화에 있는 태백산이 선정되었다. 병자호란을 앞두고 인조 이후 묘향산에 있던 실록을 전북 무주의 적상산으로 이전했고, 강화도 마니산에 있었던 것은 강화도 정족산성으로 이전되었다. 이로써 태백산사고를 위시하여 오대산사고, 적상산사고, 정족산사고가 만들어졌다.

태백산사고는 1605년 경상도 관찰사 류영순柳永詢(1552~1630)의 장계에 의해 선정되었다. 이후 1년여의 공사를 거쳐 1606년 사고 건물이 완성되었고, 음력으로 5월 27일 전국에 5질밖에 없던 실록 가운데 한 질이 이곳에 안치되었다. 태백산사고는 각화사라는 절에서 약 10리 정도 되는 곳에 있는데, 지세가 높고 험하기로 유명했다. 1780년 음력 8월 무더운 더위를 무릅쓰고 태백산사고에 올랐던 선비 박종이 각화사에서 태백산사고로 가는 길을 "돌계단이 비늘처럼 이어져 공중에 매달려 있는 듯한 길"이라고 표현했을 정도다.

이곳에 사고를 짓는 일은 국가적으로나 현재의 입장에서 볼 때에는 매우 의미 있는 일이지만, 실제 노역을 했던 지역 백성들 입장에서는 이만저만한 고생이 아니었다. 장소 선정 후 일 년 만에 완성이 되는 과정에서 공사 기일을 앞당기기 위해 재촉이 심했을 뿐만 아니라, 안동 지역 제방공사까지 겹치면서 백성들의 원성이 극에 달했다. 하지만 이런 노력을 통해 태백산사고는 가장 안전하고 보존성이 높은 사고로 실제《조선왕조실록》보존의 중심 역할을 하게 되었다.

1910년 일제의 주권 침탈 이후 태백산사고에 보관되어 있던 실록은 왕실도서관인 규장각의 도서와 함께 총독부 학무과 분실*로도 옮겨졌다. 그러다가 1930년에 규장각 도서와 함께 지금 서울대학교의 전신이라고 할 수 있는 경성제국대학[44]로 이전되었고, 이것이 서울대학교 도서관에 남아 있게 되었다. 1955년 국사편찬위원회가 태백산사고본《조선왕조실록》을 영인하여 배포하면서, 일반에게 실록이 공개됐다. 원본은 1985년 3월 부산에 있는 정부기록보존소로 옮겨졌고, 1997년 10월 유네스코 세계기록유산으로 등재되면서 그 가치를 세계적으로 인정받았다. 1606년 음력 5월 27일 그 기능이 시작되었던 태백산사고 건물은 이후 소실되어 현재 그 터만 남아 역사 보존의 현장을 증언하고 있다.

출전: 김령, 《계암일록》

---

* 학무과 분실은 경복궁 동쪽 종친부 터에 있었다.

어머니의 눈물,
임금의 눈물

1792년 음력 윤4월 17일 늦은 오후, 안동 선비 류이좌柳台佐*(1763~
1837)는 집 앞에서 차마 들어가지 못하고 한참을 서성거렸다. 한양으
로 떠나야 하는지라 어머니께 고하는 것은 당연한 일이었지만, 목숨
을 걸어야 하는 길인지라 차마 고하지 못하고 어머니 얼굴이라도 뵐
요량이었다.[45] 북쪽 창이 열리고 물끄러미 집을 쳐다보고 있던 아들을
이상하게 여긴 어머니의 물음이 없었다면, 그냥 그렇게 한양으로 떠
날 참이었다.

　류이좌는 어머니에게 한양에 가야 하는 일의 대강만 말하기로 했
다. 영남 사람들이 연명해서 상소를 올리기로 했다는 소식을 전했고,
자신도 지금 그 길을 가야 한다고 말했다. 아직 할 말이 조금 남아 있

* 이 글의 전거가 되는 《천휘록》의 저자가 누구인지는 정확하게 확정되어 있지 않다. 다만 현
　재 학계에서는 류이좌일 것으로 보는 것이 다수설이어서, 여기에서는 그 학설을 따랐다.

는데, 이야기를 듣던 어머니는 목이 메어 말을 잇지 못하고 눈물만 흘렸다. 십수 년 전 사도세자의 아들 '이산'이 막 왕이 되었을 때 사도세자의 원통한 사실을 밝히겠다고 나섰던 안동 유생 이도현李道顯(1726~1776)과 그 아들 이응원李應元이 억울하게 처형당했던 사실을 어머니는 기억하고 있었다. 그 일로 안동부는 강등되어 현縣이 되기도 했다. 가지 않을 수 없는 길이란 것을 어미니도 알았지만, 그대로 흘러내리는 눈물을 어찌할 수는 없었다.

약 한 달 전인 음력 3월 25일, 영남은 축제 분위기였다. 영남 선비들만을 대상으로 하는 과거시험이 도산서원에서 열렸기 때문이다(도산별과). 만 명 넘는 사람들이 도산서원으로 몰려들었다. 서원 앞마당에 모두 수용할 수 없어, 낙동강 건너편에 있는 솔밭에서 과거시험을 치러야 했다. 누가 그리고 몇 명이나 급제한 것과 상관없이, 이 일로 영남 선비들은 크게 고무되었다. 경신대출척(용어 풀이 참조)과 갑술환국 이후 100여 년 만에 처음으로 임금의 따뜻한 시선이 영남에 와 닿았기 때문이다. 정조는 이 시험 한 번으로 영남 사림을 자신의 든든한 정치적 우군으로 삼을 수 있었다.

하지만 정조의 이 같은 행보는 기호畿湖 노론[46]에게 몹시 탐탁지 않은 것이었다. 이들의 은근한 위기의식과 언짢은 심정은 음력 4월 18일 사간원 정언 류성한柳星漢(1750~1794)의 상소에 그대로 표출되었다. 정조가 경연을 등한시하고 있으며, 당시 여러 장군들이 기생과 악사를 동원해 연회를 베푼 일의 책임이 임금에게 있다고 비판했다. 신하들이 왕에게 뭔가 불만이 있으면 자주 하던 말이다. 하지만 정조는 신하들 말 몇 마디에 위축될 사람이 아니었다. 그는 이 상소에 대해 "한 번 웃어넘길 시골뜨기의 일로 치부하라"는 비답을 내렸다. 하지만, 도산별과로 인해 한껏 고무되어 있었던 영남 선비들 입장에서는 그냥 넘길 수 없는 일이었다. 성균관에서 공부하던 영남 유생들은 봉화에 있는 삼계서원[47]에 이 사실을 알렸고, 삼계서원은 어떻게 할지 논의하기 시작했다. 며칠 되지 않아 풍기향교에서도 이 문제를 정식으로 검토하기에 이르렀다. 영남 선비들은 지금이야말로 목숨을 걸고라도 상소를 올려야 할 때라는 데 의견을 같이했다. 음력 윤4월 17일, 류이좌의 한양행이 이루어졌던 배경이다.

상소를 올리기 위해 일종의 상소 추진본부인 소청疏廳이 설치되었다. 상소문을 완성하는 작업도 빠르게 이루어졌다. 연명상소의 대표자 격인 소두疏頭를 선발하는 일에 약간의 우여곡절도 있었지만, 비교적 순조롭게 진행되었다. 원래는 성언집成彦楫(1732~1812)[48]이 소두로 결정되었다. 하지만 곧 현감 벼슬을 했던 관료 출신인지라 당색을 의심받을 수 있다는 의견이 제기되었다. 중앙 정치와 전혀 관계없는 순수한 유림의 공의公議라는 점을 보여 주기 위해 새로 소두를 뽑기로 했고, 이우李堣(1739~1811)가 낙점되었다. 이후 계속해서 연명을 받고 상소를 완성해 가는 작업이 진행되었다. 음력 윤4월 27일, 1만 57명의 연명으로 이루어진 근 100여 미터에 이르는 상소는 이렇게 완성되었다. "발을 싸매고 조령을 넘어 피를 쏟으며 상소를 올립니다"라는 문구로 시작되는 상소에는 류성한 탄핵과 사도세자 신원과 복권에 대한 내용이 실려 있었다. 이제 상소를 임금에게 전달하는 일만 남았다.

원래 상소를 올리기 위해서는 성균관에서 근실謹悉을 받아야 했다. 근실이란 관직이 없는 유생들이 상소를 올릴때 받아야 하는 일종의 확인증이다. 근실이 없으면 승정원이 상소 접수를 거부할 수 있었다. 그런데 성균관 장의掌議[49] 이만수는 미루기만 하고 답을 주지 않았다.

결국 답답한 영남의 선비들이 대궐 문을 직접 두드리기로 했다. 그런데 대궐 수문장은 성균관의 근실을 받지 않았다는 이유로 문을 열어주지 않았고, 성균관은 기다리라는 답만 보내왔다. 노론 관리들의 조직적 대응에 이대로 있을 수만은 없었다. 누군가 꾀를 내었다. 영남 출신 관리에게 부탁하여, 영남의 선비 만여 명 이상이 연명한 상소가 올라왔다는 사실을 임금에게 상소로 알려 달라고 했다.

늦은 오후, 결코 열릴 것 같지 않았던 육중한 궁궐 문이 열렸다. 상소 소식을 접한 정조가 "만인의 뜻이라면 나라의 뜻이다"라고 하면서 직접 상소를 받겠다고 나선 것이다. 창덕궁 편전[50]인 희정당熙政堂 앞에 엎드린 영남 유림에게 정조는 면전에서 상소 내용을 듣겠다고 했다. 영남 유림들의 충정에 대한 감사의 표시였다. 영남 선비 전체의 뜻이 임금에게 직접 전해지는 순간이었다. 소두인 이우는 희정당 서쪽 계단을 따라 올라가 임금이 있는 동쪽을 향해 꿇어 앉아 상소문을 읽기 시작했다.[51] 비분강개한 어조를 담아 천천히 읽어내려 갔다. 상소문을 읽기 시작할 때 이미 해가 저물기 시작하여, 채 반도 읽기 전에 깜깜해져 버렸다. 여덟 자루 초에 불이 붙여졌고, 이우는 침착하게 또박또박 만인의 뜻을 임금에게 전했다.

상소 내용을 모두 읽었다. 여덟 자루 초가 주위를 환하게 밝히고 있었지만, 희정당 대청 안에는 어둠보다 무거운 침묵이 한참을 흘렀다. 상소 내용을 모두 들은 정조는 한동안 말을 꺼내지 못하고 있었다. 겨우 손을 들어 함께 온 김한동, 강세륜, 김희택, 이경유에게도 편전으로 올라오라고 했다. 성언집, 이헌유, 김시찬도 마저 올라오라고 청했다. 모두가 편전에 올라 임금의 용안을 마주했다.

영남 유림들은 촛불 사이로 보이는 임금의 용안을 보고, 소스라치게 놀라지 않을 수 없었다. 그는 울고 있었다. 눈물을 훔치고 또 훔친 탓에 얼굴 전체가 얼룩져 있었다. 임금이기 때문에 겨우겨우 소리만 감추고 울었던 것이다. 말을 잇지 못하는 상황에서도 정조의 음성은 다감하기 이를 데 없었다. 종종 소매를 들어 눈물을 닦고 목이 메어 말을 잇지 못하면 한참을 쉬면서도, 마치 한 집안의 아버지와 아들처럼 대화를 나누기 시작했다. 이들의 대화는 새벽이 되도록 이어졌다. 만 명이 넘게 연명한 상소 앞에서 정조는 지금까지 참아 왔던 아버지에 대한 그리움을 모두 드러냈다.

어머니의 눈물이 아들의 발걸음을 막지 못했던 것처럼, 임금의 눈물이 세상을 바꾸지는 못했다. 눈물과 정치적 역학관계는 별개 문제였다. 영남 유림의 상소는 임금이 아닌, 불운하게 아버지를 떠나보낸 안타까운 아들 '이산'의 모습을 드러냈고, 이로 인해 정조는 꽁꽁 숨겨 왔던 아들의 눈물을 들켰다. 눈물 이후에 기다리는 것은 또다시 정치 현실이고, 정치는 눈물의 의도와 다른 행동을 요구했다. 그러나 어머니의 눈물이 있어 아들의 한양행은 더욱 결연한 행동이 되었고, 임금의 눈물이 있어서 임금의 정치적 행동은 차라리 인간적이었다. 정치와 사람은 그렇게 연결되어 있고, 눈물은 그 사이를 타고 흘렀다.

출전: 류이좌, 《천휘록》

2부

조선 사람들이
살았던
'공동체'

이제 '혼밥'이라는 말은 낯설지 않다. 몇 년 전까지도 쓰이지 않던 말이다. 혼자 먹는 밥이라는 뜻이다. '혼밥'은 가족이나 동료와 함께하던 식사마저 이제 혼자 하게 되었음을 뜻하는 말이다. 이렇게 보면 개인주의는 현대인이 가진 여러 태도 중에서 대표적인 것이라고 할 수 있다.

하지만 여전히 혼자 하는 일보다는 함께하는 일들이 훨씬 많다. 젖먹이 생명을 키워 내는 것은 가족이며, 사회와 지식을 알려 주는 것은 학교이다. 또 생산의 기본 단위도 여전히 개인보다는 회사이다. '혼밥'은 여전히 누군가와 함께하는 식사를 대체하지는 못하고, 개인주의는 공동체적 삶을 위협하지 못한다.

지금 우리나 조선시대 사람들 모두 공동체 안에서 살아간다. 물론 차이는 있다. 우리는 조선시대 사람들이 몸담았던 공동체보다 훨씬 분화되고 다양한 공동체에 몸담는다. 가족은 그렇다 치고, 학교, 회사, 취미동아리, 향우회 등은 조선시대 사람들이 알지 못하는 것들이다. 우리에 비하면 조선시대 사람들은 훨씬 단순한 공동체에 살았다. 정확히 말하면 단순하다기보다는 집약적이고 다기능적인 공동체에 살았다. '마을'이 그것이다. 조선시대 사람들에게 마을은 그들의 우주이다.

조선시대 사람들과 지금 우리가 각각 몸담고 있는 공동체의 모습이 서로 달라도, 본질에서는 다른 것보다 같은 것이 많다. 회사 규칙을 어기면 징계를 받고 심하면 해고되듯이 조선시대 마을에서도 같은 일이 벌어졌다. 조선 후기로 내려올수록 세금도 마을 단위로 냈다. 중앙 정부는 마을 공동체에 세금을 부과했고, 마을 공동체는 이를 놓고 중앙 정부와 혹은 마을 내부에서 힘겨운 싸움이 벌어졌다. 또 회사에 서열이 있고, 여러 층위의 갑甲들이 존재하듯 마을 안에서도 그랬다. 그 꼭대기에는 중앙 정부 공권력의 상징인 수령이 있다. 수령과 마을 사람들이 만들어 내는 양상은 요즘만큼이나 복잡했다.

4

사람 사는 마을,
문제도 많아

향안, 지역사회의 뜨거운 감자...삭적, 향권이 행사한 자율적 처벌...산송, 못자리를 둘러싼 산 사람들의 다툼...근엄한 성리학자의 '내 논 찾기'...
사람을 향한 저주, 저주보다 더 무서운 사람...공자의 권위를 침범한 살인사건 조사...사이비 부처, 가난한 백성을 홀리다...
조야를 들끓게 한 도산서원 위패 도난사건...가벼운 허물을 덮어 주는 지혜, 제마수

향안,
지역사회의 뜨거운 감자

음력 7월의 무더위보다 더 답답한 상황이 예안현(현 안동시 예안면)을 짓누르고 있었다. 향교에서 제사를 올리는 일, 즉 향사享祀를 지내야 할 제관들과 이를 주관할 임원진을 선출해야 할 시기가 차일피일 기약 없이 미뤄지고 있었기 때문이다. 1629년 음력 7월 8일, 예안 유림을 대표하고 있었던 김령은 언제쯤 이 문제가 해결될지 알 수 없어 한숨만 쉬고 있었다. 문제는 향교 교안校案 때문이었다. 지난달 조정에서는 전국 각 지역 향교에 명을 내려 향교 교안을 새로 작성하라고 했다. 그런데 막상 교안을 새로 작성하려 하니, 쉽지 않은 문제들이 이것저것 튀어나오기 시작했다. 엄밀하게 말하면, 이미 오래전부터 쌓여 왔던 문제가 조정의 명으로 인해 표면화되면서 폭발했다고 말하는 게 더 정확하다.

교안이란 향교에서 작성한 향교 소속 학생 명부이다. 향교에 소속된 학생 인명부 정도로 생각하면 크게 틀리지 않다. 요즘도 학생 명부를 중심으로 학생들을 관리하고, 학교활동을 기록하고 있다는 점에서 그러하다. 재학증명서와 학생증도 이 학생 명부를 기반으로 발급하듯이, 향교에 재학하고 있는 학생이라는 사실을 증명하는 기본적인 명부가 필요한데, 향안鄕案이 바로 그것이었다.

그런데 이러한 향교 학생의 원적부인 교안을 새롭게 작성하는 것이 왜 지역사회에서 갈등으로 이어졌는가? 그 이유를 단적으로 말하면, 향교 학생이 받는 혜택 때문이다. 교안에 등재되어 있는 향교 학생에게는 지역사회가 거는 기대도 컸고, 그만큼 혜택도 많았다. 가장 큰 혜택은 군역의 면제였다. 향안에 등재되어 있는 학생이라면, 군역을 지지 않아도 되었다. 역役은 백성으로서 나라에 대한 자기 의무를 의미하는데, 향안에 등재된 학생은 이후 관료가 되어 나라에 대한 의무를 다할 수 있다는 인식에 따라 군역을 면제해 주었던 것이다. 조선에서 관료가 될 수 있는 인재의 반열에 들었다는 의미이며, 그 가능성만으로도 군역을 면제해 준 것이다.

그런데 이 혜택은 지금의 군역과 비교할 수 없을 만큼 컸다. 조선시대 군역 의무는 오늘날과 달랐다. 지금은 성인 남자가 일생에 한 번 청년기에 일정 기간 군인으로 복무하는 것으로 군역의 대부분을 다한다. 물론 예비군이나 민방위 등에 편제되어 이따금 훈련을 받기는 하지만, 그래도 군에 복무하는 기간만큼 부담이 큰 것은 아니다. 그러나 조선시대에는 그 의무가 16세부터 60세까지 지속되었다. 이 기간 중에 반복 소집되어서 국방 의무를 수행하거나, 그렇지 않으면 그에 해당하는 세금, 즉 군포를 내야 했다. 한마디로 조선시대에 군역은 성인 남자가 평생 져야 할 의무였다.

이러한 이유에서 향교 학생이라는 신분은 교육을 받고 안 받고를 떠나, 군역 면제라는 잿밥에 관심 있는 사람들에게는 매우 중요했다. 교안을 정리한다는 것은 학생 신분에 들 수 없는 사람은 학생 명부에서 제외하고, 실제 향교 학생이 되어야 할 사람들은 새롭게 학생 신분을 가질 수 있도록 한다는 의미였다.

중앙 정부에서 교안을 새롭게 작성하라고 명을 내린 이유도 여기에 있었다. 향교의 학생 명부가 방만하게 운영되면서 군역을 질 사람들이 줄고 있는데, 그에 대해 제대로 된 관리나 정리가 이루어지지 않고 있었던 것이다. 이름만 올려 놓고 향교에서 교육을 받지 않는 학생은 교안에서 제외하고, 실제 재학생 중심으로 교안을 작성하라는 의미였다. 특히 이 당시는 임진왜란 후 국방력이 채 정비되지 않은 상황에서 후금이 침략해 온 정묘호란(1627)을 겪은 지 얼마되지 않은 시점이어서 국방이 국가의 핵심 현안일 수 밖에 없었다. 중앙 정부로서는 당연히 취해야 할 조치였다.

조선시대 많은 향교에서는 건물과 학생 명부는 가지고 있어도 상시적인 커리큘럼에 의한 운영이 잘 이루어지지는 않았다. 처음부터 그런 것은 아니었지만, 조선 후기로 내려올수록 이러한 경향은 점점 심해졌다. 중요한 지방이나 혹은 지역 현감의 강력한 의지가 있는 몇몇 곳을 제외하고는 유생들을 가르칠 교수 확보도 쉽지 않았다. 이 때문에 과거시험을 준비하는 학생 입장에서는 서원이나 혹은 다른 선생을 찾아 가되, 군역 면제를 위해 향교 교안에 이름은 올려 두어야 했다.

물론, 그 이전에도 향교 학생이 되는 것이 그렇게 쉽지는 않았다. 천거를 받고, 지역 유림의 의견을 들은 후 향교 관련자들의 찬성을 얻어 내야 가능했다. 그러나 모든 일이 원칙대로 되는 것은 아니다 보니, 그 지역 사족들은 자기 자식들을 교안에 넣기 위해 온 힘을 동원하기도 했고, 심지어 사족이 아닌 사람이 많은 뇌물을 써서 교안에 이름을 등록하기도 했다. 향교의 명예와 투명한 운영을 위해서라도 교안을 새롭게 정리를 해야 할 필요가 있었던 것이다.

이런 문제 때문에 교안 작성은 지역 유림의 뜨거운 감자일 수밖에 없었다. 교안을 정리하는 기준에 따라 자기 사람이 빠질 수도 있고, 또 원치 않는 사람이 계속 향안에 남아 있을 수도 있기 때문이다. 또한 옳지 않은 방법으로 이름을 올린 경우에는 이를 유지하기 위해 다양한 수단들을 동원해야 했다. 특히 고을별로 학생 정원이 정해진 상황에서 액내교생과 액외교생[1]을 얼마나 유지하는가 하는 문제도 논란거리였다. 교안에 불만이 많았던 사족들은 강력한 기준을 요구했고, 어렵게 이름을 올렸던 사람들 입장에서는 잘리지 않고 교안 정리가 무사히 끝나기를 바랄 수밖에 없었다. 그러면서 정부가 요청한 '교안 정리'의 기준에도 맞아야 했다. 이 때문에 이에 대한 협의는 싸움으로 끝나는 일이 잦았고, 이로 인해 향교 향사를 지내야 할 임원진 선출을 못할 정도로 감정의 골이 깊어졌다. 군역과 직접 연결되어 모두가 당사자이다 보니 수습책은 쉬 나오지 않았다.

출전: 김령, 《계암일록》

삭적,
향권이 행사한 자율적 처벌

김택룡은 회의를 소집하면서도 괴로운 마음을 감출 수 없었다. 아우 김기룡과 관련된 일이어서 자신이 직접 소집하는 것에 고민도 많았지만, 향회 소집 권한을 가진 자신의 위치 때문에 그럴 수밖에 없었다. 직접적인 피해자는 동생 김기룡이었지만, 향회를 소집해야 하는 의제로는 남의각·신각 형제와 그의 아버지 남산곡이 고을을 업신여긴 문제가 더 컸다. 이들이 구체적으로 어떻게 고을을 업신여겼는지는 기록이 없어 알 수 없지만, 당시 고을 사람들 모두가 이를 심각한 문제로 여기고 있었던 것이 확인된다. 이러던 와중에 이들이 김택룡의 동생 김기룡을 고소하여 억울하게 곤장까지 맞게 한 사건이 발생했다. 결국 1616년 음력 3월 4일 마을 자치기구인 향회가 소집되었다. 조선시대 향회는 강제력 없는 단순한 마을회의가 아니었다. 일정 정도의 사법권을 가지고 있었기 때문에 회의의 권위는 높았다. 김택룡은 향회의 좌장으로서 이 회의를 소집하고 진행해야 했다.

김기룡 역시 회의에 참가하려고 회의장까지 왔지만, 김택룡은 회의의 객관성을 확보하기 위해 관련자가 참여하지 않는 게 옳다고 생각하여 참여하지 못하게 했다. 처리 원칙은 동네 규약인 동헌洞憲에 따르기로 했다. 아무래도 피해자의 형이기 때문에 객관적인 기준을 마련하지 않으면, 여러모로 볼썽사나운 일이 벌어질 수 있었다. 김택룡과 ㄱ이 아든 긴슈이 참여하고, 그 이에는 고을이 어른들인 봉사事事[2] 심신沈信과 봉사 심지沈智, 심운해沈雲海, 박선윤朴善胤, 김대명金大鳴 등이 모였다.

결론은 남 씨 형제와 그 아버지에 대해 동네 구성원으로서의 신분을 박탈하기로 했다. 삭적削籍, 곧 향적鄕籍에서 이름을 지우기로 결의한 것이다. 현대인의 시각에서 보면 '이게 무슨 벌인가'라는 생각이 들 수 있지만, 이 당시 삭적은 향회가 내릴 수 있는 강력한 벌 가운데 하나였다. 이제 남의각·신각 형제와 그들의 아버지는 더이상 이 고을 사람들이 아니었다. 동네의 어떤 행사에도 참여할 수 없게 되었고, 동네 구성원으로서의 권리 행사도 불가능했다. 있어도 없는 사람 취급하며, 모든 논의에서 유령처럼 빠져야 했다. 조선시대에 고을은 사람들의 존재 기반이었다. 때문에 삭적은 그 사람의 존재 기반 자체를 엎어 버리는 결정이었다. 그만큼 향회의 결정은 상력했다.

예안 고을에서 이와 유사한 일이 13년 뒤인 1629년(인조 7) 음력 2월 28일에도 있었다. 이때는 권익훈이라는 사람 때문이었다. 당시 기록만을 가지고 보면, 그는 그야말로 고을의 부적응자였다. 그는 사람을 만나거나 대화를 하면, 사람을 면전에 대놓고 모욕을 주기 일쑤였다. 심지어 지나가는 사람에게도 일부러 시비를 걸고 욕을 했다. 고을 사람들 모두 그를 피해 다닐 정도였으니, 마주치는 것 자체가 불편한 사람이었다. 고을에서도 처음에는 으레 그런 사람이려니 하고 참아 왔지만, 더이상 그냥 둘 수 없는 일이 발생했다.

권익훈은 고을 안에서만 고을 사람들을 욕했던 것이 아니라, 고을 밖에서까지 고을 사람들에 대해 욕을 하고 다녔다. 특히 지난해(1628) 서울에서 그가 행한 일은 마을 사람들의 공분을 사기에 충분했다. 이 지역 사람들 가운데 조금이라도 이름이 나 있는 사람이면 마치 그들이 악행을 행하고 있는 것처럼 거짓으로 글을 써서 승문원과 교서관, 예문관 대청에 걸어 놓았던 것이다. 그런데 이들 가운데 몇몇은 이미 돌아가신 분들이라, 결국 고인들에 대해 거짓으로 욕을 한 격이 되었다. 후손들 입장에서는 더이상 참을 수 없는 상황에 이르렀다.

권익훈 문제로 향회가 열렸다. 13년 전 남의각·신각 형제에게 내려 졌던 것보다 더 무거운 처벌이 결정되었다. 우선 유림의 명부, 즉 향 적에서 이름을 빼는 것은 13년 전과 동일했다. 그리고 그에 더해 권익 훈을 고을에서 쫓아내기로 결정했다. 삭적을 넘어, 추방령까지 내려 졌던 것이다. 삭적이 그 사람의 신분을 고을에서 인정해 주지 않는 것 이라면, 추방은 자신의 존재 기반과 삶의 터전을 빼앗아 버리는 것이 었다. 마을 공동체를 기반으로 이루어진 집안과 가문, 경제적 기반, 삶의 관계 등을 완전하게 끊어 버리는 결정이었다. 자기 삶의 터전에 서 살 수 있는 발판 자체를 없앴던 것이다

향회에서 이렇게 결정한 후, 그 결정문을 공식적인 문건으로 만들 었다. 권익훈의 죄상을 기록하고 그 밑에 처벌 내용과 회의 참석자의 서명이 들어간 문건 2부가 작성되었다. 한 부는 관아에 보고하고, 또 다른 한 부는 향교에 보관하기로 했다. 관아에는 향회에서 이루어진 처벌 결정을 통보하여 공유하기 위한 것이었고, 향교에는 그 처벌 결

과를 기록으로 남겨 놓음으로써 향후 권익훈이 다시 이 마을에 들어올 수 있는 가능성을 차단하기 위한 것이었다.

향회는 마을 공동체를 유지하기 위한 일종의 자치기구였다. 물론 이러한 향회의 구성원은 대부분 지역 양반들이고, 그들의 결정을 통해 지역 공동체가 유지되었던 것은 사실이다. 현대의 입장에서 보면 이러한 향권이 영역이 단순히 공동체를 결속하고 그에 반하는 행위에 대해 벌칙을 가하는 정도를 넘어, 국가가 집행해야 할 사법 영역에까지 이르고 있음을 알 수 있다.

향회가 오늘날 낯설어 보이지만 잘 살피면 꼭 그렇지도 않다. 변형된 형태로 지금도 존재한다. 조선시대에 사람들의 삶의 기반은 마을이었지만, 지금은 회사나 학교 등이다. 그리고 우리는 회사나 학교 등의 자체 규정에 영향을 받는다. 회사나 학교의 규정이 국가의 법률이 아님에도 그렇다. 이런 방식을 통해서 국가는 공권력을 낭비하지 않을 수 있고, 회사나 학교를 이끌어 가는 사람들은 일정한 권한을 행사하게 된다.

출전: 김택룡, 《조성당일기》/
김령, 《계암일록》

산송,
묫자리를 둘러싼 산 사람들의 다툼

1616년 9월, 예안 고을에 사는 김택룡은 소송사건에 휘말려 곤란을 겪고 있었다. 툭하면 벌어지는 산송山訟이기는 하지만, 직접 당사자도 아닌 김택룡이 이리 곤란을 겪을 줄은 그 스스로도 미처 생각지 못했다. 이 일은 그해 7월로 거슬러 올라간다. 김택룡의 생질 정득鄭得의 선영이 영주에 있었는데, 그 지역에 사는 박 씨 집안과 선영 주변의 산을 두고 소송이 벌어졌다. 정득의 선영에 박 씨네 집안사람들이 묘를 쓰려고 하면서 이를 말리는 정득 집안과 박 씨네 집안사람들 사이에서 산송이 일어났던 것이다.

산송이 제기되면, 사건은 당연히 해당 지역 관아에서 심리를 하게 된다. 그런데 이 산송은 영주군에서 직접 담당할 수 없다는 판단이 내려지면서, 경상감영으로 이첩되었다. 경상감사가 이 사건을 다루게 되었던 것이다. 이렇게 되자 김택룡은 자기 생질의 문제이기도 했고, 그 지역을 잘 알고 있는 사람이었던지라 그 지역을 대표해서 그 산이

정 씨 집안의 것임을 밝히는 진술서인 정문呈文을 제출해야 했다. 자신이 생각해도 그 산은 정득 집안 소유가 분명한데, 박 씨네 집안에서 무리하게 명당을 잡으려다 이 상황에 이른 것이었다. 그런데 이렇게 되자 알고 지내던 박 씨네 집안에서 김택룡에 대한 원망이 터져 나왔다. 자기 생질 편만 든다는 것이었다.

견구 경상감사가 정 씨네 집안에 증거를 요청했다. 정 씨네 산이 확실하다면 그 묘에서 나온 묘지석墓地石³을 제출하라는 것이었다. 원래부터 있었던 묘를 파서, 누구의 묘인지를 증명하는 묘지석을 제출하면 증거야 확실하지만, 그렇다고 소송 때문에 선대의 묘를 파헤칠 수도 없는 난감한 상황이 발생했다. 급기야 정 씨 집안과 김택룡은 관련 증인들을 최대한 모아 진술서를 작성하였다. 이렇게 되자 경상감사는 이 진술서를 보고 굳이 묘지석을 파낼 필요가 없다면서 다음과 같은 판결을 내렸다.

우득신禹得臣 등 여섯 사람이 관아에 올린 문서의 증거가 분명하니, 묘지석을 보고 증명하는 일은 매우 옳지 않은 듯하다. 박가의 장례지를 굳이 혐의가 있는 곳에 쓸 필요가 없다. 다른 산으로 다시 정해 영원토록 올바를 만한 장소로 정한다면, 참으로 효자의 마음이 편안할 것이다. 이러한 취지로써 이치를 잘 알아듣도록 깨우쳐 주는 것이 타당하다.

완곡하지만, 분명한 결정문이었다. 이로써 소송은 종결되었다. 하지만 소송이 종결되었다고, 사건이 종결된 것은 아니었다. 김택룡의 생질은 소송에서 이겼다는 판결을 받아들였지만, 소송에서 진 박 씨네가 이 판결을 받아들이지 않았던 것이다. 박 씨네는 계속해서 정 씨네 선영에 묫자리를 잡으려고 했고, 정득의 집안에서는 무력을 써서라도 막으려는 지리한 싸움이 이어졌다. 이 과정에서 박 씨네가 김택룡이 일전에 진술서의 일종인 정문을 작성해 준 것에 대해 옳은 일인지 지역사회에서 따져 보자면서 공격했다. 김택룡은 머리가 지끈거렸다. 자신을 찾아온 남연南衍 역시 진술서를 써 준 김택룡의 처사가 옳지 않다고 하자, 김택룡은 서운하기 이를 데 없었다.

감사의 판결은 판결이고, 그에 아랑곳 하지 않고 박 씨네는 계속 정 씨네를 위협하면서 묫자리를 거기에 쓰려고 했다. 양쪽 집안의 물리적 충돌은 필연인 듯이 보였다. 이제는 정 씨네 집안에서도 화가 날 만큼 났다. 경상감사의 처분 결정이 떨어졌는데도 불구하고, 부득부득 자신들 집안 산에 묘를 쓰려고 하니 화가 날 법도 했다. 무력으로 막아야 한다는 쪽으로 논의가 모아졌고, 결국 정 씨 친족들이 모두 모여 묘 쓰는 행위를 막겠다고 나섰다. 이 지경까지 오지 않기를 바랐지만, 이제는 결국 김택룡이 나서야 했다. 그는 양쪽 집안을 다 알고, 관아의 사람이나 벼슬아치를 만나서 설득할 수 있는 사람이었다. 그가 나서지 않으면 큰 유혈사태가 날 판이었다.

우선 김택룡은 자신에게 유감을 가진 박 씨네 사람들에게 묫자리를 옮길 것을 권유했다. 이미 판결까지 난 상황에서 계속 동일한 곳에 묘를 쓰려다가는 파국으로 치달을 수밖에 없다고 설득했다. 그리고 무력을 써서라도 막겠다는 정 씨네 집안을 찾아 박 씨네가 산송이 일어난 곳에 묘지를 쓰지 않고 다른 곳으로 묫자리를 옮기고 있다는 사실을 알렸다. 그러면서 정 씨네도 이 사태가 더이상 번지지 않도록 참으라고 했다. 서로 약간씩의 양보를 얻어 내면서 사건을 해결했다. 이 과정에서 김택룡은 박 씨네 집안사람들로부터 오해를 받을 수 있는 소지를 없애기 위해 비록 생질이지만 정득의 집안과 일체 접촉을 끊었다.

조선시대 민사소송의 대부분은 산송이었다. 산을 둘러싼 소송은 거의 못자리 싸움으로, 풍수와 관련하여 조상의 묘를 좋은 데 쓰려는 욕심이 충돌한 것이다. 조선시대에는 문중이 번창하고 잘되는 이유 가운데 하나로 조상의 못자리를 꼽았다. 이 때문에 유력 문중이나 번성한 집안이 못자리는 다른 집안에서 몰래 장지를 끼내고 싶은 곳이 되었다. 남의 못자리를 몰래 훔쳐 묘를 쓰는 투장偸葬이 조선시대 내내 유행했던 이유였다. 단순한 못자리 싸움이 아니라, 잘 살고 문중을 일으키고 싶은 욕망의 표출이었던 것이다.*

출전: 김택룡, 《조성당일기》

---

* 이 문제를 메타적으로 보면, 오늘날 이익집단의 갈등과 별로 다르지 않다. 그리고 이것은 우리의 공사 개념과 밀접한 관련을 가진다. 사실상 조선시대 문중은 사회적 삶의 단위였다. 오늘날 회사가 사회적 삶의 단위이듯이. 이런 상태에서 문중 간의 갈등이 이성과 상식으로 해결되지는 않는다. 오늘날 기업 간 갈등이 그렇듯이.

근엄한 성리학자의
'내 논 찾기'

결실의 계절인 가을이었다. 음력으로 9월 하순이 되면서, 본격적인 추수기에 접어들었다. 1617년 음력 9월 24일 김택룡은 능동陵洞[4]으로 가서 타작을 관리하기 위해 아침부터 부산을 떨었다. 밥을 먹자마자 풍종과 희남을 데리고 능동으로 향했다. 마침 그 지역에 있는 자신의 논밭을 확인할 일도 있고 해서, 이 업무를 맡고 있는 김응희도 따르게 했다. 김응희에게만 맡겨 놓았더니 제대로 관리되지 않는 것 같았다.

능상陵上에 도착해서 콩을 거둔 후 타작을 하고 있는데, 마침 김택룡의 논을 불법으로 점유하고 있는 태수를 만났다. 하필 김택룡 논에서 몰래 지은 볏짚을 싣고 오다가 길 중간에서 마주쳤던 것이다. 김택룡은 사람들을 시켜 그를 잡아 묶고는 끝까지 추궁했다. 그러고는 김응희가 오기를 기다려 증거에 따라 시비를 가리기 시작했다. 자신의 논에 대한 불법 점거 여부와 소출 상황까지 확인했다. 괘씸하기 이를 데 없었다.

그러고 보니 태전太田 머리의 논도 김택룡의 것인데, 전축소磊의 노비 망금이가 점거하고 있다는 이야기를 들었다. 그쪽으로도 사람 몇명을 보내 망금을 잡아와서 추궁한 후 자백을 받아 냈다. 김택룡이 알기로도 이곳 외에 서너 곳을 전가소家들과 다른 사람들이 점거하고 있지만, 모두 조사하여 찾아내지 못하는 것이 못내 아쉬웠다. 한두 곳이면 쉬 찾아내겠지만, 손바닥 만한 땅들이 이리저리 흩어져 있으니 조사해서 찾는 것도 쉽지 않은 일이었다. 김응희가 마땅히 조사해서 땅을 찾아야 하지만, 오히려 점거한 사람들에게 굽신거리기까지 했다니 이를 어찌할까 싶기도 했다.

사흘 뒤 김택룡은 종손從孫이를 마평馬坪⁵에 보냈다. 이곳에는 김택룡이 직접 농사를 짓는 땅도 있었지만, 다른 사람에게 빌려 주고 소작료를 받는 전답도 두어 곳 있었다. 그런데 그동안 그들이 부담해야 할 요역이나 소작료를 받지 못하고 있었다. 김응희에게 양전행심책量田行尋册*을 들려 보내, 그 지역의 땅들을 확인하게 했다. 그리고 별감 이여함에게는 사표四標**를 찾아 조사해 보라고 요청했다. 토지대장에 기록된 내용과 실제 땅을 확인해 보기 위해서였다. 그 결과 측량할 당시 자신의 노비인 복만의 전답으로 측정되었던 곳을 다른 사람이 경작하고 있음도 확인했다. 해야 할 일이 많아졌다.

---

* 향촌에서 징세를 담당한 서원이나 향리들이 그해 작황이나 경작 여부를 조사하기 위해 토지대장인 '양안量案'을 토대로 실무용으로 작성한 장부이다. 행심책은 이 양안을 원본으로 하면서도 이 가운데 필요한 부분만을 등사했다. 토지 등급, 지목, 납세 면적, 결부 수, 납세자 혹은 호명戶名의 순으로 기재되었다. 매해의 재해 상황과 그해의 작황을 보고할 때의 연분年分 등급 등이 별지로 붙어 있다.

** 조선시대의 토지대장인 양안에 수록된 사항으로서 토지의 위치를 동, 서, 남, 북의 거리와 소유자, 지목, 경계를 표시한 것이다.

10월 4일 김택룡은 아침을 먹자마자 댓바람부터 풍종을 도촌에 보냈다. 마평의 전답 두 곳을 권굉權宏의 노비 윤복允卜과 이성간李成幹의 노비 일년一年, 그리고 김 서방이라고 칭하는 여러 사람이 갈아먹은 지 꽤 오래되었다는 사실을 밝혀 냈기 때문이었다. 그동안 세를 받지 못했기 때문에 풍종을 시켜 이들을 부르게 하였다. 이들에게 부세를 내라 명령하고 그렇지 않으면 그 토지를 경작하지 못하게 할 요량이었다. 완전하게 다 찾은 것은 아니지만, 일단 찾은 것은 빨리 정리하고 처리해야 했다.

김택룡은 이황의 수제자 가운데 한 명인 조목의 대표적인 제자였다. 이황으로부터 조목을 통해 이어지는 퇴계학의 학통을 잇고 있는 인물이었다. 이 때문에 지역사회에서 그가 차지하는 위상 역시 결코 낮지 않았다. 고매한 도학자이자, 자기 수양에 최선을 다하는 유학자였다. 그런 그가 추수를 관리하고, 많은 경작지에서 소출이 나오지 않는 곳을 직접 추심해서 찾아내고 있었던 것이다.

유학자들에 대한 가장 흔한 조롱은 현실을 무시하고 책만 파는 외골수라는 비아냥이다. 현실은 무시하고, 처자식을 굶기면서도 책만 읽는 것이 흔한 '선비상'으로 오버랩된다. 그러나 실제로는 그렇지 않았다. 향촌 지역에 기반을 둔 사족들은 경제적 기반을 관리하고 이를 경영하는 것을 매우 중요하게 생각했다. 어쩌면 과거시험을 멀리하고 순수한 자기 수양의 길을 걷는 성리학자에게 소출을 관리하고 이를 유지하는 것은 더 중요한 일일 수 있다. 녹봉을 받지 못했기 때문이다. 항산恒産을 통해 항심恒心을 유지한다는 논리[6]는 어디에서나 통하기 때문이다. 다만 이러한 논리를 따르되, 항산의 욕구가 사욕으로 넘어가지 않게 스스로를 단속하고 수양하는 것이 중요했던 것이다.

출전: 김택룡, 《조성당일기》

사람을 향한 저주,
저주보다 더 무서운 사람

미움이 켜켜이 쌓이다 보면, 그것은 대상에 대한 저주로 이어지기 마련이다. 그러나 마음으로만 미워하면 별일이 아니지만, 그 미움을 밖으로 표현하면 때론 문제가 될 수도 있는 시기가 조선시대였다. 저주하는 행위가 주술과 같은 구체적인 행위로 이어지고, 때마침 사람이 죽었다면 저주한 사람은 살인죄에 준해 처벌을 받았다.

조목趙穆(1524~1606)의 제자로 신안新安(현 경북 성주)현감을 지냈던 봉화 사람 김중청金中淸(1566~1629)이 1629년에 사망했다. 그런데, 여기에는 이해되지 않는 면이 많았다. 이유는 알 수 없지만, 김중청의 이복동생 김득청은 배 다른 형에 대한 원망이 극에 달했던 것 같다. 그는 김중청에게 저주를 퍼부었는데, 다른 사람의 무덤에서 꺼내 온 유골을 가져와 주술까지 걸어 저주가 내리기를 빌었다. 김중청은 이유 없이 시름시름 앓다가 죽었는데, 이후 김득청의 셋째 아들과 그 집 종 춘금이 자복하면서 이러한 사실이 드러났다. 실제 조사를 해 보니 김중청 집안에서 사람 유골 등 요사스러운 물건이 나왔고, 이로 인해 김득청은 살인사건에 준하는 피의자로 고소를 당했다. 이 사건은 경상감영까지 보고되었다. 사건 심리를 통해 김득청은 유죄판결을 받았다. 주술을 통해 사람이 죽을 수 있다는 인과관계를 법적으로 인정한 셈이었다.

이 사건은 김득청에게 유죄판결이 내려지면서 끝나는 것처럼 보였다. 그런데 얼마 뒤 경상감사가 교체되면서, 사건은 새로운 국면을 맞았다. 요즘은 사건 심리가 끝난 후 결과에 대해 불만이 있으면 상고하는 제도가 있지만, 같은 법원에서 동일한 사건에 대해 한 번 낸 판결을 뒤집을 수는 없다. 이른바 '일사부재리의 원칙'이다. 그러나 조선시대 법률에는 이 개념이 없었다. 당시 유죄판결을 낸 경상감사가 물러가고 신임 경상감사 이명李溟(1570~1648)이 취임했다. 그러자 김득청은 자신의 유죄판결이 억울하다면서 다시 소송을 제기했다. 주술을 통해 사람이 죽을 수는 없다는 논리였다.

신임 경상감사 이명은 이 사건 전체를 재조사했다. 그런 후 이명은 김득청을 무죄로 판단했다. 그리고는 김중청의 아들들이 아버지 간병을 제대로 하지 않아 죽은 것이 아니냐고 물으면서, 사건을 효孝 문제로 바꾸어 버렸다. 그 결과 유죄였던 김득청은 무죄판결을 받았다. 현대인의 관점에서 보면 주술로 사람이 죽을 수 없다는 점을 인정한 합리적 판단일 수도 있다. 그런데 이후 김득청과 이명이 평소 잘 알고지냈던 사이임이 밝혀졌다. 이명의 판단이 과학적인 결과에서 이루어진 것이 아니라, 평소 잘 알고 있었던 김득청을 구제해 주기 위한 판결이었던 것이다.

김중청 유족들 입장에서 이것은 청천벽력 같은 판결이었다. 도저히 받아들일 수 없었던 김중청 유족들은 이 문제를 중앙 정부에 제소했다. 이렇게 되면서 중앙 정부에서는 이 사건을 조사할 관리인 경차관을 파견하기에 이르렀다. 경차관은 특별한 사안을 조사하기 위해 중앙 정부에서 파견되는 관리로, 김중청의 죽음에 대한 결론은 이 경차관에 달렸다. 경차관은 이 사건을 원점에서 새롭게 조사하기 시작했다. 그렇다고 그가 김중청 유족들에게 호의적이기만도 않았다.

이렇게 되자 이를 지켜보던 김중청의 노모는 그 억울한 마음을 이기지 못해 1630년 음력 10월 4일 스스로 목을 매어 자결하였다. 아들의 죽음과 이후 벌어진 잇단 일들이 노모의 가슴에 큰 원한으로 남았고, 그 답답함을 이기지 못해 극단적인 선택을 했던 것이다. 이 자살은 오히려 김중청의 가족에게도 좋지 않은 결과로 돌아왔다. 경차관까지 파견되어 조사하는 도중 자살사건이 나자, 감찰기관인 사헌부에서 김중청의 아들 김주우를 체포했다. 할머니의 자살을 막지 못했다는 것이 죄명이었다. 경상감사의 태도가 바뀌면서, 한 집안은 그야말로 쑥대밭이 되었다.

현대인 입장에서야 김중청의 죽음이 주술 때문이라고 말할 수는 없다. 어떤 사람이 미워서 그 사람을 저주하고 죽음을 내려 달라고 빌었다는 이유로 빈 사람을 처벌할 수는 없다. 그러나 효와 형제의 우애를 강조했던 조선시대에 유골까지 파서 저주의 주술을 걸었다는 사실 자체만으로도 이미 강상綱常의 윤리, 즉 사람이 지켜야 할 도리를 버린 것이었다. 때문에, 도덕적으로나 법적으로 처벌이 가능했다. 살인과 같은 직접적 이유도 그렇지만, 형을 대상으로 주술을 걸려고 했던 행위 자체만으로도 처벌받아야 하는 이유가 되었다.

사건 정황만 보면 비과학적 미신이라 결론 지을 수도 있고, 사회적

윤리와 도덕이라는 기준을 가지고 처벌할 수도 있다. 그러나 문제는 어떠한 법리적 판단이 아닌 개인적 결과에 따라 결과가 번복되고, 그 과정에서 한 집안이 쑥대밭이 되는 상황이다. 이렇게 되면서 결과는 공정성을 얻지 못했고, 법에 대한 신뢰 역시 무너졌다. 사건을 담당했던 관리들이 제대로 일을 처리하지 않으면서 제2, 제3의 희생자가 계속 나왔던 것이다. 김중청 집안사람들의 입장에서 보면 김득청의 저주가 무서운 것이 아니라, 친소관계에 따라 왔다 갔다 하는 관아의 판결이 더 무서웠을지도 모른다.

출전: 김령, 《계암일록》

공자의 권위를 침범한
살인사건 조사

1752년 음력 3월 6일, 따뜻한 봄바람이 경상감영 내 관풍루觀風樓[7]에 불어왔다. 옷차림도 비교적 가벼워지면서, 지방관 입장에서는 지역 농민들을 독려해서 농사 준비를 서둘러야 할 때가 되었다. 경상감사 조재호趙載浩(1702~1762)[8]가 바쁜 일정을 챙기고 있을 무렵, 신경 쓰이는 일이 발생했다. 진주향교 유생들이 단체로 대구까지 상경해서 그를 만나야 한다며 버티고 있다는 보고를 받았기 때문이다. 무슨 일 때문인지 짐작은 갔다. 그들의 청에 대해 답하지 않고 일단 물려 놓았지만, 지역 향권鄉權을 대표하는 유생들의 방문을 그냥 둘 수만도 없었다. 짜증이 일었다.

  사건의 발단은 이랬다. 얼마 전 진주에서 살인사건이 일어났다. 조선시대에는 살인사건이 발생할 경우 피해자의 신분과 지위를 막론하고 억울한 죽음이 발생하지 않도록 하기 위한 노력이 치밀하게 이루어졌다. 조재호 역시 조사 결과를 살펴보면서, 꼼꼼하게 보고서도 검토한 터였다. 그러나 조사에 대한 의혹이 지역에서 계속 제기되고 쉽게 수사 결과가 나오지 않았다. 결국 형조에서 직접 조사관이 파견되었다. 지금의 법무부에 해당하는 형조에서 보낸 조사관인 차사差使가 파견되었던 것이다. 문제가 생긴 것은 이 살인사건에 진주향교가 관계되었다는 정황이 발견되면서부터였다. 차사는 살인사건의 범인을 잡기 위해 진주향교에 들이닥쳤고, 이 과정에서 향교의 대성전을 침범했다.

유학을 숭상하던 조선시대, 향교의 대성전大成殿은 신성한 공간이었다(용어 풀이 참조). 유학을 창시했던 공자와 맹자로부터 초기 제자들을 포함한 성현들과 주자학의 성립에 기여했던 송宋나라 성현들, 그리고 조선의 성현들을 배향하는 공간이기 때문이다. 향교는 단순히 교육기관만은 아니었다. 유학은 개인의 수양을 통해 도덕적인 성인에 이르고, 이를 기반으로 도덕적인 공동체를 만드는 것을 최종적 목적으로 하는 학문이다. 이러한 점에서 보면 공자와 맹자를 비롯한 성인들은 유학 공부를 통해 최종적으로 도달해야 할 학문적 목표가 되는 사람들이다. 그래서 향교는 이들 성현들을 본받기 위해 제사를 지내는 배향配享 기능과 그러한 성현의 정신을 이을 사람들을 기르는 강학講學 기능을 동시에 가지고 있었다.

대성전은 배향 기능의 중심 공간이었다. 때문에 그곳은 유학의 이념성과 신성성을 상징했다. 누구라도 공경심을 가져야 하며, 누구든지 경건함을 지켜야 하는 공간이었다. 설사 살인사건의 범인을 놓치는 한이 있어도, 그래야 했다. 이 점에서 당시 진주향교 유생들의 생각은 확고했다.

진주향교 유생들의 이러한 생각은 사건을 바라보는 관리들과 다를 수밖에 없었다. 유생들은 중앙의 관리들이 대성전을 침범한 것에 대해 진주향교를 업신여겼기 때문이라고 생각했다. 아무리 살인범을 잡기 위한 일이라 하더라도 대성전을 침범한 것은 과잉수사이며, 진주향교의 향권을 업신여기지 않았다면 일어날 수 없는 일이라고 생각했다. 그들의 이런 생각이 지역사회에서 하나로 결집되는 데에 그리 오래 걸리지 않았다. 이들은 향교를 중심으로 통문通文*을 돌리고 여러 번 논의를 거쳐 지역 유림 전체의 여론으로 만들어 갔다. 이 여론을 기반으로 진주 지역 유림들이 경상감영까지 올라와 단체행동을 한 것이다. 향권을 업신여긴 형부 차사에게 벌을 주라는 것이 그들 주장의 골자였다.

조선시대에 지역 여론은 매우 중요했다. 특히 유림들이 의견을 모으고 그것을 개진하면 조정과 관청은 귀를 기울여야 했다. 얼마나 귀를 기울이고 들어주는가를 가지고 권력에 대한 도덕성 평가도 이루어졌다. 실제 들어주지 않았다는 이유만으로 여론을 만들어 조정과 관청을 압박하기도 했다. 유림의 여론은 유학에 기반한 조선 정치가 나아가야 할 올바른 방향이며, 국가 권력은 그래서 여기에 귀를 기울여야 한다는 인식이 전제되어 있었다.

문제는 살인사건이었다. 형부 차사 입장에서도 억울하기 이를 데 없었나. 사람이 죽었고, 이를 성상석으로 수사하는 과정에서 어쩔 수

* 조선시대에 민간단체나 개인이 같은 종류의 기관, 또는 관계가 있는 인사 등에게 공동의 관심사를 통지하던 문서. 가장 많은 통문은 서원·향교·유림에서 보낸 것으로, 이를 '유통儒通'이라고 하였다. 시국에 관한 중요 문제, 특히 대의명분에 관계되는 문제가 사림에 발생하였을 때 모임을 가졌는데, 그 날짜와 장소·의제, 회합의 결과까지 통문으로 발송하여 10일이면 나라 안에 모두 전파되었다. 17세기 말 이래 더욱 성행했다. 그 주모자들이 누구인지 알아보기 어렵도록 사발沙鉢(사기로 만든 그릇)의 형태로 둥글게 돌아가면서 연명자들이 서명한 경우가 많았다. 이러한 통문을 '사발통문'이라 하였다.

없이 대성전까지 발을 들인 일이었다. 이 같은 정상적인 업무 수행 때문에 벌을 받는다면 국가의 올바른 법 집행까지 문제가 될 수 있었다. 국가 입장에서는 향교의 권위를 세우고 유교적 이념을 단단히 하는 것 이상으로, 살인사건 용의자를 잡는 것도 중요했다. 경상감사 조재호로서도 이 생각은 명확했다. 다만 감영에 들이닥쳐 소리부터 지르는 유생들을 당장 어찌 처리할지가 고민이었다.

경상감사 조재호는 형부 차사의 손을 들어주었다. 유교 이념이 아무리 중요해도 정당한 관권의 행사만큼 중요한 것은 아니라는 판단에서였다. 정오가 되는 시간을 기다려, 진주향교에서 올라온 유생들을 불러 앉혔다. 47명 유생들이 하는 말을 듣고, 그들과 격론을 벌였다. 특히 그는 정상적인 업무 수행에 대해 이 같은 여론몰이를 하는 것이 왜 옳지 않은지를 강하게 지적했다. 그리고 그 자리에서 여론몰이를 위해 통문을 돌린 주범을 잡아들였다. 향권이 관권에 대항하는 것을 용서하지 않겠다는 의지를 분명히 한 것이다. 주범에 대해서는 엄하게 신문을 하고, 집단행동에 참여한 사람들을 모두 체포하여 각 고을로 압송한 후 옥에 가두게 했다. 그리고 단순 참가자들을 모아 곤장으로 다스린 후 풀어주었다. 여론을 모으고 집단행동을 한 것에 대한 강력한 처벌이었다.

국가 권력이 지역에까지 온전하게 미치지 못했던 시대일수록, 국가 권력과 지방 권력은 각기 다른 이유에서 매우 중요하다. 특히 조선시대 지방 권력을 상징하는 향권은 대부분 지역 유림들에 의해 도덕적 당위로 포장되었다. 무력과 권력을 중심으로 형성된 국가 권력에 비해 도덕적 자부심이 강했던 것이다. 이러한 도덕적 자부심은 때때로 유학적 이념을 표방하고 있는 국가 권력에 대한 강한 견제력으로 기능하기도 했기 때문에, 향권은 그 자체로 중요성과 권위를 인정받았다. 적절한 수준에서 국가 권력과 향권이 공존할 수 있었던 이유이며, 이 속에서 향권은 또 하나의 권력으로 기능했다. 그러다 보면 간혹 국가 권력과 향권이 부딪치는 경우가 종종 발생했다. 유교를 이념으로 하는 국가에서 공자의 권위를 향권이 먼저 차지하면 해결이 쉽지 않았다.

출전: 조재호, 《영영일기》

사이비 부처,
가난한 백성을 울리다

1628년(인조 6)의 첫눈은 꽤 늦었다. 음력 12월 25일이 되어서야 첫눈이 내렸으니, 겨울 들고 근 두 달 만인 듯했다. 백성들 입장에서는 눈의 낭만보다는 그것이 주는 고단함이 더 크니, 늦으면 늦을수록 더 나은 측면도 있었다. 그러나 과학적 사고가 현대에 비해 현저하게 떨어졌던 당시에는 꼭 그렇지만도 않았다. 내려야 할 눈이 내리지 않는 이상 기후는 또 다른 나쁜 일의 징조가 아닌가 하는 걱정을 불러오기 때문이다. 그렇게 생각하고 보면 이상한 일이 한둘이 아니었다. 이맘때 한창 밥상을 풍성하게 만들어 주어야 할 청어가 잡히지 않았다. 이 때문에 경상도는 진상 문제로 골머리를 앓고 있었다. 눈이 오지 않아 겨울바다에서 청어도 떠나 버린 게 아닐까 싶었다.

괴이한 일이 겹치면, 민심은 이반되고 무속이나 사이비 종교에 거는 기대는 외려 커지기 마련이다. 합리적이고 과학적인 판단이 어려운 일, 게다가 그것이 괴이하기까지 하다면, 거기에 신적인 힘과 논리를 가져다 대는 것은 너무나 쉽기 때문이다. 과학과 논리가 지배한다고 믿는 현대에도 무속이나 사이비 종교의 힘은 여전히 강하니, 당시에는 오죽했을까?

삼척 지역을 중심으로는 신력神力으로 병을 고친다는 사람이 있다는 소문이 일어나서, 그 사람 집 앞이 저잣거리 같다고 했다. 이 사람에 대한 이야기는 그 이전에도 잠깐 있었기만 이후 한동안 잠잠했었다. 그러다가 세상이 흉흉하니 다시 소문이 퍼지기 시작했던 것이다. 상민이나 양반 할 것 없이 모여들다 보니 발길이 끊이지 않을 정도였다. 임하(현재 경상북도 안동시 임하면)에도 이름난 무당이 있어서 사람들을 불러모았다. 용하기가 이를 데 없다고 하니, 경상도 사람들은 자신의 팍팍한 삶을 바꾸어 볼 요량으로 무당을 찾았다. 여기 저기 신비한 힘을 가진 사람들이 늘어나고 있었다.

그런데 근자에 특히 용하다고 소문이 난 사람은 개단(현 경북 봉화군 물야면 개단리)에 사는 계집종 칠대였다. 칠대는 권상충權尙忠(1593~1643)[9]의 매부인 이영기의 계집종이었는데, 근래 신이 내려 영험하다고 소문이 났다. 이 때문에 그녀를 만나기 위해 근처 사람들이 끊임없이 그 집을 찾았다. 그런데 나중에 알고 보니 그녀의 이러한 영험함은 조직적인 음모의 결과였다. 그녀는 자신의 남편과 모의하고, 승려와 거사 몇 명까지 모아 석가세존이 직접 내려왔다고 대중을 현혹했다. 재림 예수를 표방하고 말세의 시기를 못 박아 교회로 사람을 불러모았던 요즘 사이비 종교와도 다르지 않았다.

조선시대에 특히 '미륵불'은 백성들에게 매우 강력한 설득력을 가진 존재였다. 미륵불은 말세에 나타나 도탄에 빠진 백성들을 구하고 그 시대를 바로 세우는 부처이다. 이 때문에 무당이나 사이비 교주들은 종종 자신을 미륵불의 현신이거나 대리인이라고 말하면서, 당시의 혼란한 사회를 바로잡고 백성들을 도탄에서 구해 낼 수 있다고 큰 소리 쳤다. 또 어떤 이는 전란 중에 죽은 장군이나 정치적으로 희생당한 유명인사의 혼령을 자처하기도 했다. 이들의 억울함과 원한의 크기는 영험함의 크기로 치환되기 때문에 백성들이 알 만한 유명 인물들을 내세우는 게 일반적이었다. 칠대 역시 미륵 세존을 자임하면서, 신비한 일을 조작하여 백성들을 끌어모았다.

이러한 조작의 피해는 결국 백성들이었다. '희망고문'도 문제이지만, 단순한 고문으로만 끝나지 않았다. 칠대를 찾는 백성들은 자기 희망만큼의 재물을 준비해야 했다. 정성을 들여야 희망이 이루어진다는 논리는 재물을 통한 치성을 강요했다. 칠대는 이를 통해 하루에 목면 5~6동, 다시 말해 250필에서 300필을 받아 챙겼다. 당시 성인 남자가 직접 군역을 지는 대신에 국가에 납부하던 군포가 일 년에 2필이었음을 감안하면,[10] 목면 5~6동은 어마어마한 양이었다. 또 참깨 수십 섬, 쌀 100여 섬, 과일, 참기름, 납촉 등 이루 다 셀 수 없을 정도의 재물도 받아 챙겼다. 하루에 들어오는 재물의 양이 이 정도였으니, 얼마나 많은 사람들이 재물로 치성을 들였는지 짐작할 수 있다. 심지어 유학을 공부한 양반들마저 의관을 차려입고 칠대를 만나러 갔을 정도였으니, 일반 백성들의 입장에서는 어떠했을까.

사이비 종교는 늘 백성들의 힘들고 곤궁한 삶을 겨냥하기 마련이다. 기근과 세금 독촉으로 허리가 휘어지는 백성들은 그 힘든 삶을 모면할 수 있는 마지막 방법으로 자신이 짜낼 수 있는 모든 재물을 가져다 바치기 마련이다. 그러다 보니 세금 낼 돈은 없어도 무당에게 바칠 돈은 있다는 말이 나올 정도였다. 마른 행주에서 물을 짜내듯 짜낸 재물에 마지막 희망을 실어 보내기 때문에, 백성들의 피해는 단순한 물질적 피해로만 환산되지 않았다. 가혹한 정치가 만들어 낸 희망 없는 삶에 정상적이지 않은 자연 현상까지 보태어져 만들어 낸 장면이었다.

출전: 김령, 《계암일록》

조야를 들끓게 한
도산서원 위패 도난사건

1901년 10월의 마지막 날, 도산서원 원임(서원의 임원)은 분향례焚香禮를 행하려고 위패가 모셔져 있는 상덕사尙德祠[11] 문을 열었다가 소스라치게 놀랐다. 말 그대로 '사문의 극변'이 일어났다. 퇴계 선생의 위패는 온데간데없고, 함께 모셔진 월천月川(조목趙穆의 호) 선생의 위패는 사당 바닥에 떨어져서 나뒹굴고 있었다. 도산서원이 생긴 이래 이리 괴이한 일은 처음이었다. 이 소식은 순식간에 예안과 안동에 퍼져 나갔다. 누가 훔쳐 갔는지, 그리고 왜 훔쳐 갔는지 추측이 분분했다.

이황의 종손은 그 전날 있었던 일을 잊을 수 없었다. 어떤 일본인이 촛불을 들고 가묘를 살피는 것을 보았던 것이다. 무슨 일이냐고 크게 소리를 질렀는데, 그 소리를 듣고 주위 사람들이 깜짝 놀라서 모두 잠에서 깼다. 소리를 지르면서 종손도 놀라 잠에서 깼다. 악몽이었다. 그러나 꿈이 너무나 사실 같아, 퇴계 종손은 꿈 이야기를 주위에 들려주면서도 떨리는 몸을 가누지 못했다. 그리고 아침이 되어 퇴계 종손은 도산서원에서 퇴계 선생의 위패가 도둑맞았다는 사실을 들었다. 너무나 생생했던 꿈의 내용이 현실에서도 이어진 것으로 이해될 수밖에 없었다.

서원에 배향되어 있는 위패는 그 서원의 상징이다. 서원은 유학을 가르치는 곳이다. 유학은 개인의 수양을 통해 완성된 인격에 도달하는 것을 목적으로 한다. 이 때문에 서원은 이른바 성인聖人이라고 부를 수 있는 완성된 인격자를 배향하고, 배향된 인격자를 목표로 자신을 수양하는 후학을 기르는 곳이었다. 따라서 서원에 배향된 인물이 누구인지에 따라 서원의 교육 목표와 방향, 그리고 정치적 입장인 당색까지 결정되었다. 특히 배향된 인물은 그 지역의 평가를 반영하기 때문에 지역에서 그 서원이 어떠한 위치를 갖는지 결정하는 요인으로 작용하기도 했다. 배향되는 인물은 반드시 그 지역과 연고가 있는 사람을 선택하기 때문에 그 지역의 자랑이면서, 그 지역 교육의 최종 목표이기도 했다.

도산서원은 영남을 넘어 전국을 대표하는 최고의 서원 가운데 하나였다. 이곳에 배향된 이황은 조선 유학을 상징하는 인물로, 영남학파의 거두이자 조선 최고의 성인으로 추앙받았기 때문이다. 도산서원은 이황이 직접 학생들을 가르쳤던 곳에 터를 잡아 이황과 예안 지역을 대표하는 제자 조목만을 배향하고 있다. 전국 여러 곳에 이황을 배향하고 있는 서원이 있었지만 그 가운데 최고의 서원은 단연 도산서원이었고, 조선 최고의 도학 성지를 꼽아도 단연 도산서원이었다. 그런데 이곳에서 퇴계 선생 위패가 도난을 당한 것이다.

퇴계 종손의 꿈 이야기는 순식간에 퍼져 나갔다. 우연의 일치일지는 몰라도, 하필 도산서원 위패를 도둑맞은 시점에 종손이 꾼 꿈은 위패를 누가 훔쳐 갔는지를 추정하는 근거로 작용했다. 지역의 유림들은 당시 그 주위에 있었던 일본인을 떠올리면서, 그 꿈의 내용을 기정사실화했다. 일본인들이 아니면 위패를 훔칠 이유가 없다는 이야기가 돌기 시작했고, 어느 순간 그것은 기정사실이 되었던 것이다.

도산서원 위패를 실제로 일본사람이 훔쳐 갔는지는 알 수 없다. 그리고 종손의 꿈이 이를 증명해 주지 않는 것도 분명한 사실이다. 그러나 위패를 도둑맞은 1901년의 상황은 일본인을 도둑으로 의심할 수밖에 없는 합리적 이유가 있었다. 이 당시 영남 지역은 위정척사衛正斥邪*운동의 중심이었다. 1881년 영남 지역 유생들을 중심으로 만 명 이상이 연명하여 임금에게 외세를 물리칠 것을 청원한 척사만인소[12]운동의 중심지였고, 1894년에는 개항 이후 최초로 의병이 일어나기도 했다. 1895년 명성황후 시해사건과 뒤이은 단발령 강제 시행으로 촉발된 을미의병[13]의 중심지이기도 했다.

당시 영남 유림들은 밀려오는 외세를 배척해야 할 대상으로 규정하고, 이러한 생각을 구체적인 실천으로 옮기고 있었다. 명성황후 시해사건 이후 을미의병의 과정을 거치면서, 배척해야 할 대상이 일본으로 옮겨 갔다. 일본에 대한 반발이 그 어느 지역보다 강하게 일고 있었다. 퇴계학을 기반으로 영남학파의 핵심 거점이었던 안동은 이러한

---

* 조선 후기 외세와 그 문물이 침투하자, 이를 배척하고 유교 전통을 지킬 것을 주장하며 일어난 사회적 운동이다. 위정衛正이란 바른 것, 즉 성리학과 성리학적 질서를 수호하자는 것이고, 척사斥邪란 사악한 것, 즉 성리학 이외의 모든 종교와 사상을 배척하자는 것이다. 위정척사 세력들은 처음에는 서학西學이라 불리던 천주교와 개화사상에 반대하며 전통적인 사회 체제를 고수했지만, 오히려 1905년 나라를 잃은 후에는 가장 적극적인 항일운동의 중심세력이 되었다. 이항로, 기정진 등이 가장 대표적인 인물이다.

반발의 중심이었고, 그 이념적 표상으로 도산서원이 존재했다.

영남의 위정척사운동은 각 지역 서원을 중심으로 이루어졌다. 서원은 그 지역 여론을 형성하고 이를 실천으로 옮기는 핵심 공간이었기 때문이다. 이러한 지역 서원들의 구심점은 당연히 도산서원이었다. 이 때문에 조선 침략을 구체화하고 있던 일본도 도산서원을 중심으로 영남 유림이 動向이나 그 여론의 방향을 살피고 있었을 것이다. 동시에 서원에서 위패, 그것도 도산서원에서 퇴계 선생의 위패가 어떠한 의미를 갖는지 잘 알고 있었을 것이다. 바로 이러한 시점에 도산서원의 위패를 도둑맞았으니, 퇴계 종손의 꿈을 기반으로 나름 합리적인 의심을 할 수밖에 없었다.

퇴계 선생 위패 도난사건은 이후 조정에까지 보고되었다. 《도산서원복주시일기陶山書院復主時日記》[14]에 따르면 이 위패 도난사건은 당시 조정 관리로 있던 장화식張華植(1855~1938)[15]에 의해 고종에게 은밀히 보고되었다. 이후 고종의 허락을 받아 장예원掌禮院[16]이 문제를 논의한 후, 밤나무로 위패를 새롭게 만들어 하사하였다. 퇴계 선생의 위패가 갖는 의미에 대해서 당시 조정도 분명하게 인식하고 있었던 것이다.

출진: 박헌광·박득녕·박주대·박면진·박희수·박영래, 《저상일월》

가벼운 허물을
덮어 주는 지혜, 제마수

1621년 11월 30일, 예안의 선비 김령은 설레는 마음에 바삐 아침상을
물렸다. 날이 추웠지만, 현사사玄沙寺[17]에서 배원선裴元善[18]과 밤을 새
면서 술을 한잔할 요량이었다. 사촌형제들과 아들까지 대동하고 현사
사에 도착했다. 그런데 배원선은 갑자기 일 때문에 안동에 나가야 한
다고 휑하니 가 버렸다. 배원선이 급히 떠난 자리를 그의 둘째 동생이
대체하기는 했지만, 그래도 섭섭한 마음이 쉬 가시지 않았다. 선방禪
房에서 기분 좋게 유숙하니, 12월 초하루 아침부터 벗들이 찾아왔다.
아침식사도 하기 전에 술동이를 가져온 친구의 권유로 김령은 술에
취해 버렸다. 정성스럽게 준비한 두부와 밥으로 아침식사는 마쳤지만
취기는 쉬 가시지 않았다.

　예안으로 돌아온 뒤에도 김령은 술기운이 남아 있었다. 그 기운에
그는 몇몇 사람들에게 편지를 보냈다. 내용인즉슨, 어제 먼저 간 배원
선에게 약속을 어긴 죄를 물어 '제마수齊馬首'로 처벌해야 한다는 것이

었다. 물론 배원선에게도 그 편지를 보냈다. 배원선과 주위 사람들에게 보낸 편지는 술기운을 담아 장난으로 보낸 것이지만, 향후에 만남을 기약하고 한턱낼 사람도 미리 정해 두었으니, 훌륭한 선택이었다.

제마수는 향약에서 실시하는 벌칙 의례의 한 종류였다. 몇 년 뒤인 1626년 음력 윤6월 12일에는 경북 예천에 살았던 권별權鼈(1589~1671)[19] 역시 제마수 행사에 대한 기록을 남기고 있다. 신배손이라는 사람이 고을에 잘못을 해서 그것을 사죄하는 의미로 제마수 행사를 개최했다는 것이다.

제마수를 한자 그대로 풀이하면 "말 머리를 나란히하다"라는 뜻이다. 이 행사는 원래 생원과 진사를 뽑는 사마시司馬試 결과를 발표하는 날, 합격자들이 말을 타고 시내를 행진했던 것에서 유래했다. 합격자 가운데 형편이 넉넉한 사람이 합격자 전원에게 점심을 한턱내면, 그 사람에게 그날 장원한 사람과 말 머리를 같이해서 행진할 수 있는 특권을 주었던 것이다.

그런데 이 말이 자치규약이나 향약 등으로 오면서 '말 머리를 나란히한다'는 내용은 사라지고 '한턱내는 벌칙'으로 그 의미가 바뀌었다. 물론 그 벌칙 대상은 '한턱내는 것'으로 충분히 무마될 수 있는 비교적 가벼운 잘못들에 한정했다. 이렇게 되면서 제마수는 잘못한 사람이 자기 잘못을 인정하고, 임원들이나 지역민들에게 한턱냄으로써 그 잘못을 용서받는 것으로 의미가 굳어졌다.

제마수는 잘못한 사람이 자기 잘못을 인정하는 것에서 시작했다. 그리고 향약의 경우에는 유사有司*에게 제마수의 예를 청하고, 유사가

* 전통사회의 향교·서원 등과 필요에 의해 구성된 자생적 모임, 또 어떤 사건을 해결하기

그것을 받아들이면 제마수의 예를 행할 수 있었다. 특히 잘못한 사람은 지역의 명망가와 나이가 70이 넘은 어른들을 일일이 찾아가 자기 잘못을 고하고, 제마수 행사에 참석해 줄 것을 청해야 했다. 그리고 모든 회원들에게 참석을 부탁하는 글도 돌렸다. 권별이 참석한 제마수의 예는 이런 순서에 따라 진행되었다. 비록 장난삼아 보내기는 했지만, 김령이 배원선에게 제마수의 예를 행하라고 한 것은 '약속을 어겼으니 한턱내라'는 의미로 이해하면 된다.

그런데 제마수 행사의 함의를 조금만 생각해 보면, 의미 있는 대목이 있다. 이것은 벌의 수위가 낮은 가벼운 죄에 대한 지혜로운 처리 과정이다. 잘못을 범한 사람에게 잘못을 뉘우치고 그 잘못에 대한 벌을 받도록 한다는 점에서 이는 벌칙이다. 그런데 처벌을 받는 구체적인 방법이 공동체가 결속할 수 있는 장을 열게 하는 것이었다. 잘못한 사람이나 피해를 당한 사람 모두가 마음의 상처 없이 한턱내고 대접받으면서 공동체의 결속을 강화할 수 있도록 했던 것이다.

예나 지금이나 사람들이 저지르는 잘못의 대부분은 큰 처벌이 필요치 않는 가벼운 것들이다(실제 큰 잘못은 예나 지금이나 사법의 영역으로 넘어가기 마련이다). 그런데 대부분의 공동체 해체는 이 같은 가벼운 잘못들을 지혜롭게 처리하지 못하는 것에서 시작된다. 잘못한 사람은 잘못에 대한 뉘우침이나 책임질 기회를 갖지 못해서 잘못을 거듭하고, 피해를 입는 사람들은 그것을 못 견뎌서 결국 관계나 공동체를 깨는 방식을 선택한다. 마음의 상처는 깊어질 수밖에 없고, 이것은 공동

위해 모이는 일시적인 성격의 집회 등에서 경리·연락·문서 작성 등에 관한 일을 맡아보던 직책이다.

체를 내부에서부터 해체해 가기 마련이다. 어떤 공동체도 소소한 문제가 없을 수는 없다. 사소한 잘못들이 공동체의 해체로 이어지지 않도록 했던 제마수의 예를 다시 한번 더 곱씹어 보아야 하는 이유이다.

출전: 김령, 《계암일록》/권별, 《죽소부군일기》

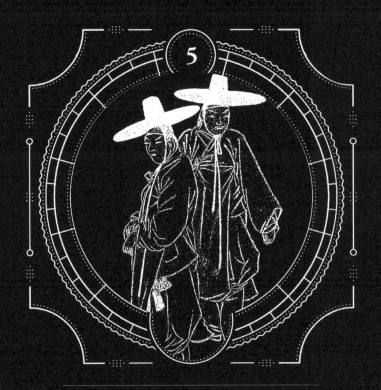

5

마을의 갑甲,
수령이라는 사람들

"웬만하면 떠나지 말기를", 구관은 늘 명관인 까닭...꼼짝 마라, 지방관! 임기 5년 중 연 2회 인사고과...
현감을 물러나게 한 투서의 위력...목민관도 목민관 나름...가렴주구를 도운 아전, 고을에서 쫓기나다...
탐관오리 상관에서 벗어나려 꾀를 내다...큰 권력을 겁낸 작은 권력, 몸을 시리다

"웬만하면 떠나지 말기를",
구관은 늘 명관인 까닭

더위 때문에 조용하기만 했던 예안 현청에 사람들이 들이닥쳤다. 예안현감이 사직서를 냈다는 소식에 놀라 고을 사람들이 몰려들었던 것이다. 1626년 음력 윤6월 10일, 안 그래도 더운 날이었다. 사람들은 예안현감에게 사직서를 반려받고 고을에 계속 머물러 줄 것을 종용하기 시작했다. 이미 경상감사에게 사직서를 제출했고, 감사의 의지도 강해 그럴 수 없다고 예안현감이 말하자, 고을 사람들은 당장에라도 경상감사에게 몰려갈 모양새였다.

그해 4월 파직된 전 경상감사 원탁元鐸(1566~?)의 후임으로, 신임 감사 정온鄭蘊(1569~1641)[20]이 부임해 온 지 채 한 달이 되지 않았다. 원탁은 당시 도산서원 원장이던 이유도李有道의 개인 송사를 처리하는 과정에서 이유도에게 곤장을 때렸는데, 이로 인해 이유도가 사망하면서 어쩔 수 없이 관직에서 물러났다. 이유도는 이황李滉의 형이자 관찰사를 지낸 이해李瀣(1496~1550)의 손자였다. 비록 개인적 송사이기는 해도, 경상감사가 도산서원 원장을 장살杖殺한 것을 지역 유림이 묵과할 수는 없었다.

예안 유림은 이 사안을 감사와 지역 유림의 대립으로 몰아갔다. 도산서원이 가지고 있는 유림 내의 위상을 생각하면, 예안 지역을 중심으로 한 지역 유림의 입장도 충분히 이해할 수 있었다. 지역 향권을 쥐고 있던 유림사회의 여론 악화가 지속되고, 이들은 각종 모임과 통문을 통해 경상감사를 압박했다. 이로 인해 결국 경상감사 원탁은 자리를 내놓고 물러날 수밖에 없었다.

얼핏 보기에는 여론을 통한 예안 유림의 승리처럼 보였다. 그런데 신임 감사 정온은 이 같은 상황을 진정시키고, 여론을 몰아 경상감사를 파직까지 이르게 했던 지역 유림을 조사해서 처벌하라는 왕의 명을 받고 내려왔다. 조정의 입장에서는 비록 원탁의 실수라고 해도, 정당한 공권력 집행 과정에서 일어난 일을 지역민들이 문제삼아 항명한 것은 엄중하게 책임을 물어야 했다. 예안현감으로서는 이래저래 불편할 수밖에 없는 상황이었다.

안 그래도 예안 지역을 주시하고 있던 경상감사 정온에게 예안현감이 더욱 좋지 않게 보였던 것은 바로 예안현감 개인의 지병이었다. 예안현감은 귀가 멀어, 고을의 행정 업무를 제대로 처리할 수 없는 지경이었다. 사람됨은 자상하다는 평가를 받았지만, 고을의 일을 향리들이 마음대로 농단하는 상황을 막지 못하고 있었던 것이다. 이것은 고스란히 고을의 피해로 돌아왔다. 경상감사 정온은 바로 이 점을 문제삼아 예안현감의 파직을 고려하고 있었다. 이런 소식이 예안현감 귀에까지 들어가자, 그는 스스로 사직서를 내어 파직당하는 것을 피하려 했다.

예안 고을 사람들이 부리나케 현청을 찾았던 이유는 바로 여기에 있다. 귀가 멀어 제대로 고을 일을 살피지 못하는 무능한 현감을 보내지 않으려 했던 것이다. 얼핏 이해되지 않는 상황이다. 하지만, 거기에는 그럴만한 분명한 이유가 있었다. 바로 '구관은 늘 명관'이기 때문이었다.

　지역민 입장에서 볼 때, 확률적으로 지금 수령보다 더 좋은 수령이 올 가능성은 반반이다. 그러나 수령이 교체되는 과정에서 대단히 많은 비용이 들었다.[21] 당시 지방관을 떠나보내는 비용과 새로운 지방관을 맞이하는 데 드는 비용은 온전히 그 지역의 몫이었다. 어떤 사람이 지방관에 임명되면 대개는 임지로 즉시 출발하지 않았다. 그는 서울에 머물며 자신의 임명에 관여된 관계자들에 두루 들러 인사를 했다. 이렇게 하는 데 한 달 이상이 걸리는 경우도 있었다. 그런데 이 과정에서 드는 선물 비용이나 인사치레에 사용되는 비용은 모두 임명받은 해당 고을에서 부담했다.

　어떤 고을에 새로 수령이 임명되면, 그 지역에서는 새 지방관을 모셔 올 사람들을 서울로 파견했다. 새로 임명된 사람을 임지로 데려오기 위한 목적이다. 이들은 신임 수령이 인사를 차리는 데 드는 비용은 물론 자신들의 서울 체류 비용까지 부담했다. 게다가 떠나는 수령 역시 한몫 챙겨서 떠나는 경우가 적지 않았다. 새로 지방관이 바뀌면 지역 입장에서는 이래저래 부담이 클 수밖에 없었다.

　지난번 예안현감은 인사고과에서 두 번 연속 좋지 않은 점수를 맞아 파직되었고, 그 뒤를 이어 지금 현감이 부임한 지 채 1년도 안 되는 상황이었다. 1년 전에도 예정에 없던 교체로 인해 예안현 재정이 바닥난 상황인데, 지금 또 새로운 현감을 맞아야 한다면 결국 백성들의 부담이 될 수밖에 없었다. 무능해도 어느 정도 역할만 해 준다면 바뀌지 않고 자리를 유지해 주는 것이 고을 사람들 입장에서는 이익이었다. 정말 악독한 수령만 아니라면, 백성들 입장에서는 '구관이 늘 명관'이었다.

출전: 김령, 《계암일록》

꼼짝 마라, 지방관!
임기 5년 중 연 2회 인사고과

1631년 음력 12월 9일 김령은 평소 친분이 있던 경상감사 오숙吳䎘 (1592~1634)[22]으로부터 안부편지를 받았다. 1612년 증광문과에 동반 급제했던 오숙이 경상감사로 와서 김령에게 안부를 묻는 편지와 함께 종이, 붓, 먹과 같은 선물을 보내왔다. 당색은 달랐지만, 동년同年 의 정을 깊이 느낄 수 있었다. 당시 김령은 오숙이 경상감사로 와서 각 고을마다 불효한 자나 형제의 화목을 해치는 사람, 그리고 현청에 근무하면서 사족과 백성들을 농간하는 아전들을 적발하도록 조치했 던 일을 내심 높게 평가하던 터였다. 특히 백성들을 등치는 모든 이자 놀이(용어 풀이 참조)를 엄금하게 하는 정책을 보면서, 백성을 생각하 는 감사의 마음씀에 대해 감명을 받고 있었다. 경상감사가 자신과 동 년이라는 것이 뿌듯하기 이를 데 없었다.

이튿날, 김령은 예안현감 홍석우洪錫禹가 보낸 아전의 예방을 받았 다. 예안현감이 아전을 보내 경상감사의 편지에 무슨 말이 있었는지를 물어 왔다. 이 말을 들은 김령은 불편한 심경을 감출 수 없었다. 아무리 현감이라 하더라도 개인에게 보낸 편지 내용을 알려 달라는 것은 편지를 받은 자신뿐 아니라 보낸 사람에 대한 무례이기도 했기 때문이다. 그러나 사정을 알고 보니, 지금 예안현감은 이를 따질 상황이 아니었다.

요즘도 그렇지만, 조선시대 역시 연말은 인사평가의 계절이다. 예안현감은 자신의 인사 평가자인 경상감사가 김령에게 편지와 선물을 보냈다는 이야기를 듣고, 혹 그 편지에 자신에 대한 평가가 담겨 있는 것은 아닌가 싶어 급하게 아전을 보냈던 것이다. 아직까지 인사평가 결과가 나오지 않았음에도 불구하고 예안현감은 당시 자신의 인사평가가 하下에 해당한다는 소문이 돌자, 마음이 급해졌던 것이다. 상급자인 감사의 부정적 인사평가는 지방 수령들에게 치명적이었다.

조선시대 수령들에 대한 인사평가는 매우 엄했다. 조선은 관리를 선발하고 수령을 임명하는 절차를 매우 엄격하게 관리하듯, 지방에 보낸 수령이 일을 잘하고 있는지에 대해서도 세밀하게 평가했다. 일반적이라면, 지방관에 대한 평가는 5년 임기 동안 1년에 2회씩 10번을 하게 되어 있다. 평가 등급은 상上, 중中, 하下 세 단계였다. 그 결과에 따라 지방관의 유임이나 재평가, 파면 등이 결정되었다. 현감들에 대한 감사의 인사 권한은 말 그대로 절대적이었다.

지방관의 경우 세 단계 평가 가운데 가장 낮은 점수인 하를 맞게 되면 그 앞의 점수와 상관없이 바로 파직되었다. 감사가 현감에게 하를 준다는 것은 바로 파직을 의미했던 것이다. 그리고 중 역시 두 번 연속해서 받으면 파직되었다. 또한 재임 중에 (연속은 아닌) 중을 두 번받으면 더이상 승진이 불가능했다. 예컨대 상, 중, 중을 받으면 바로 파면이지만, 중, 상, 중을 받으면 다음 인사에서 승진이 불가능했다. 시스템도 시스템이지만, 제대로 일을 하지 않는다고 평가될 때에는 그 처리 자체도 엄중했다. 이 때문에 감사가 지방 수령들의 인사평가를 할 때 중中이나 하下는 분명한 문제가 있을 경우를 제외하고는 가능한 한 피했다. 예안현감이 왜 그렇게 예민하게 김령을 찾아와서 편지를 보여 달라는 무례를 무릅썼는지 이해가 되는 대목이다.

김령은 쓴웃음을 지으면서 아예 감사의 편지를 아전의 손에 들려 보냈다. 아무리 친하다고 해도, 경상감사 오숙이 예안현감 고과 문제를 자신에게 알려 올 리는 없었다. 그런데 예안현감은 무례하게 청해 놓고, 편지에 아무 내용이 없자 돌려보내면서도 사과 한마디 없었다. 사실 당시 예안현감에 대한 인사고과 관련 소문은 지역사회에서 일종의 기대를 포함한 것이었다.

김령의 기록에 따르면 예안현감의 평가가 하에 해당한다는 소문은 경상감영 아전들에게서 나왔다. 경상감영 아전인 권종립權宗立이 봉화에 들렀다가 자기가 아는 이택수李澤守에게 "예안현감이 인사고과에서 하를 받았다"라고 말했고, 이를 들은 이택수가 예안현감에게 이 사실을 알렸던 것이다. 그러자 예안현감 홍석우는 안동부에 사람을 보내 이것이 사실인지 확인했지만, 안동부에서는 아는 게 없다는 답변을 보내왔다. 이렇게 되자 예안현감은 좌불안석하고 있던 차에, 김령에게 경상감사의 편지와 선물이 왔다는 이야기를 듣고 이 같은 실수를 했던 것이다.

당시 예안현감에 대한 인사고과 관련 소문은 옳지 못하지만, 소문대로 되기를 바라는 백성들의 열망은 분명했다. 당시 예안현감은 백성들을 쥐어짜기로 유명했다. 게다가 지역 사족들 역시 예안현감의 소인배와 같은 행동을 보면서 빨리 바뀌기를 바라고 있었다. 이 때문에 김령은 자신의 동년 오숙이 백성들을 잘 다스리는 것처럼, 사람을 보는 눈도 있으면 좋겠다는 기대를 기록으로 남겼다.

출전: 김령, 《계암일록》

현감을 물러나게 한
투서의 위력

1621년 겨울, 예안 고을을 향하는 경상도 도사都事 임술지任述之[23]는 예안현감 얼굴이 떠올라 자못 짜증이 치밀었다. 지난번 여름 인사평가가 있을 때 최하 등급 점수를 주려고 했지만, 감사가 말리는 통에 그리할 수 없었다. 차라리 그때 평가를 제대로 했으면, 지금쯤 새로운 예안현감을 볼 수 있었을 텐데⋯⋯. 임술지는 이번에도 다시 그를 봐야 한다는 생각에 얼굴이 찡그려졌다. 내년 세금의 양을 정하기 위한 답험踏驗*을 해야 해서 안 갈 수는 없지만 내키지 않았다. 안동 초입에 있는 광흥사[24]에 들러, 과거에 동반 합격한 동년들과 술이라도 한잔하기로 한 것이 그나마 위안이라면 위안이었다.

　11월 16일 예안에 도착한 임술지는 공무 차 왔지만, 관아를 찾지 않

---

* 매년 농사 작황을 현지에 나가 직접 조사하여 그 결과에 따라 세금을 부과하던 제도.

았다. 평소 친분이 있던 김령 집에 머물면서 일을 보기로 했기 때문이다. 예안현의 경작지를 살펴보고 올해 수확량과 토질의 등급도 확인해야 했다. 며칠 걸릴 일인지라 김령에게 미안하기는 했지만, 그래도 관아에서 현감과 매일 부딪치는 것보다는 나을 듯했다.

그날 저녁 설월당雪月堂[25]에서 김령과 술을 한잔하고 있을 때였다. 갑자기 예안현감이 들이닥쳤다. 경상도 도사가 예안을 찾았는데, 관아에 들르지 않은 채 양전을 하고 있다는 소식을 들은 예안현감이 직접 그를 찾아왔던 것이다. 오랜만의 만남인지라 기분도 좋아진 임술지나 김령 모두에게 탐탁지 않은 방문이었다. 그러나 임술지 입장에서는 어떻게 해도 한 번은 봐야 하는 사람이니, 차라리 이렇게 보는 것도 나을 듯했다.

임술지가 김령 집에 머물면서 농사 작황에 대해 조사한 지 3일 째되던 날, 김령 집에 투서가 날아들었다. 경상도 도사가 여기 있다는 사실을 알고, 누군가 투서를 했던 것이다. 내용은 조악하기 이를 데 없었다. 예안현 아전 아무개가 수령을 사주해서 궁중 하인에게 청탁을 넣었고, 이를 통해 경상도 도사를 쫓아내려고 모의했다는 내용이었다. 예안현감을 쫓아내기 위해 지역 사람들이 만든 투서가 틀림없어 보였다. 투서 내용이 문제가 아니라, 이러한 투서를 해서라도 현감을 쫓아내고 싶은 백성들의 마음이 문제였다.

당시 예안현감은 능력이 없는 데다 욕심까지 많은 위인이었다. 오죽했으면 경상도 도사인 임술지가 나서서 감사에게 인사고과에 하를 주어 파직해야 한다고 건의했을까. 한 달 전에는 예안 지역 유림들이 수령의 불합리함을 탄원하기 위해 통문을 돌린 적이 있을 정도였다. 백성들뿐만 아니라 지역 양반들과의 관계도 그리 좋지 않았던 것이다. 게다가 지난번 답험을 위해 임술지가 예안현을 방문했을 때에도 문제가 발생한 적이 있었다. 관련 기록이 없어서 사안의 내용은 알 수 없지만, 임술지는 이 일을 문제삼아 예안현감을 파직시키려고까지 했다. 그런데 이때에도 예안현감은 서울로 사람을 보내 뇌물을 써서 편법으로 자신의 죄를 무마했고, 그 덕분에 지금까지 그 자리를 유지하고 있었다.

켜켜이 쌓여 있는 감정에 투서는 결국 불을 질렀다. 임술지는 이번에야말로 이 투서를 빌미로 현감의 죄를 따져 물어야겠다고 단단히 마음먹었다. 아전 한둘만 다그치고, 투서를 넣은 사람을 찾는 척 해서 예안현감이 자신을 음해한 것으로 처리를 하기만 해도 될 듯했다. 그런데 막상 상황이 이렇게 치달으니 곤란해진 쪽은 김령이었다. 현감이 그만두면 좋기야 하겠지만, 그렇다고 김령의 입장에서는 동네 사람들의 말도 안 되는 투서를 가지고 현감을 쫓아냈다는 소리를 듣기는 껄끄러웠다. 게다가 하필이면 경상도 도사가 자기 집에 있을 때 이러한 일이 터졌으니, 오해 받기 좋은 상황이었다.

김령은 일단 도사 임술지를 잘 타일렀다. 하필 자신의 집에 있으면서 생긴 일이어서, 곤란할 수 있다는 입장도 전달했다. 그리고 스스로 사연스럽게 성리하겠다는 계획도 밝히며 답험을 빨리 끝내게 하고, 급히 배웅해서 보냈다. 그러나 임술지가 오래 참지 않을 것이라는 사실은 분명해 보였다. 아무래도 현감을 만나 이야기를 해 봐야 할 듯했다. 그나마 고을에서 수령에게 그러한 이야기를 할 수 있는 사람도 자신밖에 없었다. 전후 사정을 알리고 수령의 결단을 요청해 볼 요량이었다.

수령과의 이야기는 비교적 잘 이루어졌다. 어차피 다음 달에 있을 인사고과에서 현감이 원치 않아도 떠날 수밖에 없는 상황이 만들어지고 있다는 사실도 전달했다. 그제야 현감은 관직을 내려놓고 고향으로 돌아가기로 결정했다. 현감 입장에서도 파직보다는 사퇴가 나았다. 파직이 되면 나중에라도 관직에 진출할 수 있는 길이 막히기 때문이었다. 본인이 물러나는 모양새를 취하는 것이 유리했다.

막상 일이 이렇게 되자, 김령은 한편으로 현감에게 미안한 마음이 들었다. 고을을 생각하면 이러한 처리가 당연하지만, 결국 자신의 집 투서사건으로 수령이 그만두는 모양새가 되고 말았다. 투서 자체만으로 수령이 그만두는 것은 그렇게 좋은 일은 아니었다. 그러나 그 이전에 쌓여 있던 수많은 문제들이 결국 투서 하나로 집약되어 나타난 일이었기 때문에, 정리의 방향은 옳았다고 할 수 있다.

물이 넘치는 것은 마지막 물 한 방울 때문이 아니라, 그 이전에 계속 채워져 왔던 다른 물의 영향이 더 큰 법이다. 그러나 넘치는 물은 결국 마지막 작은 물 한 방울 때문인데, 거기에 김령 본인이 연루되어 있다 보니 미안한 생각이 들 수밖에 없었다.

출전: 김령, 《계암일록》

목민관도
목민관 나름

1623년 당시 왜관倭館(용어 풀이 참조)을 담당하고 있는 동래부사는 예안현감이 보내온 세포稅布를 보고 기가 차서 한숨이 나왔다. 경상도 전역에서 왜관에서 사용하거나 그들을 접대할 세금으로 포목을 보내왔는데, 예안현의 세포가 유난히 눈에 띄었던 것이다. 다른 고을은 모두 6승짜리 37척 크기를 보내왔는데, 예안현만 8승짜리 41척을 보내왔던 것이다. 일반적으로 보내는 포에 비해 훨씬 촘촘한 고급 포를, 길이도 4척이나 더 보내왔던 것이다.

이를 본 동래부사는 기가 차서 "왜 이렇게까지 하는 것인가? 혹시나 이후로 왜인들이 이 포를 기준으로 요구하면, 앞으로 큰 병폐가 되지 않겠는가?"라면서 예안에서 보낸 포를 모두 일반 포로 바꾸어서 왜관에 보냈다. 예안현감은 자신이 성실하게 임무를 잘 수행하고 있다는 것을 증명하는 방법으로 최고의 물품을 보냈지만, 그것이 결국 백성들의 고혈을 착취한 것임을 모르는 사람이 없었다. 게다가 그 물품이

조정이나 혹은 조선인들에게 보내는 것도 아닌 왜관에 보낼 것인지를 몰랐으면 몰라도, 그 이후를 생각하지 않는 처사였기 때문에 다른 고을 수령에게까지 욕을 먹었던 것이다.

이 당시 예안현감 김진의 처사가 대부분 이랬다. 하나하나가 백성들을 번거롭게 하고, 막상 백성들 편에 서야 할 때에도 중앙 정부에서 파견된 관리의 눈치나 보았다. 게다가 백성들 고혈을 착취하는 데에는 이골이 나 있으니, 백성들 입장에서는 달가울 리 만무했다. 설상가상, 예안 주위의 안동과 영천(지금의 경상북도 영주) 등 수령들에 대해서는 지역마다 칭송이 끊이지 않았다. 답답하기 이를 데 없었다.

실제로 안동부사 민성징閔聖徽(1582~1647)[26]은 백성들 세금을 탕감해 주어 칭송이 자자했다. 당시 안동부에서 소송이 진행되면 간혹 소송에서 이긴 사람들이 답례로 포를 내기도 했다. 소송을 이기게 해 준 안동부사에 대한 감사의 표현이었다. 민성징은 이렇게 받은 포도 모두 대동포에 귀속시켰다. 소송에 이겨서 낼 만한 사람들이 낸 것을 대동포에 귀속시키고, 백성들에게는 비축된 포만큼을 덜 거두었다.

게다가 얼마 전에 안동 지역에 요사스러운 무당이 나타나 백성들을 혹세무민했는데, 안동부에서는 이를 처결하고 그들이 벌어들인 재물을 모두 압수했다. 그리고 이것을 왜관에 보내는 공물에 충당했다. 예안현감 김진은 세포를 고급으로 거두어서 불만을 사고 있는 데 비해, 안동부사 민성징은 범죄자들로부터 압수한 재물을 왜관에 보내는 물건에 충당했던 것이다. 이런 노력이 쌓이다 보니 왜국 사신을 접대하는 음식조차 민간에서 거두지 않게 되었다. 안동부 백성들 입장에서는 안동부사를 칭송하는 소리가 안 나올 수 없었다.

진보현의 수령 이영인李榮仁(1566~1636)도 세금 행정을 잘했다.[27] 그는 왜국 사신에게 줄 기름과 꿀을 '벌통 민호'에서 납부한 것으로 모두 충당함으로써, 백성들에게 이를 명목으로 세금을 더 거두지 않았다. '벌통 민호'라는 말은 설명이 필요하다. 지역에서 내는 세금 가운데에는 특별한 생산시설이나 기술이 없으면 생산하기 어려운 물품들이 있다. 예컨대 철이나 소금, 생선, 꿀, 종이 등이 그러했다. 이러한 물품에 대해서는 생산시설이나 기술을 가지고 있는 곳에서 세금 전체를 부담하되, 이외의 다른 세금을 모두 면제해 주었다. 이를 정역호定役戶라고 했다. 지방 관아는 원칙적으로 특정 세금은 그 해당 항목의 정역호에게서만 세금을 거두어야 했다. 말하자면 벌꿀은 벌통 민호에게서만 거두어야 했다.

그런데 실제 현장에서는 그렇지 않았다. 명목만 있으면 정역호에 물품을 더 요구하기도 하고, 일반 백성들에게는 정역호에서 생산할 물품들을 공급하기 위해 세금을 더 거둘 필요도 있다는 논리를 가지고 백성들에게 부담을 가중시키기도 했다. 그런데 이영인은 본래의 취지대로 정확하게 공물량을 충당하면서 백성들에게 더이상 부담을 지우지 않았다. 이렇게 되면서 백성들 입장에서는 정역호에서 부담해야 할 공물로 인해 추가 부담을 지지 않게 되고, 정역호 입장에서도 정해진 것만 납부하고 나면 그 이외의 생산품에 대해서는 예측 가능한 수준에서 경제적으로 운용할 수 있었다.

이러한 이영인의 행정은 필요 물량에 대한 수요를 예측하는 노력과 스스로 이를 통해 사적 이익을 취하지 않는 도덕성이 있어 가능했다. 원래 정역호의 취지가 그러했지만, 많은 수령들이 이를 통해 사적 이익을 취하니 이영인의 이러한 처사는 선정善政의 일종으로 받아들여졌던 것이다. 그런데 그의 이러한 성정을 잘 볼 수 있는 부분은 바로 백성들에 대한 그의 생각이었다. 기록에 따르면 그는 주린 백성이

다급함을 알려 오면, 창고를 열어 곡식을 나누어 주었는데, 사람 수의 많고 적음을 가리지 않았다고 했다. 굶주린 백성들이 생기지 않도록 하고, 백성들의 부담을 가능한 한 줄이려 했던 마음이 세금 행정으로 드러났던 것이다.

영천(지금의 경상북도 영주시) 수령 김언金琂(1588~1637)[28] 역시 일찍부터 고을을 잘 다스린다고 소문이 났다. 그는 예안현감의 사촌동생이었는데, 그와는 비교할 수 없을 정도로 훌륭한 목민관이었다. 그의 선정은 영천현감으로 오기 전부터 이미 소문이 났었다. 일찍이 그가 전라도 부안현감으로 있을 때 일이 경상도까지 소문이 퍼져 있을 정도였다. 김언은 부안현감으로 부임한 지 3개월 만에 초상을 당한 일이 있었다. 그런데 이렇게 경황없는 중에 전라감사가 조사를 나와 부안현의 화약 15근이 장부에는 기록이 있는데, 실물이 없어서 그를 질책하는 보고서를 작성했다. 부임한 지 3개월 만에 초상을 당했기 때문에 실무를 볼 수 없는 상황이었음을 감안하면, 누가 보아도 그 문제는 향소*나 아니면 전임자에게서 발생한 문제였음을 알 수 있다.

김언 역시 처음에는 이 점을 지적하면서 항변했지만, 재조사 과정에서 모든 잘못을 본인이 짊어지기로 했다. 그리고 관직을 사직하려 했는데, 이렇게 되자 부안현 사람들이 모두 말리며 나섰다. 김언은 "장부 기록은 분명 내 잘못이 아니지만, 그 죄는 내가 받게 된 것이다. 내가 벌을 받으면 기껏해야 파직으로 끝나지만, 만약 죄가 향소에 미치게

---

* 유향소留鄕所, 향청鄕廳이라고도 했다. 조선시대 향촌 사림에 의한 향촌 자치기구. 수령을 보좌하고, 고을의 풍기를 단속하고, 향리를 규찰하며, 여론을 대표한다는 명분을 내걸었다. 임원으로는 향정鄕正 또는 좌수座首 1명과 별감別監 약간 명을 두었다.

되면 도형徒刑[29]이나 유형流刑[30]을 받는 사람들이 있을 것이다. 이것은 내가 차마 보지 못하겠다"라고 하면서, 의연하게 처벌을 받아들였다.

이러한 마음을 가진 덕택인지, 이후 다시 영천현감으로 제수되었는데, 그 마음은 변하지 않고 있었던 것이다. 김언은 특히 영천현감으로 부임하여 관아의 아전들을 엄격하게 단속하였다. 그들의 행동이 털끝만큼도 군민들을 해치지 못하게 하려 했던 것이다. 환곡이 제납될 경우에는[31] 아전들 역시 백성들을 엄격하게 다룰 수밖에 없는데, 김언은 감관監官[32]을 시켜 마을을 일일이 돌며 타일러 납부하게 함으로써 옥에 잡아 가둔 사람이 한 명도 없을 정도였다.

그러면서 예안현감인 그의 사촌형이 예안에서 환곡을 가혹하게 거두는 것을 보면서 "형이 이처럼 읍민을 학대하면 우리 자손들에게 눈에 보이지 않는 벌이 내리리란 것을 왜 생각하지 않소?"라고 할 정도였다. 이러한 그의 말 때문인지 예안현감이 환곡 반납의 독촉을 한동안 중지한 일도 있었다. 그러니 1629년 그가 영천현감에서 떠날 때에는 그야말로 온 고을 사람들이 안타까워하였다.

이 기록이 있던 1623년 음력 4월 13일은 온종일 흐렸다. 날씨 탓이었을까? 김령은 며칠 전에 찾아왔던 권별(1589~1671)의 이야기가 이렇듯 오래 기억에 남았다. 하필 훌륭한 현감들이 예안현을 둘러싼 지역에서 백성들을 다스리는데, 예안만 흐린 날씨처럼 답답하기만 했기 때문이리라. 주위 수령들마저 모두 백성들의 고혈만 짜면 시대가 그러려니 했을 것이다. 하필 잘 다스리는 인물들 사이에서 유난히 예안현감만 비교가 되니 예안현 백성들의 답답함은 클 수밖에 없었다.

출전: 김령, 《계암일록》

가렴주구를 도운 아전,
고을에서 쫓겨나다

예안현감 김진金瑱(1583~1642)[33]이 교체된 지 한 달 만인 1630년 음력 11월 3일 예안현 향회*가 열렸다. 오랜만에 열린 향회에 향안에 있는 대부분의 사람들이 참가한 듯했다. 평소 향회에 잘 나가지 않았던 김령을 비롯해서 김광적, 김확 등이 참여해 참가 인원이 50여 명이 넘었다. 평소 예안현감에 빌붙어 고을을 어지럽혔던 향리 구사의具思義와 그 무리들을 벌하기 위한 것이었다. 현감이 교체되자마자 고을에서는 적폐를 청산하는 차원에서 가장 먼저 구사의를 벌하기로 했다.

구사의의 악행은 이미 1628년부터 그 기록이 보일 정도로 지역사회에서는 악명이 높았다. 특히 예안현감의 향리였던 구사의가 현감과 결탁하여 벌인 일은 일일이 거론하기가 힘들 정도였다. 이 기록이 있

---

* 조선시대에 지방에 거주하는 사족이 중심이 되어 운영한 지방자치회의. 지역 사족들의 리스트인 향안을 기반으로 향촌에 대한 지배를 실현하기 위한 장치로 기능했다.

기 2년 반 전인 1628년 5월 기록에 보면, 구사의는 예안현감의 치적을 경상감사에게 거짓으로 보고하여, 경상감사로 하여금 조정에 포상 건의를 하게 하려는 계획을 세웠다. 경상감사가 안동부에 머물 일이 생기자, 구사의는 예안 고을 사람들을 감사가 있는 안동으로 일제히 모이게 했다. 5월 12일 그는 일반 백성들뿐만 아니라 아전과 장인, 군사들까지 안동으로 모이게 하고, 각 면面의 호주戶主들까지 안동으로 떠나가게 했다. 그리고 지역의 군사들까지 동원했는데, 군사는 초관哨官[34]이 직접 2초哨를 징발했다. 1개 초가 100명씩이니, 200명을 동원한 것이다. 이 과정에서도 뒤처진 사람들에는 벌을 주었고, 호주들을 강제로 동원하기 위해 사찰관司察官이 직접 이들을 이끌고 가게 했다. 현감이 포상을 받도록 하기 위해 군사와 고을 전체 사람들을 동원한 것이다.

그리고 황유장黃有章이라는 사람을 불러 음식을 접대하고는 향청에 머물면서 감사에게 바칠 글[呈文]을 짓게 했는데, 그 내용이 가관이었다. 요지는 예안현감이 공물을 백성들에게 공평하게 나누어 거두고, 백성들을 번거롭게 하지 않았다는 것으로, 고을의 백성들이 이렇게 나서서 현감을 칭찬하고 있다는 사실을 글로 알리려 했다. 백성들의 생활을 잘 보살피고 호구를 증가시켜 살기 좋은 고을로 만들고 있다는 것이다.

더 황당한 것은 예안현감이 교육을 잘 진작시키고 있다는 사실을 증명하는 방법이었다. 감사에게 글을 올리기 전날인 5월 11일, 안동 도회소[35]에서 각 고을의 유생들을 대상으로 학문적 수준을 점검하는 시험을 쳤다. 그런데 이날 예안 사람이 4명이나 뽑혔는데, 오여강이라는 사람이 수석을 했고, 조운과 금수운의 아들, 그리고 남효각이 바로 그들이었다. 하지만 이들의 글 수준은 이미 예안 고을에서 익히 알려져 있었다. 결코 뽑힐 수 있는 수준들이 아니었다. 안동부가 4명이었고, 의성과 영주가 각각 1명이었으니, 예안에서는 있을 수 없는 일이 일어났던 것이다. 필시 예안현감과 구사의가 꾸며서 고을의 치적으로 만들려 했음을 알 수 있는 대목이었다.

그 이후의 기록에 따르면, 구사의의 악행은 백성들의 삶과 직접 직결되는 데까지 이르고 있었다. 1628년 음력 10월, 예안현감이 손신언을 감옥에 가두었다. 그는 손당이라는 사람의 아들인데, 구사의가 사사로이 세금을 유용한 것에 문제를 제기했다가 감옥에 갇힌 것이다. 당시 구사의는 세금으로 거두어 놓은 대동목大同木을 함부로 사용하고,[36] 그것을 메우기 위해 다시 고을 사람들에게 환곡을 거둔다는 명목으로 세금을 거두었다. 이것을 본 손당이 참을 수 없어 예안현감에게 단자單子를 적어 제출하면서 그 죄상을 알렸지만, 예안현감은 오히려 그의 아들을 감옥에 가두고 처벌하려 했다. 그런데 당시 손신언과 친했던 정경세鄭經世(1563~1633)[37]의 아들인 정역이 그를 만나러 오자, 현감은 벌벌 떨면서 그를 그다음 날 풀어 주고는 꽁무니를 빼기도 했다.

그 이듬해인 1629년 음력 4월에도 구사의는 백성들에게 태연하게 이중과세를 부과하는 횡포를 저질렀다. 이 당시 조정에서 세금 납부가 늦은 수령들을 단속하자, 예안도 그에 해당되어 현감은 파직될까 전전긍긍했다. 그러자 구사의는 우선 관아 창고에 있는 환곡을 급하게 전용하여 세금으로 납부하고, 가을이 오면 이를 민간에 부과하여 갚도록 하는 계책을 세웠다. 그 이전 해에 이미 고을 백성들의 고혈을 짜서 겨우 납부한 세금을 전용하고, 다시 그해 가을에 무리하게 이를 충당하게 하려 하니, 백성들 입장에서는 복장이 터질 노릇이었다.

세금으로 내는 포 역시 문제였다. 당시 경상감영이 세금으로 받는 포는 6승짜리 36척이 기준이었다.* 그런데 예안현감은 세금으로 내는 포의 기준을 8~9승짜리 40척을 납부하게 했다. 포의 품질 기준도 올리고, 내는 양도 더 많게 했다. 그러면서도 경상감사가 각 고을에서 1년 요역으로 토지 8결당 베를 몇 필 내는지 보고하게 하자,[38] 백성들을 괴롭히지 않는다는 사실을 증명하기 위해 베 1필 반을 거두었다고 보고했다. 실제로 보고된 수량과 기준 수량 사이에 상당한 차이가 있는데, 이는 현감과 구사의가 유용했을 가능성이 높았다.

1630년 10월 현감의 교체는 그대로 구사의에 대한 분노로 타올랐다. 현감이야 고을에서 어떻게 할 수 없는 존재였지만, 구사의는 고을 향회에서 다룰 수 있었다. 사실 구사의의 악행은 앞에서 거론한 것 이상이었다. 특히 고을 향회를 가장 화나게 만들었던 것은 구사의가 주도한 가짜향안 작성사건이었다. 1629년 조정에서 내려온 향안 정리[39]가 지역 향회를 분란에 빠뜨리고 전혀 진척이 없자, 구사의는 가짜로 향안을 작성해서 보고했다. 향안의 작성은 지역 유림들의 자존심이자 권위였으며, 동시에 향권의 상징이었다. 백성들의 삶을 피폐하게 만드는 세금도 문제였지만, 향회가 적극적으로 구사의를 벌하려고 나선 가장 직접적인 이유는 바로 가짜로 향안을 만든 사건에서 비롯되었다.

향회에서는 우선 구사의를 향안에서 삭적하고, 고을 밖으로 추방하는 가장 강력한 벌을 내렸다. 그냥 쫓아내는 것으로 분이 풀리지 않았는지, 그를 붙잡아 일정 기간의 강제노역을 부과하기로 결정했다. 그리

---

* 조선시대에 면포는 화폐처럼 교환수단으로 사용되었다. 정부에서도 대동세나 군포를 받을 때도 면포를 받았다. 국가가 공인한 정포正布 1필은 승수升數가 5승(1승은 80가닥) 폭은 7촌이고 길이는 35척이다. 조선의 포백척 1자는 46.8센티미터이므로 정포 1필은 폭이 32.8센티미터 길이가 16.38미터이다.

고 가짜향안 작성에 참여했던 류시원柳時元·구사제具思齊·우성헌禹成憲 역시 삭적하고 고을 밖으로 추방했다. 그리고 전 예안현감에게 빌붙어 구사의와 함께 백성들을 괴롭혔던 아전들은 향회에서 자체적으로 곤장형을 내렸다. 향권의 이름으로 잘못된 공권력에 강한 경고를 보냈던 것이다. 그리고 대동포를 사적으로 유용한 문제는 특별조사단을 구성해서 하나하나 조사하기로 했다. 실무자로 김광적金光績*이 선출되어 한동안 이 일로 정신이 없을 듯했다.

그러나 여전히 유생들 입장에서는 아쉬운 점이 한두 가지가 아니었다. 그동안 당한 것을 너무 한꺼번에 풀려다 보니, 사건의 진상을 제대로 정확하게 정리해서 하나하나 따지지 못한 측면이 있었기 때문이다. 그러다 보니 분풀이로서는 충분하다고 할 수 있었지만, 앞으로 이러한 일이 일어나지 못하도록 미연에 방지하고 각각의 죄상에 따른 정확한 처벌을 하지 못한 점은 여전히 아쉬웠다. 좀 더 철저하게 조사를 하면 징계의 수위도 달랐을 것이라고 생각하니, 이번 향회에 대한 아쉬움이 더욱 컸다.

출전: 김령, 《계암일록》

---

* 그는 계암 김령의 종형인 김호金壕의 아들이다.

탐관오리 상관에서 벗어나려
꾀를 내다

안동부사 정립鄭岦(1574~1629)[40]은 상관인 경상감사 민성징閔聖徵[41]의
행동이 못마땅하기 이를 데 없었다. 그의 악명은 경상도를 넘어 이미
전국을 강타하고 있었다. 백성을 다스리는 방법은 폭력이었고, 감사
직을 하면서 가장 관심이 많았던 게 바로 자신의 재물을 늘리는 것이
었다. 이 때문에 그가 가는 곳마다 형장刑杖이 난무하여 피가 땅을 적
실 정도였고, 뇌물을 실은 수레가 끊이지 않을 정도였다.

　이 기록이 있기 한 해 전인 1623년 9월에는 영천(현 경상북도 영주시)
향소의 구임 관리와 신임 관리 6명 중 곤장을 맞지 않은 사람이 없을
정도였다. 각 읍의 아전들 중에는 정강이가 으스러져서 찢겨진 자도
있었다. 민성징이 봉화에 이르렀을 때에는 봉화현감이 나서서 통사정
을 할 정도로 형신刑訊을 잔혹하게 행했으며, 며칠 뒤 상주에 이르렀
을 때에는 향소 임원 4명이 모두 압슬형壓膝刑[42]을 당했다. 예천에서는
향소 임원 2명에게 곤장을 치고 안동에서도 20여 명의 아전들과 향소

임원들이 곤장을 맞았다.

이렇게 하자, 안동에서는 저녁에 그에게 뇌물로 쌀 20섬, 종이 1바리, 잡물 10바리를 보냈다. 상주에 들렀을 때에는 쌀 3섬, 무명 5필이었고, 예천에서는 쌀 2섬, 무명 5필을 거두었는데, 안동에서는 무려 4배가 넘었던 것이다. 이로 보아 지난해 가을 경상감사가 순력 중에 휘두른 몽둥이와 받아들인 뇌물의 양이 얼마나 될지 충분히 짐작할 수 있을 정도였다.

이렇게 경상도를 휘젓고 다니던 1623년 10월, 민성징이 순력 중 길에서 경상도 암행어사 이명준李命俊(1572~1630)[43]을 만나 애걸복걸한 이야기도 유명했다. 뇌물을 실은 수레 8바리를 가지고 길을 가다가 암행어사와 부딪쳤으니, 어찌 할 도리도 없을 터였다. 그러나 어떻게 잘 빌었는지, 이 일로 문제가 닥치지는 않았다.

민성징이 연초(1624년 연초)부터 안동부에 들른다는 소식이 전해지자 안동부사 정립은 답답한 마음을 감추지 못했다. 안동부에서 또 어떤 일이 벌어질지, 또 얼마나 백성을 수탈할지 알 수 없었기 때문이다. 또 그러한 부민을 봐야 하는 것도 안동부 수령으로서 못할 일이었다. 경상감사가 안동을 찾은 것은 안동에서 백일장을 개최하기 위해서였다. 민성징은 자신에 대한 여론이 좋지 않다는 사실을 알고 있었다. 이를 무마하고자 지역 사족과 유림을 회유하기 위한 목적으로 안동에서 백일장을 개최하기로 했다. 사소하기는 하지만, 이 와중에서도 상품으로 줄 명저名楮(名紙)[44]를 각 읍에 강제로 부담하게 해서, 백성들의 원성이 있었다.

백일장은 1월 26일 열렸다. 당연히 안동부사가 상관인 경상감사보다 일찍 가서 맞이하는 것이 예의였다. 하지만, 당시 정립과 민성징의 관계는 관직을 떠나서 보면 민성징이 감히 정립과 한 자리를 할 수 있는 사람이 아니었다. 정립은 이 당시 비록 지방 수령에 불과했지만, 선조 대의 명신名臣으로, 경력이나 명성 면에서 민성징이 함부로 대할 수 없는 사람이었다. 이에 비해 민성징은 광해군 때 유명한 김 상궁[45]에게 청탁을 넣어 높은 관직에 올랐다는 소문이 있었다. 정립의 입장에서는 함께하는 지체가 부끄러운데다, 그리한 김사 이대에서 수령으로 있다는 것 역시 수치스러웠다.

이리저리 못마땅한 생각만 하다 보니, 정립은 민성징보다 백일장 자리에 늦게 도착하게 되었다. 그런데 정립이 늦자 이번에는 민성징이 예를 차리지 않았다. 한 번 꼬인 일이 계속해서 악화되었던 것이다. 정립이 불편한 내색을 하자 민성징은 한술 더 떠 그에게 화까지 냈다. 애초에 민성징이 지역 유생들과 좋은 관계를 만들어 보려 했던 자리가 도리어 어색해져 버리고 말았다.

그다음 날(1월 27일), 민성징은 어제의 자리가 맘에 걸렸던지, 안동의 능동에 있는 권태사묘[46]에 제사를 지내러 가면서 정립에게 동행을 청했다. 그러나 정립은 이날이 자기 부인의 생일이라는 핑계로 함께 가는 것을 거절했다. 물론 생일이 진짜 이유일 수도 있지만, 그 전날의 어색함을 기억하는 사람들이라면 누가 봐도 정립이 피하고 있음을 알 수 있었다. 하지만 정립 역시 이러한 처사가 그렇게 옳지 않은 듯해서, 사람을 보내 제사를 지낸 후 저녁에 술을 한잔하자고 청했다. 그러면서 이 과정에서 정립은 교묘한 꾀를 내고 있었다. 민성징의 성정을 보면 이 역시 허락할 리 만무했고, 그로 하여금 화만 더 나게 만드는 일이기도 했다. 정립의 예측대로 민성징은 화가 나서 이 자리를 거부했다.

그럼에도 정립은 일부러 술을 준비하고 관아에서 음악을 연주했다. 경상감사가 오든 말든, 저녁 술자리를 만들었던 것이다. 그러자 민성징은 이 음악 소리를 듣고 크게 노하여 불같이 화를 냈다. 하지만 민성징이 화를 내면 낼수록 정립의 감정 상태는 더욱 고요해졌다. 교만하고 강퍅한 행동을 보면서 예상이나 한 듯, 화를 더욱 돋우는 행동과 말을 했다. 정립의 입장에서는 민성징을 격노하게 하여 사건을 만든 후 관직을 버릴 생각이었다.

이렇게 되자 민성징은 정립에게 직접 해를 가하지는 못하고, 안동부의 이방과 예방 둘을 불러 공연히 곤장을 치고, 두 차례 압슬형을 가했다. 그리고 술자리에 참석한 기생 10명에게도 한 차례씩 압슬형을 가한 후, 술자리를 강제로 파하게 했다. 이후 민성징은 그 자리에서 바로 중앙 정부에 보내는 보고서를 써서 정립을 파직해 달라고 요청했다. 순식간에 일어난 일이었지만, 정립은 이 사태를 짐작하고 있었다. 그는 이러한 보고가 올라가는 것을 보고 홀로 말을 타고 남문* 밖에서 자고는 안동을 흔흔히 떠나 버렸다.

안동부사 정립은 판결을 냉철하게 하거나 환곡을 잘 관리했던 수령은 아니었다. 그러나 기본 성정이 청렴하고 백성들을 아끼는 마음이 커서, 안동부 백성들은 모두 그를 좋아했다. 그런데 그가 이렇게 홀연히 떠나자, 안동부민들은 민성징에 대한 불만과 미움이 극에 달하였다. 결국 경상도 선비들은 지속적으로 상소를 올려 민성징의 잔혹한 일상을 고했고, 이로 인해 민성징은 두 달 뒤인 그해(1624) 3월 22일

---

* 남문은 안동읍성의 남문을 말한다. 안동의 남문동은 여기에서 온 이름이다. 현재 '안동 문화의 거리' 안동농협 중부지점 자리에 위치했을 것으로 짐작된다.

사헌부에서 올린 보고에 따라 하옥되었다. 하지만 그 역시 뒤 배경이 컸는지라 사흘 만에 관직만 삭탈당한 채 풀려났다가, 11월 다시 개성유수開城留守[47]에 임명되었다. 이 또한 정치였던 것이다.

출전: 김령, 《계암일록》

큰 권력을 겁낸 작은 권력, 몸을 사리다

따뜻한 봄기운을 넘어, 조금씩 더운 기운이 느껴지는 시절이었다. 향소에서 보낸 통지문을 받아 든 김령은 썩 달갑지 않은 표정을 지었다. 1630년 음력 4월 14일, 예안 유림들이 비암鼻巖[48]에 모여 향회를 열기로 했는데, 이날 예안현감도 향회에 참여키로 했다는 것이다. 예안현감이 주재할 수밖에 없는 자리가 되었다. 그런데 향회의 논의 주제가 딱히 정해져 있지 않고, 그냥 현내 여러 병폐들에 대한 대책과 대처방안을 논의하는 자리라고만 알려 왔다. 바쁜 일정을 물리고 참여하는 향회에 회의 주제가 없다니, 성격 급한 이들은 "예안현의 병폐가 어디 한두 가지인가?"라면서 불만을 터트리기도 했다. 그러나 현감이 참석하는 자리인지라 무조건 빠질 수도 없어, 예안 유림 대부분이 향회에 참석했다.

그러나 참가자들 모두는 병폐에 대한 다양한 논의가 일지 않을 것이라는 사실을 짐작하고 있었다. 요 근래 예안현감 스스로 숨기고 싶어 하는 것도 있고, 또 괜스레 다양한 논의를 꺼냈다가 굳이 현감과 반목할 이유도 없었기 때문이다. 아니나 다를까, 현감은 자신의 관심사인 세금 문제만 자꾸 꺼냈다. 토지의 세금을 제대로 받기 위해 소출량과 토지의 크기를 다시 재는 양전과 논에서 얼마의 세금을 거둘지에 대한 전세 문제만 가지고 논의를 진행했다. 그러면서 다른 이야기는 이에 꺼내려고도 하지 않았다. 그러니 예안 유림들은 현감이 침어했을 때 묻고 싶은, 입이 근질근질한 사안이 있었다.

불과 사흘 전인 11일 시장에서 소도둑이 잡혀 관아에 고발된 사건이 있었다. 조사해 보니, 이미 다른 너덧 군데에서도 소를 훔쳤던 도둑으로, 이번에 예안 장에서도 소를 도둑질하다가 잡혔다. 현장에서 잡았기 때문에 바로 취조를 시작했다. 그런데 도둑이 범행 진술 과정에서 자신을 이조 판서 정경세鄭經世(1563~1633)의 종이라고 이야기했다. 이 이야기를 듣는 순간 예안현감은 곧장 표정이 굳어지면서 곧장 몇 대를 형식적으로 치고는 옥에 가두라는 명을 내렸다. 경상감사에게는 보고조차 하지 않았다. 그러고는 이조 판서의 종이라는 진술의 진위 때문에 전전긍긍했다.

누가 들어도 이 말이 사실일 가능성은 낮았다. 이조 판서 정경세는 상주(현 경상북도 상주시) 출신으로, 이황의 제자 가운데 한 명인 류성룡에게 직접 배운 제자였다. 당시 영남 유림을 대표하는 인물로, 학문적으로나 관료로서나 지역의 추앙을 받는 인물이었다. 물론 소도둑이 정말 정경세의 종이었을 수는 있지만, 그렇다고 정경세가 소도둑을 두둔할 인물도 아니었다. 다만 소도둑 입장에서는 확인이 늦을 것은 분명하기 때문에 지역에서 가장 명망 있고, 현감의 인사권까지 쥐고 있는 이조 판서를 파는 것이 효율적이었을 것이다. 일단 유력인사의 이름을 팔고, 그동안 자신의 안위를 보존할 수 있는 방법을 찾으려 했을 가능성이 높았다. 그런데 실제 이러한 소도둑의 전략은 매우 유효했다.

물론 이 사안이 향회에서 논의할 사안은 아니었다. 범죄에 대해서는 소속 관아의 수령에게 전권이 주어져 있었기 때문이다. 그렇지만 그 사건이 근래 예안현에서 발생한 큰 사건이었고, 이조 판서 정경세의 이름까지 나온 터라 향회의 유림들 역시 촉각을 곤두세우고 흥미롭게 지켜보고 있던 사안이기도 했다. 이 때문에 그 문제에 대한 예안현감의 입장이 표명되리라 생각했지만, 그에 대해서는 일언반구도 하지 않았다. 예안현감 입장에서는 정경세와의 관계 등을 고려해서 좀더 신중을 기하는 것일 수도 있었지만, 지역 유림들 입장에서는 현감의 처사가 답답하기 이를 데 없었다.

그런데 닷새 뒤, 어처구니없는 일이 일어났다. 예안현감이 소도둑을 풀어 주었다는 것이다. 지역 유림들은 이 사실이 쉽게 믿기지 않아 진상을 확인하는 과정을 거쳤을 정도였다. 그러나 사실이 확인될 때쯤에 소도둑은 이미 풀려났고, 소도둑이 귀한 보물과 돈을 뇌물로 썼다는 소문만 파다했다. 더 황당한 것은 이전에 다른 곳에서 훔친 소를 어떤 민가에 맡겨 두었는데, 그게 이 사건과 연계되어 발견되었다. 그러면 당연히 예안현감은 소도둑을 가중처벌하고 발견된 소는 원래 주인에게 돌려주어야 했다. 하지만 그는 류영립이라는 사람에게 베 15필을 받아 와서 그 소를 사 버렸다. 소도둑사건에 관계된 소가 아닌 것으로 정리하려는 것이었다. 그러고는 사람들 몰래 그 도둑을 놓아주면서, "빨리 가라! 빨리 가라! 비록 훔쳤다고 해도, 우리 현의 관내에서 훔쳤다고는 말하지 말라!"고 윽박질렀다고 했다. 만에 하나 있을 만한 이조 판서의 권세만 두려워하면서, 정작 현감으로서 처리해야 할 일은 제대로 처리하지 않았던 것이다.

현감은 조선 전체 시스템에서 보면, 기초 행정단위의 지역을 다스리는 관리이다. 나라를 운영하고 국가의 장래를 고민하는 고위 관료는 아니다. 하지만 그들은 자신이 다스리는 지역에서는 절대 권력자였다. 상명으로 부여받은 권한이 지역 내 백성들에게는 절대적이었던 것이다. 따라서 현감의 눈이 백성에게 가 있으면 백성들이 편하지만, 현감의 눈이 권력자에게 가 있으면 백성이 피곤할 수밖에 없다. 권력을 겁낸 현감은 교묘하게 자신의 이익을 챙겼고, 이 과정에서 억울한 이는 소를 도둑맞은 사람밖에 없었다. 법은 소를 도둑맞은 사람을 위한 것이었지만, 권력을 의식한 현감으로 인해 가장 큰 피해를 본 사람은 결국 소를 도둑맞은 사람이었다.

출전: 김령, 《계암일록》

6

세금,
마을 공동의 고충

부패와 학정의 온상, 방납...여러 사람 잡은 공물, 끝내는 민란으로...때 아닌 왜공 닦달에 백성들만 이중고...
명나라 군대를 위한 특별세 '당량', 백성들을 울리다...대동법의 정착은 쉽지 않았다...양진사 하기 나름, 세금 줄다리기...
관아도 감당 못한 세곡선 뱃사공의 횡포...배보다 큰 배꼽, 구휼미를 보내면서 운송까지 책임지라니

부패와 학정의 온상,
방납

1632년 5월 13일, 오천(현 경상북도 안동시 예안면 오천리)에 며칠째 지루하게 내리던 비가 그쳤다. 쏟아붓듯이 내린 비로 하천물이 불어나 사람들의 시름이 깊어질 대로 깊어진 상태였다. 공물 때문이었다. 이틀 뒤인 이달 보름까지 이 지역 공물인 은어를 안동부에 바쳐야 하는데, 불어난 물 때문에 은어를 잡을 수 없었다. 늘 그랬던 것처럼 방납업자에게 공물 마련을 맡기고 쌀이나 포로 대납해야 할 판이었다. 문제는 방납업자에게 갖다 바쳐야 할 대가가 너무 크다는 점이다.

　김광업金光業(1584~?)[49]은 방납업자들 행태에 질려 있었다. 고민 끝에 그는 조카를 데리고 아는 사람을 찾아 낡은 그물을 구했다. 비가 내리던 며칠간 익숙지 않은 손길로 그물을 기워 손질했다. 비가 그치면 직접 은어를 잡아 공물을 마련해 볼 요량이었다. 하다못해 정해진 양을 다 채우지는 못해도, 모자라는 만큼만 방납防納을 요청하면 부담도 덜할 터였다. 이런 그의 생각이 몇몇 지인들을 통해 예안현 사람들에게 알려지자, 동네 여러 집들도 알음알음 그물을 빌려서 손질을 해 둔 상태였다. 며칠을 기다린 끝에 이날, 드디어 비가 그쳤다.

하지만 사람들의 계획은 이내 황당함으로 바뀌었다. 새벽 식전부터 들이닥친 관아 아전들이 현감의 명이라면서 은어 잡을 그물을 거두어 가겠다는 것이었다. 모레까지 은어를 바쳐야 하는데, 그물을 거두어 오라니……. 마을 사람들은 황당했다. 김광업은 마침 다른 일로 잠시 집을 비웠는데, 그 사이 아전들은 김광업이 빌려 놓은 그물을 거두어 가 버렸다. 집에 돌아와 이 사실을 알게 된 김광업은 끓어오르는 분노 를 참을 수 없었다. 이내 아전들을 뒤쫓아 가 그물을 다시 뺏어 왔다. 그 과정에서 실랑이가 있었고, 육두문자도 오갔다. 이 사실을 알게 된 예안현감은 이를 공권력에 대한 대항으로 여겨 김광업을 체포하라고 명했다. 일이 커졌다.

하지만 아전들 역시 김광업을 체포해서 구금하기는 어려웠다. 그 는 예안현에서 어느 정도 세력을 가지고 있는 집안 사람이었다. 게다 가 사안 자체도 관의 입장이 떳떳하지 않았다. 현감 역시 곤란한 상황 임을 잘 알았다. 현감 입장에서는 여러 가지 생각이 머리를 스쳤지만, 우선 일을 크게 키울 상황은 아니라는 판단이 섰다. 어찌 되었든 김광 업을 비롯한 마을 사람들은 공물을 납부하기 위해 최선을 다했고, 오 히려 현의 아전들이 이를 방해했기 때문이었다. 마을 사람들이 이 일 을 안동부에 고발이라도 할 경우 예안현감이 문책받을 것은 뻔한 일 이었다.

현감은 아전들을 시켜 김광업을 잘 구슬리기로 했다. 오천에서 그 물을 가지고 은어를 잡는 것은 허락하되, 다른 곳에 소문은 내지 말라 고 당부했다. 공물의 당위성도 인정해야 했고, 방납업자들로부터 들어올 금전적 달콤함도 결코 포기할 수 없었던 것이다.

공물은 조선시대에 고을마다 각 도 감영과 조정에 바치던 지역 특산물이다. 백성들이 내던 여러 종류의 세금 항목 중에서도 큰 비중을 차지했다. 화폐경제가 발달하지 않은 조선시대에 중앙과 지방의 관청에서 사용할 현물을 세금으로 부과했던 것이다. 그러나 지역 특산물이라는 게 매해 일정한 생산량을 유기할 수는 없다. 반면에, 중앙정부나 지방 관청 입장에서는 늘 일정한 세액의 유지가 필요했다. 지금도 그렇지만, 부과되는 세액은 늘면 늘지 줄어들지는 않는 법이다. 예안 지역은 매번 일정한 분량의 은어를 진상해야 했고, 다른 고을에서도 또 다른 종류의 현물을 매번 일정하게 납부해야 했다.

이렇게 되니 각 지방 관아에서는 모자란 양의 현물을 확보하기 위해 분주해질 수밖에 없고, 이 과정에서 등장하는 것이 바로 일정 금액을 받고 현물을 대납하는 방납업자들이었다. 그들은 일종의 현물 대납 브로커였다. 지역 백성들은 부과된 공물량에 미달한 만큼 쌀이나 포를 주고 방납업자들에게 현물을 대납토록 했는데, 이들은 자연스럽게 지방 수령들과 결탁했다. 이들은 현물 값을 고가로 백성들에게 징수하여 폭리를 취하고, 폭리의 일정 부분을 지방 수령들이나 아전들에게도 나눠 주었다. 이러한 폐해는 조선 중기로 넘어가면서 더욱 심해졌다. 전세田稅에 비해 공물의 비율이 낮았던 조선 초기와 달리, 중기로 넘어가면서 그 비율이 증가했기 때문이다. 곡물로 매년 전세를 납부하고, 공물을 내기 위해 또다시 곡물을 납부해야 하는 이중고가 지속적으로 증가했다.

예안현감이나 아전들 입장에서는 은어를 통해 얻는 이익을 생각하지 않을 수 없었다. 유난히 비가 많이 와서 은어 진상이 힘들어진 상황이 오히려 이들에게는 호재였다. 똑같이 내리는 비를 바라보면서도 공물을 납부할 사람들과 그것을 받아들이는 입장에 있는 사람들은 서로 다른 생각을 했을 것이다. 이 와중에 김광업이 직접 은어를 잡겠다면서 그물을 손질하고 있었으니, 관리들 입장에서는 그물을 뺏어서라도 자신들의 이익을 지켜야 했다. 세금을 받아야 하는 지방 수령과 아전들이 오히려 세금을 내려는 백성들의 작업을 방해하는 상황, 이것이 바로 조선 최고의 세제 개혁이었던 대동법이 필요했던 이유였다.

출전: 김령, 《계암일록》

여러 사람 잡은
공물, 끝내는 민란으로

김령은 1621년 음력 10월 21일 동복(현 전라남도 화순시 동복면) 사람 강인보姜仁寶가 찾아왔다는 말을 듣는 순간, 기억을 더듬어야 했다. 어릴 적 친했던 친구의 이름을 떠올린 김령은 반가운 마음을 가눌 길이 없었다. 열 살도 되기 전 아버지[50]가 동복현감에 제수되었을 때 동복현에 살았다. 그때 사귄 친구가 바로 강인보였다. 김령은 너무나 뜻밖이어서 놀랍기도 하고, 한편으로 동복에서 예안(경상북도 안동시 예안면)까지 찾아와 준 친구가 반갑기도 했다. 열 살 무렵 개구쟁이 시절을 서로 회상하면서, 밤 늦게까지 술잔을 기울였다. 아버지 김부륜金富倫이 고쳐서 단장했던 협선루挾仙樓[51]와 엄류헌淹留軒, 동복향교 건물이 아직 그대로라는 소식을 들었고, 향교 앞에 김부륜이 지은 중수기重修記가 여전히 향교를 지키고 있다는 소식에는 놀라움을 감추지 못했다. 이래저래 반가운 방문이었다.

그러나 강인보가 전라도 동복에서 경상도 예안까지 온 사연을 들은 김령은 심란한 마음을 감출 수 없었다. 강인보는 경상도까지 자초紫草를 사러 왔다고 했다. 지초芝草로 불리기도 하는 이 풀은 주로 약재나 염료로 사용되었다. 해독 작용과 심장을 안정시키는 데 탁월한 효과가 있어서, 가정에서도 상비약으로 많이 사용했다. 동복현에서는 이 자초가 많이 나서 공물로 바쳐 왔는데, 그해는 작황이 좋지 않았던 것 같다. 그러나 당시 동복현감은 백성들을 쥐어짜서 자초를 납부하게 하니, 결국 이를 못 이기고 동복에서 예안 땅까지 자초를 구하러 왔던 것이다. 동복현감이 오죽 닦달하고 쥐어짰으면 이곳까지 왔을까 생각하니 반가운 친구의 방문에도 불구하고, 김령은 안타까운 마음을 금할 길이 없었다.

공납 문제를 말한 김에 1751년 음력 10월 19일 기록을 하나 더 살펴보자. 찬바람이 불면, 울산에서 영천을 거쳐 대구에 이르는 길은 청어 상인들로 가득 찼다. 청어는 동해안에서부터 남해안까지 폭넓게 잡혔다. 이 때문에 청어는 찬바람이 불기 시작하는 시기를 대표하는 생선으로 인식되었다. 생산량이 너무 많아 생물로 완전하게 소비가 되지 않았기 때문에, 그것을 저장하는 방법으로 개발된 것이 바로 청어 과메기였다. 이 때문에 경상도는 청어가 공물貢物 물목에 들어 있었고, 풍어 때를 기준으로 공물량을 정했다. 하지만 늘 풍어일 수는 없다. 특히 청어는 수중 환경이나 수온 변화에 예민해서, 해마다 생산량이 들쭉날쭉했다. 공산품이 아닌 이상 당연한 일이었다.

1751년 겨울은 유난히 청어가 잡히지 않았다. 날씨가 추워야 잡히는 생선인데, 이 해 겨울은 무척 따뜻했다. 매달 15일까지 공물을 보내야 하는데, 매번 이를 어기다 보니 경상감사 조재호는 공물 진상을 제대로 하지 못하는 것에 대한 죄를 청하는 장계(보고서)를 여러 번 조정에 올려야 했다. 그리고는 경상도 각 지방으로 공물로 올릴 청어 잡이를 독려했다. 감사의 독려는 지방으로 이어졌고, 고을 수령들은 어쩔 수 없이 고을 사람들을 청어 잡이로 내몰 수밖에 없었다. 그러나 무리한 세금 독촉은 결국 사고로 이어졌다.

10월 19일 남해에서 청어 잡이 나갔던 4명이 악천후로 물에 빠져 죽는 사고가 발생했다. 사망자는 26세인 미병보군[*] 김명신과 16세 격군格軍[**] 이홍익, 17세의 노비 찬장, 그리고 16세의 모군募軍[***] 추일담이었다. 16세에서 17세에 이르는 어린 청년들이 공납 독촉에 시달리다 희생되었던 것이다. 특히 16세 모군의 일은 더더욱 가슴이 아팠다. 모군이란 청어 잡이를 위해 돈을 주고 고용한 인원이다. 공물을 대신 사서 납부하고 그것의 값을 백성들에게 전가하는 일종의 공물 브로커인 방납업자들에게 돈을 주느니, 차라리 청어를 잘 잡는 사람을 사서 공물을 마련하려던 계획이 사고로 이어졌던 것이다. 사회적으로 가장 어렵고 힘든 일을 이제 막 성인이 된 젊은이가 맡았다가 화를 당했다.

지금도 그렇지만, 국가와 개인의 관계에서 개인이 져야 할 가장 기본적이고도 중요한 의무가 바로 세금이다. 세금은 누구나 형편에 따라 균등하게 그 의무를 진다는 믿음, 국가가 제대로 세금을 사용한다는 믿음, 그리고 충분한 생활을 보장하는 기반 위에서 납부 가능한 수준으로 거둔다는 믿음 위에서 유지되는 것이다. 이런 믿음이 있을 때에는 세금 액수 자체의 많고 적음은 오히려 부차적인 문제가 된다. 세

---

[*] 군대 병종兵種의 하나.
[**] 노를 젓는 수군. 노군櫓軍이라고도 한다. 軍은 병사라는 뜻이 아니라 일꾼을 말한다.
[***] 삯을 받고 품팔이하는 인부.

금이 불공평하게 거둬진다는 의심과 그것이 개인의 치부로 사용된다는 생각은 대규모 세금 거부운동으로 이어지게 마련이고, 특히 납세자들의 기본생활이 보장되지 않는 세금 수취는 도적들의 수탈과 다르지 않다. 국가에 대한 대규모 민란이 대부분 세금 때문에 일어났다는 사실을 기억한다면, 이 교훈은 지금 우리 시대에도 여전히 중요한 의미를 갖는다.

출전: 김령, 《계암일록》/조재호, 《영영일기》

때 아닌 왜공 닦달에
백성들만 이중고

1628년 음력 7월 20일, 예안 고을에 사는 김령은 요 근래 현감 김진의 처사가 몹시 마음에 들지 않았다. 당시 김령뿐 아니라, 예안 고을 사람들 대부분 비슷한 불만을 가지고 있었다. 세금에 시달리는 백성들 입장에서는 정기적으로 돌아오는 세금은 하다못해 마음의 준비라도 하기 마련이다. 그리고 가능하면 그 시기에 맞추어 준비하려 애를 썼다. 그런데 대개는 설을 쇠고 납부하던 세금을 음력 8월도 되지 않은 시기에 거두기 시작하니, 예안 고을 백성들 사이에서 불만이 터져 나오기 시작했다. 그것도 국가에 바치는 전세나 공납이 아니라, 왜공倭供을 말이다.

왜공이 어떤 세금인가? 국가 경영을 위한 세금이 아니라, 왜倭에 갖다 바쳐야 하는 공물을 의미한다. 물론 그것은 중국에 조공을 하듯 보내는 것은 아니었다. 조선에 건너온 일본 사신들을 접대하고, 그들과 무역에도 활용될 수 있도록 비축해 두던, 일종의 대일본 외교용 공물이었다. 또 부산에 있었던 왜관 운영 경비로도 쓰였다. 그런데 그것을 왜 예안에서까지 납부해야 했던 것일까? 그 이유는 간단하다. 왜관이 있던 부산포가 경상도 소속이고, 경상감영에서 왜공을 거두어 사용하다 보니, 경상도 고을에만 왜공이 부과되었던 것이다.

왜공은 전세처럼 곡식을 중심으로 거두는 것이 아니라, 왜관에서 실제 비축해 두고 사용할 것들을 거두었다. 주로 겨울에 거두었다가 설을 쇠고 그 이듬해에 왜관으로 납부하는 이유는 여기에 있다. 작물의 수확이 끝나거나 실제 필요한 물품의 채취가 이루어지는 시점을 보면, 가을에 거두어 겨울이 되어야 비로소 납부할 수 있는 것도 많았다. 하지만 예안현감은 막무가내였다. 8월이 되기 전에 모든 왜공을 납부하여, 감사에게 잘 보일 생각으로 가득 차 있었다. 현감의 계획대로 왜공을 거두는 일이 금방 끝나기야 하겠지만, 이 계획은 백성들 노고를 전혀 고려하지 않은 것이었다.

특히 문제가 되는 것은 아직 수확 시기가 안 된 물품이었다. 대표적으로 들기름과 꿀 같은 것들이었다. 들깨 수확은 다음달에야 가능하고, 그것으로 다시 기름을 짜려면 그만큼의 시간이 더 필요했다. 그런데 들깨를 수확하기도 전에 기름부터 내놓으라니, 우물에 가서 숭늉을 찾아도 너무 빨리 찾고 있는 것이다. 꿀 문제는 더욱 심각했다. 꿀은 모든 가구에서 생산할 수 있는 물품이 아니었다. 이 때문에 꿀을 전문적으로 생산하는 사람이 꿀만 공납으로 내면, 나머지 공물을 모두 면제받는 일종의 꿀 전문 납부자가 따로 있었다. 이를 정역호定役戶라고 불렀다. 공물을 마련하는 데 특별한 기술이 필요한 물품들이 여기에 포함되었다. 올해도 꿀은 벌꿀을 담당한 민호에서 2섬이나 납부했기 때문에 모자라지 않을 것으로 생각했다. 그런데 관아에서 이를 모두 무분별하게 사적인 용도로 사용해 버리고, 왜공이라는 미명하에 추가로 거두어들이고 있었던 것이다. 꿀을 채취할 시기도 아닌 데다가, 일반 민호에서 이를 감당할 수 있는 것도 아니니 참으로 답답할 노릇이었다.

사실, 꿀은 공적으로나 사적으로 쓰임이 많았다. 자연에서 나는 것으로 단맛을 내는 데 꿀만한 게 없던 때였다. 꿀은 그냥 먹기도 했지만, 음식을 만들 때도 많이 쓰였다. 그러다 보니 꿀만한 선물도 없었다. 관리를 소홀히 하면 이 사람 저 사람 빼 쓰기 좋은 물품이 꿀이었다. 예안현감 역시 이 꿀을 이리저리 사적으로 사용한 후, 그 모자라는 것을 왜공을 통해 채울 요량이었다.

게다가 예안에서는 생산되지 않는 농어도 납품해야 했다. 농어는 어쩔 수 없이 구입해서 납품할 수밖에 없는데, 그러다 보니 대략 중간 크기 되는 것으로 사서 납품을 했다. 왕에게 올리는 것도 아니고, 왜관에 보낼 것이기 때문에 구색만 갖추어도 될 일이었다. 그러나 예안현감은 이 역시 크고 굵은 것만 골라 납품을 받았다. 그런데 이때 흉년으로 인해 곡물값이 상승해서, 농어 값이 많이 오른 상태였다. 평상시라면 무명 1필에 쌀 5말 정도였지만 이때에는 무명 1필에 겉보리가 6말이었다. 흉년이 심할수록 무명 1필에 대한 곡물 교환비율은 높아갔다. 농어 한 마리 값이 겉보리 2말씩이나 되었다. 무명 1필이래 봐야 농어 3마리밖에 못 사는 상황이니, 보통 일이 아니었다.

예안 고을 백성들을 더 힘빠지게 만든 것은 주변 고을 수령들의 선정이었다.[52] 무당들을 단속하여 압수한 재물로 왜공을 충당하기도 하고, 정역호에서 납품한 것만으로도 왜공을 충당하는 수령도 있었다. 이러한 와중에 예안현감은 시기적으로도 반년이나 앞당겨 백성들로부터 모든 세금을 거두기 시작하고 있었다. 한자락 건너면 안동부이고, 한발 옮기면 진보현인데, 이 땅의 예안현감만 왜 그런지 참으로 갑갑할 노릇이었다.

게다가 이 시기는 아직 임진왜란의 상처가 완전히 아물기 전이었다. 어느 정도 나이 든 사람들은 젊은 시절 겪었던 임진왜란으로 인한 저마다의 상처가 아직도 생생했다. 비록 광해군 때 조선이 일본과 국교를 회복했지만 그것이 사람들 마음속 상처마저 치유했던 것은 아니다. 아무리 일본과 외교관계가 회복되었다고 해도 왜인들에게 제공하는 공물이 기분 좋을 리 없었다. 하지만 예안현감은 이런 것들을 전혀 개의치 않는 듯이 보였다. 오직 윗사람들에게 성실한 수령이라는 소리를 듣기 위해 물건만 거두고 있었다. 백성들 입장에 서서 가능한 한 세금을 적게 낼 수 있도록 하고 있는 안동부사나 진보현감까지는 안 된다고 해도, 최소한의 배려라도 있었으면 좋겠다는 원성이 터져 나올 수밖에 없는 이유였다.

세금을 거둘 때에 국가는 철저하게 '을乙'이어야 한다. 적어도 백성이 국가의 근본이라는 생각만 해도, 백성들로 하여금 세금을 내고 싶고 낼 수 있도록 해 주어야 한다. 비록 세금을 거둘 권력을 가지고 갑甲의 행세를 하고 있지만, 그 역시 백성들이 없다면 아무것도 할 수 없다는 사실을 이론적으로는 알고 있었을 것이다. 그러나 이를 실천으로 옮기는 사람은 예나 지금이나 그렇게 많지 않은 것도 사실이다.

출전: 김령, 《계암일록》

명나라 군대를 위한 특별세 '당량', 백성들을 울리다

1628년(인조 6)은 유난히 먹고살기가 힘들었다. 예안현은 음력 3월 말이 되면서 견딜 수 없는 보릿고개에 시달리고 있었다. 보릿고개야 매년 있는 일이지만, 지난해 유난히 심했던 흉작 때문에 올해 보릿고개는 허기진 백성들의 한탄으로 가득 차 있었다. 보리 이삭이 패기까지 버틸 일이 걱정이었다.

이러한 때에 바로 옆 고을 안동부에서는 당량唐糧을 가흥창[53]으로 운송하기 시작했다는 소식이 들려왔다. 예안 고을에서도 당량을 거두리라는 소문이 퍼지는 데에 그리 시간이 걸리지 않았다.

당량, 사포량, 삼수량 등은 모두 세금의 명칭이었다. 일상적으로 내는 전세만으로도 힘든 백성들에게 이러한 세금은 백성들의 삶을 더 힘들게 하는 것이었다. 지금 개념으로 말하면 이것들은 특별한 필요에 소요되는 예산을 충당하기 위한 일종의 특별세였다. 이들 세금은 임진왜란과 직접적인 관계가 있었다.

임진왜란은 1392년에 건국된 조선이 딱 200년 만에 겪게 된 국제 전이었다. 일본 전역을 통일하면서 막강한 전력을 구축했던 도요토미 히데요시豊臣秀吉가 명나라를 치기 위해 길을 빌려 달라는 명분으로 시작한 전쟁이었다. 때문에 조선뿐만 아니라, 명나라도 이 전쟁에 참여할 수 밖에 없었다.

200년간 북쪽으로는 여진족, 남쪽으로는 왜구의 약탈에만 대응해 왔던 조선으로서는 대규모 정규전이 주는 충격이 컸다. 남해안이나 기웃거리던, 그래서 오죽하면 왜倭라고 불렀던 일본에게 전쟁 초기 속수무책으로 당하기만 했다. 그나마 이순신 장군의 수군이 버텨 주고, 의병들이 저항에 나서면서 힘겹게 나라를 지킬 수 있었다. 이들이 아니었다면 조선은 개전 반년 만에, 다시 말해서 1592년이 저물기 전에 나라를 잃었을 것이다.

이겼지만 진 것 같은 전쟁을 치르며 조선은 군사제도를 정비하고, 군사력도 키워야 했다. 이렇게 해서 나온 첫 번째 정책이 바로 직업군인으로 이루어진 훈련도감의 설치였다. 임진왜란이 일어난 다음 해, 잃었던 한양을 되찾은 후 곧바로 설치했다. 놀랍게도 조선은 임진왜란 전까지 직업군인이 없었다. 임진왜란은 전쟁이 발발했을 때 군사를 모아 전쟁을 치르는 방식이 가진 문제점을 적나라하게 드러냈다. 임진왜란을 지휘했던 영의정 류성룡柳成龍(1542~1607)은 전시에만 모집하는 군사체제로 전쟁을 수행하기 쉽지 않다는 판단하에, 전문 직업군인을 양성하기로 했던 것이다.

훈련도감은 3개 직렬로 구성되었다. 각각의 직렬은 전문성을 강화하기 위한 병과兵科 개념으로 생각하면 된다. 살수殺手, 사수射手, 그리고 포수砲手가 그것이다. 일본의 총포에 놀라서 만든 포수를 기반으로, 전문 전투병인 살수와 활을 다루는 사수를 편제했다. 이 세 전투 병과를 합해서 부르는 말이 바로 삼수三手였다. 삼수량은 바로 이들을 설치하고 유지하기 위한 비용을 백성들에게 세금으로 매긴 것이다. 다시 말해 훈련도감을 설치하고 운영하기 위한 특별세가 바로 삼수량 이다.

사포량射砲糧[54] 역시 비슷하다. 사포량은 지역에서 전문 군사훈련에 속하는 활과 총을 다룰 수 있는 군인들을 양성하기 위해 필요한 세금 이었다. 활을 쏘는 사수와 총을 다루는 포수를 합해서 사포라고 불렀 는데, 이들을 위한 군량미 역시 백성들 세금으로 충당했다. 삼수량과 사포량 모두 임진왜란으로 인해 시작되었지만, 전쟁이 끝나고도 계속 거둘 수밖에 없었다. 특히 이 세금은 특별세였기 때문에 전세가 면제 된 땅에서도 거두었다. 전세가 면제되었던 데에는 이유가 있는 법이 다. 그러니 이런 땅에 대한 과세에 원성이 없을 수 없었다.

가장 황당한 것이 바로 당량이다. 임진왜란은 국제전이었다. 명나 라의 참여는 어디까지나 자국 이익에 따른 결정이었다. 일본의 침략 을 본국까지 받아들이지 않고 전쟁터를 한반도에 한정하려는 명나라 의 전략적 입장에서 나온 것이었기 때문이다. 일본군이 한반도를 벗 어나 전쟁터가 중국으로 옮겨오면 명나라 입장에서 매우 곤란한 상 황에 직면할 수 있었다. 그러나 명나라가 임진왜란에 참여한 공식적· 표면적 명분은 조선을 구한다는 것이었다. 명나라는 조선에 큰소리를 칠 수 있었고, 그들의 주둔 비용과 군사들의 식량은 전적으로 조선 조 정에서 담당해야 했다.

임진왜란이 끝난 후에도 명나라 군대는 조선에서 금방 철수하지 않 았다. 모문룡(1576~1629)을 대장으로 하는 부대가 평안도 위에 있는

가도椵島에 주둔하기 시작했다. 가도는 평안도 철산 앞바다에 있는 섬으로, 압록강 입구 동쪽에 위치했다. 이들은 주둔 비용을 조선 조정에 요청했다. 어이없게도 조선 지배층 중에 이들의 요구를 긍정하는 사람들이 적지 않았다. 그들은 명나라가 임진왜란에서 조선을 구해 주었다고 인식했다. 전쟁에서 자기 책임을 다하지 못했던 조선 지배층의 왜곡된 인식이었다. 어쩔 수 없이 조선 조정은 이들의 주둔 비용을 충당하기 위해 특별세를 거두기 시작했는데, 그게 바로 당량이었다. 당시 중국을 상징하는 '당唐'의 군사들이 먹을 식량이라는 뜻이다. 지금 같으면 주한미군의 주둔 비용을 마련하기 위해 국민들에게 별도의 특별 세금을 정해서 부과하는 것이나 마찬가지 상황이다. 굶어죽는 백성들에게서 특별세를 거둬 명나라 군대를 먹이고 있었던 것이다.

삼수량과 사포량은 그나마 국방을 위한 것이라는 명분이라도 있었다. 그러나 당량은 명나라 군대의 횡포에 조선 조정이 끌려다니면서 부담을 백성들에게 지운 것이 내용의 본질이다. 이 폐해는 단순하게 백성들에게서 세금을 거두는 것을 넘어, 병자호란의 중요한 빌미가 되었다. 백성들에게 부담은 부담대로 지우고, 그 결과는 백성들의 목숨을 앗아가는 전쟁으로 돌아왔던 것이다.

출전: 김령, 《계암일록》

대동법의 정착은
쉽지 않았다

상주목사 권엽權熀(1673~?)이 파직을 당했다. 물론 임금의 말 한마디로도 파직당하고, 직속상관에게 잘못 보여 인사고과를 못 받아도 곧바로 파면의 위험에 처하는 것이 본래 지방관의 신세이기는 했다. 하지만 그렇다고 파직이 실제로 그렇게 흔한 일은 아니었다. 특히 권엽처럼 성격이 자상하고 인자하며 지방관으로서 치적이 높아, 백성들로부터 칭송을 받는 지방관이 대뜸 파직을 당하는 경우는 흔치 않았다. 상주(현 경상북도 상주) 백성들은 영문도 모른 채 1719년 11월 27일 조정만趙正萬(1656~1739)이 상주목사로 부임하는 것을 보아야 했다. 상주 백성들은 아쉬운 마음으로 권엽을 보내면서도, 파면의 이유가 자못 궁금했다.

당시 권엽의 파면은 우의정 이건명李健命(1663~1722)의 문제 제기에 따른 것이었다. 그는 상주목사의 대동미 상납에 문제가 있다고 지적하면서, 잡아들여 심문할 것을 요청했다. 대동법이 실시된 이후 정부에 올리는 공물은 모두 대동미로 징수해야 했다. 그런데 권엽은 대동미 절반을 봄에 납부하고 나머지 절반을 돈으로 납부했다. 게다가 이 모두를 상주목사가 직접 납부해야 했는데, 다른 사람들에게 나누어서 선혜청에 납부하도록 하면서 문제가 발생했다. 대납代納에 해당하는 방납을 금하는 대동법의 기본 취지를 어겼기 때문이다. 이로 인해 우의정이 파직을 요청했고, 그것이 받아들여졌던 것이다.

조선의 세금제도는 조용조租庸調로 알려져 있다. 화폐경제시대인 요즘이야 화폐로 세금을 받아, 이 화폐를 가지고 정책을 실행하고 공무원들에게 월급을 주며, 공적 업무에 필요한 물품을 구매할 수 있다. 노동이 필요한 경우 노동력도 화폐로 구매하는 것이 일반화되었다. 이 모든 것이 너무나 자연스러워서 이런 일들에 대해서 생각하기도 어렵다. 하지만 역사를 돌아보면 이런 방식의 경제체제는 인간의 긴 역사에서 극히 최근에야 일반화되었다. 오히려 한국과 중국에서 조용조는 천 년 이상 다양한 방식으로 이어져 온 제도이다. 이러다 보니 현물경제가 중심을 이루었던 조선시대에 현물 중심의 세금을 거둘 수밖에 없던 것은 당연했다.

조용조에서 조租는 전세로, 경작지 면적과 소출에 비례해서 국가에서 징수하는 기본 세금이다. 용庸은 일정 정도의 노동력을 국가가 거두는 것이다. 국가나 지역 단위의 공사, 예컨대 성을 쌓아야 하거나 길을 닦는 일, 왕이나 왕비가 죽었을 때 무덤을 만드는 일이 진행될 때 국가는 백성들을 동원하여 이 일을 하도록 했다. 이때 국가가 사람들을 동원하는 방식이 바로 용이다.

이 이야기의 주제가 되는 세금은 조용조의 마지막에 해당하는 조調이다. 조 역시 현물 세금이다. 이 세금은 궁궐이나 혹은 정부, 지역 관청 등에서 필요로 하는 물품을 현물로 내는 것이다. 여기에는 식재료를 비롯하여 약재, 다양한 수공품, 임산물, 해산물을 포함해서 대략 200가지 안팎이나 될 정도로 많았다. 특히 지역별로 나는 식재료와 약초, 특산물 등이 바로 여기에 해당되었다. 요즘 지역 특산물을 홍보하면서 '임금에게 진상하던 것'이라고 말하는 경우가 있는데, 이것이 바로 孔獻이다. 이 세금을 흔히 공물이라고도 했다. 바닷가에서는 수산물을 담당했고, 경상도 지역에서는 약초의 대부분을 담당하기도 했으며, 인삼이나 꿀과 같은 특산물도 포함되었다. 그런데 이 세금은 지속적인 관리가 뒤따르지 않으면 계속 문제가 발생할 수밖에 없었다. 실제 조선시대 최악의 세금제도 가운데 하나가 바로 이것이었다.

공물 징수는 두 가지 문제를 가지고 있다. 지방 수령들이 공물을 거두어 납부하는 과정에서 품질 기준이 분명치 않았다. 왕에게 진상하거나 중앙 관청에서 사용해야 할 물품이기 때문에 통상적으로는 '좋은 것'이어야 했다. 하지만, 공산품이 아니니 현실적으로 해마다 그 품질은 들쑥날쑥할 수밖에 없다. 고을 수령은 품질에 대해 적정하다고 판단했지만, 이것을 납부받는 궁궐이나 관청의 담당 관리들이 품질을 문제삼아 거부할 가능성은 늘 있었다. 또한 농산물이나 수산물의 경우, 채취에서 납부할 때까지 상당한 기간이 소요되었다. 때문에 그 품질이 일정하게 유지될 수 없는 것도 당연했다. 지금처럼 운송과 보관을 뜻대로 할 수 있는 시대가 아니었다. 자연히 공물의 품질에 문제가 생겼다. 이 때문에 공물을 바치면서 품질검사 통과를 위해 뇌물을 동반하는 경우가 부지기수였다. 이것을 '인정人情'이라고 불렀다. '인정 많은 사람' 같은 용례로 쓰이는 그 인정과 한자가 같다.

그런데 문제는 이러한 '인정'에 부정이 개입할 여지가 너무나 많았다. 상식적으로 생각해도 공물의 양에 비례해서 품질을 잘 책정해 달라는 의미로 주는 것이 인정이었다. 그러나 이러한 인정의 양은 점점 늘어 배보다 배꼽이 클 지경이었다. 김육金堉(잠곡潛谷, 1580~1658)이 충청감사로 있을 때에는 보고서에 "공납으로 바칠 꿀 한 말의 값은 목면 3필인데, 인정은 4필이다"라고 썼다. 이러한 사정은 조선 후기로 가면 점점 심해져서, 이익李瀷(1681~1763)은 그의 책 《성호사설》에서 "속담에 '진상은 꼬치로 꿰고, 인정은 바리로 가득 싣는다'고 했다"[55]라고 썼을 정도였다. 바쳐야 할 공납보다 이것을 바치기 위해 들이는 세금의 양이 훨씬 더 많았다는 말이다.

더 큰 문제는 물량과 품질이 동일하게 관리될 수 없다는 점이다. 임진왜란이 일어나던 해인 1592년 안동 지역은 때아닌 은어 풍년이 들어 '지나가던 개도 은어는 쳐다보지 않는다'라는 말까지 있었다. 하지만, 은어 진상이 어려운 해가 적지 않았다. 어황이 좋지 않아도 궁궐과 관청에서 필요로 하는 공물의 양은 늘 같았기 때문에, 어떻게든 그 양을 맞추어야 했다. 청어가 잡히지 않는 바다에서 배가 뒤집혀 어부가 죽는 한이 있어도, 경상감사는 청어의 양을 맞추어 진상해야 했다.

이런 상황에서 등장한 것이 바로 '방납' 업자이다. 이들은 공물을 진상해야 하는 지역 백성들로부터 쌀이나 베, 또는 돈을 받고 그 고을을 대신하여 그 지역에 부과된 공물을 납부하는 사람들이다. 일종의 납세 대행 브로커였다. 예컨대 청어가 나지 않으면 그 지역 백성들은 쌀을 주고 방납업자로 하여금 대신 청어를 구해서 진상하게 했다. 이 사람들이 진상품의 품질을 일정하게 유지하고 관리들에게 인정(뇌물)을 바치는 것까지 대행하게 되자, 백성들이나 그 지역 수령 입장에서는 참으로 유용한 존재였다. 문제는 그 대가가 너무 높았다.

당연히 방납에는 수수료가 붙었다. 얼마의 수수료가 적정한지 백성들 입장에서는 검증할 수 없었다. 많이 붙여도 울며 겨자 먹기로 받아들일 수밖에 없었다. 게다가 방납업자들 대부분은 이득을 극대화하기 위해 지역 수령과 유착관계를 맺는 일이 다반사였다. 예컨대 10냥이면 충분히 구매 가능한 현물에 대해 한 50냥쯤 받아서 수령에게 20냥을 주고 자기도 20냥을 남기는 방식이다. 15세기에는 별로 문제가 되지 않았지만, 16세기에는 이에 대한 문제 제기가 있었고, 16세기 후반에서 17세기 전반기쯤에는 참을 수 없는 수준까지 문제가 심각해졌다. 세금을 빙자해서 방납업자와 지역 수령들의 고질적인 부정은 아예 관행이 되었고 그 대가도 점점 커졌다. 당연한 결과로 백성들의 피해는 감당할 수 없는 상태로까지 치달았다.

17세기 중반부터 차츰 확산되기 시작한 대동법은 이런 문제를 해결하기 위한 거대한 세제 개혁이었다. 경상도에서는 1678년(숙종4)에야 시작되었다. 대동법은 지역에서 직접 공물을 내는 것이 아니라, 백성들이 선혜청에 곡식이나 돈으로 세금을 내면 선혜청이 그것을 공인貢人들에게 주어서 물건을 조달했던 법이다. 중간 방납업자들의 역할을 국가가 대신함으로써 백성들의 부담을 덜어 주려는 정책이었다. 이 과정에서 조선 정부는 방납인의 활동을 엄격하게 금하고, 대동법에 따른 세금은 지역 수령이 직접 선혜청에 납부하도록 규정을 했다.

상주목사 권엽의 파면 이유는 바로 이것이었다. 쌀이나 돈을 수령이 직접 납부해야 했는데, 다른 사람을 시켜서 납부케 했던 것이다. 그 이유가 어떠했든지, 수령이 직접 납부하지 않았다는 것은 '방납'의 의심을 사기에 충분했다. 대동법의 취지가 방납을 금하는 것이었으므로, 우의정 이건명은 여기에 대해 강하게 문제 제기를 했던 것이다.

상주 백성들에게는 몹시 불행한 사건이지만, 대동법을 정착시키려 했던 조선 정부의 강한 의지를 읽을 수 있는 대목이다. 올바른 세금제도의 정착은 예나 지금이나 참으로 어려운 문제이다.

출전: 권상일, 《청대일기》

양전사 하기 나름,
세금 줄다리기

경상좌도 양전사 신득연申得淵(1585~1647)[56]이 1634년 음력 11월 30일 예안현에 내려왔다. 예안 고을을 대상으로 양전量田을 하기 위해서였다. 양전이란 경작지 면적과 등급을 측량하고 실제 경작 여부를 확인하며, 조세 부담자에 대한 정보를 조사하는 것이다. 다시 말해 예안 고을에서 전세田稅를 받기 위해 실제 토지가 얼마나 되는지, 그리고 토지 단위당 소출량을 중앙에서 파견된 관리가 직접 확인하는 작업이었다. 이를 통해 세금도 얼마나 거두는 것이 타당할지를 결정하고, 그 세금을 누가 낼지도 확인했다. 조선의 기본 법전인 《경국대전》에는 20년마다 양전을 하도록 규정되어 있다. 하지만 이 당시 임진왜란 때문에 양전을 하지 못하다가, 1634년(갑술년)에 와서야 비로소 다시 양전을 하게 되었던 것이다. 나중에 '갑술양전'으로 불리게 되는 양전이다.

양전 책임자인 양전사의 방문은 조용했던 예안 고을을 떠들썩하게 만들었다. 양전사와 고을 사람들 사이에 줄다리기가 벌어질 것이 자명했다. 양전사 입장에서는 가능한 한 세금을 많이 거둘 수 있도록 토지를 많이, 그리고 높은 등급으로 매기려 했다. 이에 비해 세금을 내야 하는 예안 고을 사람들 입장에서는 가능한 한 토지의 양을 줄이고, 등급도 낮추어야 했다. 한 등급을 높이고 낮추는 것에 따라 최소 20년 동안의 세금이 좌우되는 일이었다. 사실상 대부분의 사람들에게 앞으로 남은 평생 동안 납부하게 될 조세의 기준을 정하는 일이었다. 대충 넘어갈 수 있는 문제가 아니었다.

이처럼 양전은 중앙 정부와 지방 고을 사이에서 이해관계가 가장 첨예하게 갈리다 보니, 심지어 실록에는 양전사가 한양 도성을 빠져 나가자마자 살해되었던 사례가 기록되어 있을 정도였다. 어찌 되었든 지방 고을 입장에서는 온갖 방법을 동원해서라도 소출이 적다는 사실을 증명해야 했다.

이런 상황이다 보니 양전사 신득연은 온갖 위세를 떨면서 다녔다. 그 수하 역졸들 역시 백성들을 마구 대하고 심지어 매질까지 하는 일이 발생했다. 신득연 입장에서도 자신이 양안量案(양전한 결과를 기록한 책)에 어떻게 기록하는지에 따라 세금 양이 결정될 수밖에 없으니, 위세를 떨 만했다. 신득연의 이와 같은 작전은 어쩌면 잘 맞아떨어졌던 것으로 보인다. 지금도 그렇지만 예안현은 본래 경작지가 많은 곳도 아니고 비옥한 곳도 아니었다. 때문에 토지 등급이 그렇게 높지 않았었다. 그런데 본래 낮은 등급이었던 땅들의 등급이 높아졌다. 백성들이 불만을 표하기라도 하면 매질까지 했다. '세금 폭탄'이 불 보듯 뻔한 상황으로 치닫고 있었다.

이런 상황에서 예안 고을 백성들이 기댈 곳이라고는 어찌 되었든 수령밖에 없었다. 그런데 이 문제에 관한 수령의 무성의한 태도가 백성들을 더 답답하게 했다. 양전사가 중앙 관료이다 보니 예안현 수령은 양전사가 횡포를 부려도 거의 관여하지 않고 눈치만 보았다. 더구나 신득연은 양전사로 내려오기 전에 정3품 당상관인 동부승지를 역임했던 인물이다. 한마디로 잘나가는 인물이었다. 경우에 따라 수령 입장에서는 자기 출세와 직결될 수도 있는 문제였다. 그렇게 되자 수령은 자기가 다스리는 현의 백성들이 매질을 당하고, 세금 폭탄이 눈앞에 보이는 데도 불구하고 신득연이 하자는 대로 놔두었다. 전답 사이를 오가면서 백성들을 불편하게 만들 줄만 알았지 백성들을 보호하고 그들 입장에서 양전이 이루어지도록 하지 못했던 것이다. 이러한 예안현감의 태도는 이웃 고을인 영천(현재 경상북도 영주시) 수령과 너무 대비되어서 불만이 컸다.

영천 수령은 이후기李厚基(1573~1650)[57]라는 사람이었다. 그는 성격이 불 같았다. 스스로 생각하여 옳지 않거나 맞지 않은 일이면 윗사람 명령에도 따르지 않았다. 그의 이런 명성은 이미 중앙에도 꽤 알려져 있었다. 결과적으로, 양전사 신득연도 그를 쉽게 대하지 못했다. 이후기는 영천 군민들 입장에 서서 양전 측량에 적극적으로 개입했다. 신득연이 영주에서 토지를 측량할 때 일일이 따라다니면서 말뚝 하나도 신득연 마음대로 박지 못하게 했다. 그리고 전답의 등급을 매길 때에도 적극적으로 나섰다. 이렇게 되니 신득연은 결국 이후기가 하자는 대로 받아들일 수밖에 없었다. 이로 인해 영천의 경작지는 전보다 등급이 낮아졌으면 낮아졌지 높아진 곳이 거의 없었다.

이렇게 되니 예안 고을 사람들 입장에서는 영천 고을 사람들이 그렇게 부러울 수가 없었다. 이후기가 비록 난폭한 면은 있어도 자기 출세보다는 백성들의 삶을 돌보았다는 사실이 증명되었기 때문이었다.

자신의 출세를 위해 향후 20년간 예안 고을 사람들에게 세금 폭탄을 안긴 현감을 향한 백성들의 원성이 높아질 수밖에 없는 일이었다. 수령이야 자기 임기를 채우고 떠나면 그만이지만, 그 결과를 그대로 맞이해야 하는 고을 백성들의 답답함은 평생 지속될 수밖에 없었다. 예나 지금이나 지역을 다스리는 자리는 결국 그 지역 백성들의 삶을 담보로 앉아 있는 자리인 것이다.

출전: 김령, 《계암일록》

관아도 감당 못한 세곡선
뱃사공의 횡포*

1751년 음력 7월 27일 경상감사 조재호는 현풍현감 홍응린洪應麟(1706 ~?)이 올린 보고서를 보면서, 뱃사공 하개똥에 대해 괘씸한 마음을 금할 수 없었다. 이런 일이 하루이틀 일도 아닌지라, 그저 한탄만 하고 있어야 하는 상황이 더 답답했다. 경상감사 직위를 가지고도 뱃사람 하나 어쩌지 못하는 것이 현실이었다.

조선시대에 세금은 주로 해상으로 운반되었다. 조선 초기부터 해상 수송 과정에서 배가 난파되어 사람이 죽는 일이 자주 발생하여 육로 운송을 고려하기도 했지만, 그렇게 하지 못했다. 대규모 세곡을 실은 수레가 지날 만한 교통로가 정비되어 있지 않았기 때문이다. 화폐경제가 발전하지 않아 세금을 곡식이나 포布와 같은 현물로 거두다 보

---

* 이 내용은 그대로 《영영일기》에 기록되어 있는 조재호의 기록인지라, 아마 당시에도 일정 정도 개인이 운영하는 세곡선 운반이 있었던 것으로 보임.

니 생긴 문제였다.

그런데 더 큰 문제는 이러한 해상 수송의 책임을 세금을 받는 중앙 정부에서 지는 것이 아니라, 세금을 내는 지역에서 져야 했다. 다시 말해 세금을 거두고 그것을 지정하는 장소까지 가져다 놓는 것까지가 지방관의 책임이었다. 현풍현감 홍응린도 이 문제로 골치를 앓았다.

현풍현(현 경상북도 달성군 현풍면)은 낙동강을 끼고 있었지만, 비교적 내륙에 있는지라 세곡을 운반할 배를 구하는 것이 쉽지 않았다. 현풍현 전체를 뒤져 보니 배 두 척이 전부였다. 그나마 하나는 낡아서 운행이 힘들었고, 다른 한 척은 너무 작았다. 작은 배라도 활용할까 생각했지만, 정량을 초과해서 실어 보냈다가 난파라도 당하면 그게 더 큰일이어서 전전긍긍할 수밖에 없었다. 결국 현풍현감은 자기 관내에서 배를 못 구하고, 인근 지역 뱃사공인 하개똥의 배를 어렵사리 구해서 세곡을 실어 보내기로 했다.

그런데 예상하지 못했던 문제가 발생했다. 막상 세곡을 보내야 할 날짜는 다가오는데, 하개똥은 움직일 생각을 하지 않았다. 온갖 핑계를 대면서 차일피일 출발을 늦추었다. 배의 집기를 보수한다거나, 바람의 형세가 좋지 않다는데 무작정 출발하라고 강요할 수만도 없었다. 심지어 "돛과 노, 고물이 풍파를 만나 부서졌다"고 하는 데야 어쩔 도리가 없었다. 애가 탄 현풍현감은 직위를 이용해서 물고를 치고 싶었지만, 핑계를 들어주면서 부탁할 수밖에 없는 상황이었다. 죽어도 못 가겠다고 하면 더 난감한 상황에 처할 수밖에 없기 때문이었다. 그래서 일곱 번이나 아전들을 보내 출발을 부탁하고 독려하기까지 했다.

이렇게 미루고 미루다가 출발한 것이 바람이 많이 일어나는 4월 말쯤으로 추정된다. 가는 길에서도 도처에서 지체를 했다. 여기저기 들러 물품을 선적했던 것으로 보인다. 그러다가 1751년 5월 4일 밤 최종 목적지인 경창京倉*에서 멀지 않은 곳에서 풍파를 만나 바다 한가운데서 침몰하였다. 짐작컨대 사적으로 부탁받아 운반하기로 한 물건까지 합쳐 너무 많은 짐을 실었던 것으로 보인다. 게다가 배의 출발을 너무 늦추다 보니 풍랑이 강해지는 시기를 만날 수밖에 없었을 것이다. 노를 젓는 격군 한 명이 틈에 끼여 죽었으니, 보통 일이 아니었다. 난파되면서 건지지 못한 쌀과 콩이 580섬이나 되었다. 다시 이 정도 세곡을 거두려면, 다시 한번 더 현풍 고을 사람들의 살림을 쥐어짜야 했다. 그런데 문제는 이후 하개똥의 태도였다.

하개똥은 이 난파사건의 책임을 현풍현감에게 돌렸다. 배의 출발이 늦어진 이유는 전혀 말하지 않은 채 세곡을 묵은 것으로 보냈다고 험담하고, 경상감사에게도 문제가 현풍현감에게 있다는 이야기를 공공연하게 했다. 다행히 현풍현감은 하개똥이 대동미를 실을 때 쌀의 색이 희고 품질이 너무 좋아, 근래 상납품 가운데 처음 보는 것이라고 칭찬했던 것을 기억했다. 당시 현풍현감은 이를 경상감사에게까지 보고했던 것이어서, 이 사실을 가지고 하개똥이 거짓을 말하고 있음을 밝혀 냈다. 그런데 하개똥이 왜 이렇게 묵은 쌀 이야기를 했는지 그 사실을 확인하는 과성에서 놀라운 사실이 밝혀졌다. 알고 보니 하개똥이 품질 좋은 쌀을 오래 묵은 쌀과 바꿔 싣고 가다가 일부러 배를 난파시켰던 것이다. 정작 바쳐야 할 좋은 품질의 대동미는 하개똥이 빼돌렸고, 낮은 품질의 곡식을 싣고 가다 배를 난파시켜 그 흔적을 지우려 했던 것이다.

---

* 경창은 '서울에 있는 창고' 라는 뜻으로, 구체적으로는 광흥창이나 풍저창 등을 말한다. 경상도 세곡의 경우 강원도, 충청도 내륙과 경기도 내륙 지역 세곡과 함께 용산 강가에 하역된 후에 이들 창고로 옮겨졌다. 광흥창은 지금 지하철 6호선 광흥창역 옆에 위치했다.

감사 조재호는 이 사건을 엄중하게 처리했다. 특히 개인의 욕심을 위해 노를 젓는 격군 한 명이 사망한 것까지 책임을 물려야 했다. 하지만 그가 처리할 수 있는 것은 거기까지였다. 이 사건의 본질적 문제까지 해결할 수는 없었다. 매번 세곡을 보낼 때마다 뱃사공들의 농간에 놀아나야 하는 상황 자체를 개선시킬 수는 없었던 것이다. 중앙 정부에서 체계적으로 세곡선을 관리하고 운영하지 않는 한 결코 해결할 수 없는 문제였다.

그런데 이 문제에 대한 해답은 간단하지 않았다. 중앙 정부가 세곡선을 관리하고 운영하는 것도 간단한 문제는 아니지만, 설사 그렇게 된다고 해도 그것이 문제의 최종 해답이 되기는 어려웠다. 중앙 정부가 이 정도 행정능력을 가지려면 훨씬 더 큰 규모의 인력과 예산을 운영해야 했다. 그리고 그렇게 하려면 결국 지방에서 더 많은 인력과 세금을 거두어야 했다. 현물경제에 기반하고 교통과 운송이 불편한 전근대사회에서 이는 자칫 다른 방식으로 지방에 부담을 줄 수 있었다. 말하자면 이 문제는 조선 왕조의 특성이라기보다는 전근대사회의 일반적 특성에서 비롯된 것이었다.

조선시대 내내 세곡선 난파사건이 많이 일어났다. 그런데 그 난파사건이 실제 사고인 경우도 있었지만 하개똥처럼 이윤을 위해 일부러 난파시키는 경우도 적지 않았다. 그리고 그런 경우는 대부분 세곡을 싣고 거기에 사적 이익을 위해 상인들을 비롯한 개인 물품을 더 싣는 과정에서 중량 초과로 난파된 것이었다. 특히 상인들이 물품을 옮겨야 하는 경우는 보리 수확기 직전에 이리저리 곡식이 필요한 시점인데, 이때에는 바람을 만날 가능성이 특히 많았다. 그야말로 목숨을 건 위험한 도박을 했던 것이다.

출전: 조재호, 《영영일기》

배보다 큰 배꼽,
구휼미를 보내면서 운송까지 책임지라니

1751년 음력 10월 28일 경상감사 조재호는 화가 많이 나 있었다. 안 그래도 지난 5월 현풍의 세곡을 싣고 출발했던 세곡선이 난파한 일로 뱃사공들에게 화가 나 있었다. 이 일에 대한 처결 역시 엄하게 하려는 생각을 갖고 있었다. 하지만 어쩌겠는가? 세곡 운반 책임이 지방에 맡겨 있는 한 근원적인 문제 해결은 불가능했다. 세금이야 그렇다 치더라도 운반의 문제는 시정이 필요해 보였다.

그런데 얼마 전 중앙 정부에서 함경도의 기근을 해결하기 위해 경상도 곡물을 함경도로 보내라는 명이 내려왔다. 이 해 유난히 심각한 기근으로 변경 지역인 함경도가 피해를 크게 입어서, 유민들이 발생하고 변경을 수비할 기본적인 병력조차 유지하기 힘든 상황이었다. 이렇게 되니 일단 하삼도下三道, 즉 경상도, 전라도, 충청도의 곡식을 함경도와 변경 지역으로 보내야 했다. 벌써 몇 번째 요청이 계속해서 내려오고 있었다.

이번에 또다시 2만 섬을 북쪽으로 운반하라는 명이 떨어졌다. 경상도 백성들 입장에서는 함경도를 구제하다가 자신들이 죽을 판이었다. 더 큰 문제는 구휼미 운반이었다. 세곡이야 지방관 책임이니 그렇다 치더라도, 함경도에 보낼 구휼미까지 경상도에서 모두 책임을 져야 하니 답답한 노릇이었다. 함경도까지 구휼미를 운반해야 한다면 본래의 조운 길보다 훨씬 더 먼 바닷길을 가야 했다. 한강 입구를 지나쳐 황해도 연백군 금곡포에 설치되었던 금곡포창까지 쌀을 실어 가야 했다. 그러지 않아도 경상도의 조운은 남해안을 돌아 서해를 거치는 긴 길이었다. 다른 도에 비해서도 가장 길었다. 더구나 중간에는 가기 어려워 '난행량難行梁'이라고까지 불리는 안흥량이 있었다. 워낙 조난사고가 잦아서 갖은 수를 다 써 보다가 결국 조선이 끝날 때까지도 해결책을 찾지 못했던 곳이다.

지난번 현풍현에서 생긴 문제도 문제이거니와, 경상감영에서 공적으로 운영할 수 있는 세곡선이라고 해 봐야 몇 척 되지 않았다. 경상도의 공선公船 가운데 곡식을 실을 수 있는 것은 포항의 배와 경상우도의 운송선밖에 없었다. 그나마도 올 봄에 난파된 것도 있고 심각하게 파손된 것도 있어서 아직 수리를 하지 못한 상태였다. 게다가 사용 연한이 다 되어 바다에 띄울 수 없는 것도 있어서 적재 가능한 배가 단 두 척에 불과했다. 더 큰 문제는 찬바람이 불기 시작하는 이 시점에 내년 세곡 운반을 위해서는 세곡선을 수리해야 한다는 점이었다. 만약 당장에 운행 가능한 세곡선을 징발해서 사용한다면 내년 세곡 운반을 기약할 수 없었다.

겨울바람이 또 어떨지 알 수 없었다. 세곡 운반 과정에서 혹여 난파되어 사람이라도 상하면, 그 책임 역시 고스란히 경상도에서 져야 했다. 봄에 비교적 바람을 잘 알고 있는 상황에서 운행을 해도 난파되고 사람이 죽을 수 있는 것이 바닷길인데, 겨울바람이 불기 시작하는 시점은 더더욱 배를 띄우기 힘들었다. 그렇다고 군사용 병선을 함부로 사용할 수도 없었다. 세곡 운반이 아무리 급해도, 변방을 방어하고 있는 병선을 빼서 보낼 수는 없기 때문이다.

한경도의 기근을 구휼해야 한다는 것에 대해서는 경상도 입장에서도 반대할 이유가 없었다. 입장을 바꿔서 경상도 역시 흉년으로 인해 구휼이 언제 필요할지 알 수 없는 일이기 때문이다.[*] 하지만 그렇다고 해서 구휼미를 운반하기 위해 내년 세곡 운반을 포기해야 하거나, 함경도의 기근으로 인해 경상도의 곡식이 고갈되는 것을 넘어 경상도 백성들의 목숨을 북풍이 부는 겨울 바다로 내몰 수도 없는 일이었다.

결국 경상감사 조재호는 답답한 마음을 담아 보고서를 쓰기 시작했다. 십수 년 이래 곡물을 북으로 운반하는 일을 거르는 해가 없어서 북으로 들어가는 곡물이 이미 수십 만 섬을 넘어서고 있었다. 게다가 이를 운반하는 과정에서 물에 빠져 죽은 사람이 셀 수 없을 정도이고 수장된 물자도 적지 않았다. 조재호는 북쪽 백성들이 연이은 흉년을 당한 사실에 대해서는 진실로 마음 아프지만, 그것을 구휼하기 위해 남쪽 백성들이 자신들이 먹을 것을 잃고 바다에 빠져 죽는 현실도 고려해 달라고 했다. 이제는 사공들에게 이러한 책임을 전가하니 연안의 백성들은 모두 놀라 도망가고 숨어 버리는데, 이를 형벌로만 협박

---

[*] 흥미롭게도 다음해 《승정원일기》 영조 28년 4월 14일 기사에서 영조가 똑같은 질문을 한다. "만약 영남에 기근이 들면 북방에서 곡물을 운송할 수 있는가?" 그러자 신하 중 한 사람이 "서로 구제하는 원칙이 있으니 어찌 구제하지 않겠습니까?"라고 답한다.

할 수도 없는 상황이었다.

　최종적으로 조재호는 설혹 곡식을 가져 가더라도 그 운반은 그 곡식을 받는 곳에서 맡아 달라고 했다. 2만 섬 곡식을 마련하는 일도 백성들 입장에서 참으로 힘든 일이지만, 곡식을 운반하는 일도 못지않게 힘든 일이었다.

출전: 조재호, 《영영일기》

3부

조선 사람들의
'개인'으로
살기

일기 속 조선 사람들이 그들 삶의 국면에서 만나는 일들을 살펴보면 지금의 우리와 별로 다르지 않다. 그들 역시 새해를 맞이하고 친구를 만나며, 벗을 떠나보내기도 한다. 환갑을 맞아 새롭게 인생의 의미를 간추려 보기도 하고, 이기지 못할 병과 죽음 앞에서 절망하기도 한다. 연도와 사람 이름만 바꾸면 우리가 살아가는 일상과 그리 다를 게 없다.

수학능력시험이 있는 날이 되면 온 나라는 수험생 걱정으로 가득 차 있다. 모든 언론은 그들이 칠 시험에 집중하고, 경쟁의 공정성과 수험생들의 힘든 현실을 가늠하기에 여념이 없다. 조선 사람들 역시 진정한 공부의 의미를 찾으려 하는 노력은 존재했다. 그러나 그들의 경쟁은 지금보다 더 치열했고, 좋은 가문을 만들고 더 좋은 기회를 잡기 위한 노력은 더 각별하기만 하다. 예나 지금이나 경쟁은 '승리'를 위한 것이 아니었던가?

일상을 만드는 또 하나의 요소는 '쉼'이다. 새해 달력을 보자마자 연휴를 세고 있는 우리의 모습을 조선시대 관료들이 봤다면, 후대도 참 우리와 차이가 없다는 말을 되뇌일 것이다. 노동과 휴식은 발달된 사회에서의 특권이 아니라, 언제 어디서나 있었고 있어야 하는 조건들이었다. 물이 있으면 뱃놀이를 즐기고, 높은 곳을 올라 삶을 풍성하게 하는 것이 어떻게 현대인들만의 특권이겠는가? 〈조선 사람들의 '개인'으로 살기〉가 현대와 무에 그리 다를 게 있을까?

사람살이는
예나 지금이나

친정에 대한 그리움을 달다, 근친과 반보기...종이학 내걸어 벗을 청하다...
백석정에서 떠난 벗을 그리워하다...여생 아닌 다시 시작하는 생의 출발점, 환갑...질침법, 거머리로 종기를 다스리다...
아들을 살리려 유학자가 푸닥거리까지 했건만...전쟁보다 무서운 돌림병, 효심으로도 못 막아

친정에 대한
그리움을 덜다, 근친과 반보기

1622년 음력 3월 9일, 예안에 사는 김령은 평소보다 조금 일찍 아침
상을 물렸다. 기다리고 있을 아내를 생각하면, 한술이라도 빨리 뜨고
집을 나서야 했다. 남편 밥 한술 뜨는 시간마저도 문틈으로 들여다보
면서 재촉하고 싶은 아내 마음을 모르지 않았기 때문이다. 처가인 천
성川城*이 그리 멀지는 않지만, 아내에게 이 길은 그 어떤 길보다 멀고
그래서 더욱 그리운 길이었다. 오늘은 아들 요형까지 대동하고 아내
와 함께 이 길을 갈 요량이었다.**

　예고 없는 지인들의 방문만 아니었다면 바로 출발할 수 있었으련만,
야속하게도 꾸역꾸역 사람들이 김령을 찾았다. 안채가 내려앉을 듯한

---

* 봉화의 옛 이름. 봉화읍 소재지가 내성천보다 낮아 하천 둑이 성곽 같다 하여 붙여진
　이름이다.
** 요형은 1604년에 태어났다. 이 해에 19세인 셈이다.

기다림의 한숨에 겨우 화답한 시간은 늦은 오후였다. 다행히 한창 봄이 무르익고 있던 터라, 날이 쉬 저물지는 않았다. 늦기는 했지만, 어둡기 전에 천성에 도착할 수 있었다. 아내의 환한 웃음은 오랜 기다림만큼이나 행복해 보였다. 참으로 오랜만에 오른 근친觀親 길이었다.

'근친'이란, 시집간 딸이 시부모에게 말미를 얻어 친정으로 돌아가 어버이를 뵙는 일이다. '기경歸覲'이라고도 불렀다. 근친은 시집간 딸의 입장에서는 참으로 어렵게 얻는 귀향길이었다. 특히 조선의 전통적 가족제도는 며느리의 시집살이를 당연하게 여기는 문화를 만들었고, 이는 며느리의 바깥출입을 막는 이유가 되었다.* 시집간 이후부터는 그 집안 귀신이 되라고 가르쳤던 조선시대 결혼 풍습은 시집간 딸이 친정으로 자주 오는 것을 좋지 않은 일로 여겼고, 시부모 입장에서는 집안에 적응하고 자녀를 생산하는 일정 등을 고려해야 했다. 이 때문에 근친은 대부분 특별한 날, 다시 말해 명절이나 부모의 생신 또는 집안의 제삿날 등을 택해서 이루어졌다. 물론 이러한 날이라고 해서 언제나 갈 수 있는 것이 아니라, 이러한 날들에만 사정을 감안해서 근친을 허락해 주었던 것이다. 간혹 시집에서 첫 농사를 지은 뒤에 근친이 허락되기도 했다. 이는 농사의 소출에 대한 일종의 감사 의례 성격을 띠었다.

근친이 시부모의 허락하에 이루어지는 일종의 의례 성격을 띠었기에, 그냥 몸만 보내지는 않았다. 사돈 간의 격식에 따른 선물을 가져

---

* '시집살이'가 본격화 되는 것은 가족제도가 크게 바뀐 17세기 후반 이후이다. 유교로 무장했던 양반들이 이러한 사회 변화를 이끌기는 했다. 그러나 17세기 초에는 사회 전체적으로 아직 이런 변화가 뚜렷하지는 않았다. 다만 일부 양반 가문의 경우에 그런 변화가 좀 더 일찍 나타나기도 했다.

가는데, 보통 햇곡식으로 떡을 만들고 술을 빚어서 보냈다. 딸과 함께 할 음식을 시댁에서 보탬으로써, 근친의 기쁨을 배로 만들기 위함이었다. 여기에 살림이 조금 넉넉하면, 버선이나 의복 등 선물을 마련해서 함께 보냈다. 딸을 낳아 시집보내 준 사돈댁에 대한 예의와 감사의 의미를 담았던 것이다. 이렇게 근친을 하게 되면, 보통 한 달 정도 시간을 주었다. 며느리 입장에서는 휴가였고, 친정부모 입장에서는 시집보낸 딸과 애틋한 시간을 보낼 수 있었다. 이렇게 한 달여의 근친이 끝나면, 친정에서도 다시 떡과 술을 답례품으로 만들어서 시댁으로 딸을 돌려보냈다. 경상도 일부 지역에서는 이 떡을 '차반'이라 불렀다. 단순한 답례품을 넘어 딸을 잘 부탁한다는 의미가 들어 있었다.

하지만 근친은 자주 이루어지지 않았다. 기간도 1개월이나 되는데다, 오가는 의례품과 답례품을 준비해야 했기 때문이다. 특히 문화적으로 '시댁 귀신'을 강조했던 정서가 잦은 근친을 막았다. 이외에도 여러 이유가 근친을 쉽게 이루어지지 못하게 했다. 실제 거리보다 마음의 거리가 더 멀어질 수밖에 없는 이유였다. 그러나 아무리 제도가 우선한다 해도 조선시대 역시 사람이 살던 시대인지라, 부모의 정을 무 자르듯 자를 수는 없었다.

이러저러한 이유로 근친이 힘들 때, 그나마 숨통을 틔워 주었던 것이 '반보기中路相逢'였다. 직역하면 '길 중간에서 서로 상봉하는 것'으로, 농사일을 마칠 즈음인 추석을 전후로 이루어졌다. 시댁과 처가 양쪽이 미리 날짜를 정하고, 어머니와 딸, 또는 안사돈들끼리 시가와 처가 중간쯤 되는 장소의 냇가나 고개의 적당한 곳을 골라 만났다. 이때도 각각 음식과 토산물 등을 마련해서 서로 얼굴을 보고 음식을 나누면서 하루를 보내다가 저녁에 각각 집으로 돌아갔다. 온전하게 친정을 다녀가는 길은 아니었지만, 그래도 길 중간에서 어머니 얼굴도 보고 서로 음식을 통해 정도 나눌 수 있었다. 이 때문에 근친보다는 차라리 반보기가 친정 식구를 만나는 방법으로 더 많이 활용되었다. '온보기'가 되면 좋기야 하겠지만, 이렇게 반이라도 볼 수 있는 게 사람 사는 맛이 아니었을까?

시대가 많이 변했다. 서울과 지방이 히룻길이고, 스마트폰으로 매일이라도 어머니의 모습을 보고 목소리를 들을 수도 있다. 그러기에 그 애틋한 정이 옛날 같지 않은 것도 사실이다. 어쩌면 이 당시 애틋한 정은 반보기만으로 그리움을 달래야 했기 때문에 더 크지 않았을까?

출전: 김령, 《계암일록》

종이학 내걸어
벗을 청하다

누가 서대에 학을 걸어 놓았는가? 한강 북쪽에서 죽은 이의 혼을 부르기 어렵네.

1589년 음력 5월 14일, 경상도 예천(현재 경상북도 예천군)에 살았던 권문해權文海(1534~1591)[1]는 김충金沖(1513~1572)[2]에 대한 그리움을 담아 이렇게 시를 썼다. 문득 문득 김충이 살았던 집 앞을 지날 때마다 높이 솟아 있는 서대西臺를 보며, 권문해는 김충이 거기에 걸어 놓았던 종이학을 생각했다. 그 눈길에는 빈 서대에 대한 안타까움과 김충에 대한 그리움이 가득 담겨 있었다.

김충은 문과에 장원으로 급제한 뛰어난 인물이었다. 그러나 일찍 벼슬을 버리고 예천에 내려와 살았다. 《몽계필담夢溪筆談》[3]에 기록된 임포林逋*의 고사에 따라 매화를 심고 학을 기르는 삶을 살아 볼 요량이었다. 임포가 항주에 있는 서호의 고산에 은거하면서 살았던 삶을 모방하기 위한 장소로 예천을 선택했던 것이다. 하지만 매화야 심을 수 있어도, 살아 있는 학을 기를 수는 없는 노릇이었다. 그래서 김충은 학을 기르는 마음으로 종이학을 접었다. 그리고 간혹 집 앞에 있는 장대에 그 종이학을 걸어 두곤 했다.

종이학을 걸어 둔 날에는 손수 술상을 준비하고, 선비들이 시를 지을 수 있도록 종이와 붓도 준비했다. 종이학이 걸렸다는 것은 '오늘 내가 집에 있으니 누구든지 들어와 술도 한잔하고 시도 읊자'는 의미로 이해되는 데에는 그리 오랜 시간이 걸리지 않았다. 서대에 걸린 종이학은 술과 함께 시와 마음을 나눌 수 있는 선비들을 초청하려는 김충의 초청장이었다.

김충의 집 서대에 종이학이 걸리면, 멀리 사는 친구들까지 한걸음에 달려왔다. 알고 지냈던 아름다운 사람들끼리 서로 연통을 넣어 김충의 집에 종이학이 걸렸다는 사실을 알리기도 했다. 아예 밤을 샐 요량으로 먼 길을 마다하지 않는 사람들도 적지 않았다. 이렇게 모여 술을 마시고 시를 읊으면서 밤을 지새웠다. 청담淸談으로 이루어진 선비들의 아름다운 교유였다. 《논어》 첫 구절의 가르침인 "(나를 알아 주는 진정한) 친구가 멀리서 나를 찾아 주니, 이 또한 기쁘지 아니한가"라는 말의 의미를 알고

---

* 중국 북송의 처사 임포(967~1024)는 평생 결혼하지 않았다. 항주 서호西湖의 고산孤山에서 말년을 보냈다. 아내와 자식이 없는 대신 머무는 곳에 수많은 매화나무를 심어 놓고 학을 기르며 살았다. 그래서 후세 사람들은 그를 매처학자梅妻鶴子라 불렀다. 매화 아내에 학 아들을 가졌다는 뜻이다. 이로부터 매처학자는 풍류생활을 비유하게 되었다. 사후에 화정和靖이라는 시호가 내려져, 임포보다 임화정으로 더 잘 알려졌다. 그의 고사는 《몽계필담》〈인사人事〉 항목에 나온다.

행하며, 즐겼던 것이다. 진정한 벗과 날이 새도록 맑고 고운 이야기를 주고받으면서 학처럼 하루를 즐겼다. 김충은 무리지어 하늘을 나는 학처럼 주위의 벗들로 하여금 서로에게 기대어 날 수 있게 했다. 여러 해 이들은 서로가 서로에게 고아한 학이 되어 함께 세상과 삶을 나누었다.

김충이 예천 생활을 접고 한양으로 갔다는 소식은 서대에 종이학이 오랫동안 걸리지 않으면서 자연스럽게 알게 되었다. 어지러운 세상이 끝나고 이제 한양도 새로운 세상이 만들어지고 있었을 즈음이었다.[4] 그러나 이후 그가 한양에서 쓸쓸히 생을 마감했다는 안타까운 소식이 다시 들려왔다. 이제 김충의 집에는 다시 종이학이 걸릴 수 없게 된 것이다. 사람들 마음에 아름다운 날들에 대한 그리움만 남기고, 김충은 홀로 학이 되어 하늘로 날아갔다. 권문해의 시는 하늘에서도 여전히 학처럼 살아갈 김충을 그리워하면서 하늘을 향해 읊은 것이었다.

사람과 사람의 만남이 아름다운 경우는 그렇게 많지 않다. 만나고 싶지 않지만 억지로 만나야 하는 만남도 있고, 만나거나 그렇지 않거나 그저 그런 만남도 많다. 혼자 있고 싶은 현대인의 병은 아름답지 않은 만남이 만들어 낸 또 하나의 질병이기도 하다. 아름다운 만남이 되기 위해서는 만남을 청하는 사람이 아름다워야 하고, 청함을 받는 사람 역시 아름다워야 한다. 아름다운 사람들이 만나 아름다운 삶을 공유하고, 술잔을 통해 서로의 아름다움을 나누는 것, 이것이 바로 아름다운 만남이다. 여기에서 만들어지는 노래와 시, 그림은 만남을 위한 도구일 뿐, 그 끝에는 늘 '아름다운 사람'이 있었다. 종이학이 걸리면 오는 사람도 달라지고 그날의 시제詩題도 달라졌겠지만, 소중한 사람들의 만남은 늘 같은 모양이었을 것이다.

사람이 좋아 시를 읊고 술잔을 나누다 보면, 자연 그 속에서 아름다운 만남이 숨 쉴 수 있게 된다. 이처럼 김충은 종이학을 접듯 자기 자신을 멋스럽게 만들고, 멋스러운 이를 그리는 마음을 담아 종이학을 내걸었다. 그렇게 만나 밤새 시를 읊고 술을 나누면서 서로의 아름다움과 멋스러움에 취해 가는 것, 예나 지금이나 모두가 그리는 만남이 아닐까 싶다. 비록 살아 있는 학은 아니었지만, 종이학은 모두들 멋스러운 학이 되어 서로를 함께 날게 했던 것이다.

출전: 권문해, 《초간일기》

백석정에서 떠난 벗을
그리워하다

우리의 정은 형제와 같고, 의리는 아교나 옻처럼 끈끈하였네. 처음 그대의 부고를 듣고 미처 가서 이별하지 못하였으니, 유명을 달리한 지금 엎드려 우는 것마저도 도리어 부끄럽기만 하네.

이 글은 1582년 5월 13일 권문해가 문경(현 경상북도 문경시)의 백석 정白石亭[5]에서 지은 만시輓詩의 일부이다. 만시는 죽은 사람을 애도하여 쓰는 시다. 권문해는 이 시를 통해 평생 백석정을 사랑하면서 이곳에서 스스로를 닦았던 친구 강제姜霽(1526~1582)[6]의 죽음을 애도했다.

권문해가 친구 강제의 죽음 소식을 들은 것은 음력 4월 5일이었다. 권문해는 즉시 모든 일을 접고 친구의 집이 있는 문경으로 발걸음을 서둘렀다. 불과 한 달 전 강제의 형 강림姜霖의 부고도 들었던지라, 안타까움이 더욱 컸다. 권문해는 한 달 전 강림의 부고가 왔을 때 열 일 제쳐 놓고 조문을 했어야 했다는 생각이 머리를 떠나지 않았다. 그때라도 왔으면, 친구의 마지막 모습은 한 달 전으로 기억할 수 있었을 터였다. 권문해의 기억에 남은 강제의 마지막 모습은 1년 전이 전부였다.

황망한 걸음으로 문경에 도착했지만, 권문해는 빈소가 차려진 강제의 집으로 걸음을 하지 않았다. 권문해가 먼저 찾은 곳은 집 가까운 곳에 있는 강제가 지은 정자 백석정(강제는 이 정자의 이름을 호로 삼아 '백석'이라고도 불렀다)이었다. 권문해는 백석정에 올라 친구가 강물을 내려다보던 자리에 서 보기도 하고, 강제가 불과 한 달 전까지만 해도 여닫았을 법한 문고리도 어루만져 보았다. 결국 권문해는 터져나오는 울음을 참지 못하고 백석정 중간에 앉아 목 놓아 슬픔을 토해 냈다. 친구에 대한 그리움과 일찍 찾아 생전에 한 번 더 얼굴을 보지 못했던 안타까움이 더해져 통곡 소리는 더욱 커져만 갔다. 빈소에서는 차마 내지 못할 눈물의 통곡을 백석정 주위로 흐르는 낙동강물이 감싸 안았다. 자연으로 걸어간 강제 역시 백석정을 감싼 물소리를 통해 자신의 울음을 토해 내면서 권문해와의 이별을 슬퍼하는 듯했다.

권문해가 빈소보다 백석정을 먼저 찾은 이유는 바로 그곳에 친구 강제가 있었기 때문이다. 백석정은 벗이 사랑하여 가장 많은 시간을 보낸 곳이었다. 권문해와의 추억이 가득한 곳이기도 했다. 문장으로 전국에 이름을 날렸던 강제는 관직을 버리고 내려와서 문경을 중심으로 금천과 내성천, 그리고 낙동강이 만나 하나의 물줄기를 이루는 곳을 찾아 백석정을 짓고 자연을 벗하면서 살아가기를 자처했다. 관직보다 효행과 청렴을 강조했던 가풍의 영향도 있었겠지만, 무엇보다 자연을 향한 그의 마음이 이곳에 백석정을 짓게 했다. 사람과 자연의 경계에 정자를 짓고 자연을 향해 그의 시선을 열어 두고자 했던 것이다.

이곳에서 강제는 한껏 자연을 끌어들여 자연과 함께 노닐었고, 자연을 닮은 사람들을 모아 자연과 벗하게 했다. 금천과 내성천, 낙동강 물이 하나 되듯, 여러 선비들을 만나 소통하면서 마음을 나누었다. 자연이 담뿍 내려앉은 공간에서 자연을 벗 삼아 한잔 술로 마음을 나누고, 시로 인생을 노래했다. 사람이 없을 때에는 자연을 벗했고, 친우가 찾아오면 자신이 벗하는 자연을 함께 노래했다. 강제는 이러한 공간인 백석정을 사랑했고, 권문해는 이 같은 강제의 백석정 사랑을 누구보다 잘 알았다. 권문해가 백석정에서 표표히 떠난 친구를 자연과 함께 그리워했던 이유였다.

조선 선비들에게 정자는 쉼의 공간이자, 공부 공간이었다. 정자는 사람과 자연의 경계 지점에 서서, 때론 사람을 향해, 때론 자연을 향해 열려 있었다. 사람과 사람을 잇고, 사람과 자연을 이었다. 이곳에서 사람들은 자연의 이치에 따라 사는 삶을 배우고, 자연의 이치에 따라 사는 사람들을 벗했다. 정자가 단순하게 경치 좋은 곳에 존재하는 호화로운 양반들의 놀이 공간으로만 볼 수 없는 이유이다. 자연을 닮은 시와 음악이 느릿느릿 자연처럼 만들어지고, 자연을 닮은 친구와 이별하며, 자신도 자연을 닮아 갔다. 조선의 정자는 사람과 사람, 사람과 자연의 '멋스러운 만남'이 이뤄지는 공간이었다.

출전: 권문해, 《초간일기》

여생 아닌 다시 시작하는
생의 출발점, 환갑

안동에 사는 장흥효張興孝(1564~1633)[7]는 1624년 음력 12월 4일이 매우 의미 있는 날이었다. 이날은 그의 60세 생일이었다. 1564년 갑자년 생이었던 장흥효가 60년이 지난 1624년 갑자년 생일을 맞은 것이다. 장흥효는 이날 자신의 일기에 "갑자년에 태어나 다시 갑자년을 맞고, 12월 4일에 태어나 다시 12월 4일을 맞았다"라고 쓰면서, 60번째 생일을 스스로도 신기해했다. 환갑을 맞은 것이다. 이날 그는 많은 손님들로부터 축하를 받았다.

　요즘은 대부분 환갑잔치를 하지 않는다. 60세를 특별히 축하받을 정도의 장수로 여기지 않는 사회적 분위기 때문이다. 칠순도 잘 하지 않는 분위기를 감안하면, 환갑이 특별하게 기념될 날은 아니다. 현대인들은 환갑이 가진 또 다른 의미를 모른 채, 평균 수명이 짧았던 시기 '장수'를 의미하는 개념으로만 '환갑'을 이해했던 것이다. 그런데 장흥효는 여기에 덧붙여 자신의 환갑에 대해 '갑자년에 태어나 다시 갑자년을 맞았다'면서 그 의미를 새롭게 새기고 있다.

환갑이라는 말은 말 그대로 '갑甲이 되돌아왔다'라는 뜻이다. 갑은 십간十干 가운데 첫 번째 글자로, '자기 본래의 갑이 돌아왔음'을 의미한다. 이것은 동양문화를 기반으로 하는 조선시대 시간 개념과 관계되어 있다. 오늘날 한국은 해를 세는 일반 기준으로 서기西紀를 사용한다. 간혹 단기나 불기를 사용하기도 하지만, 흔치는 않다. 서기는 예수 탄생 시점을 원년으로 한다. 그러나 동양에서 해를 세는 공인된 방식은 연호였다. 특히 조선시대에는 중국을 천자국으로 인정했기에 중국 황제의 연호를 사용했다. 예컨대 가정嘉靖 3년이라고 하면, 명나라 가정제(세종)의 재위 3년임을 의미한다. 중국 황제 재위 연도가 해를 세는 기준이 되었던 것이다. 하늘의 아들인 천자를 중심으로 시간이 형성된다는 이념에 따른 것이다.

그러나 해를 세기 위해서는 연호만으로 부족한 측면이 있다. 일정 정도 기준을 가지고 시간의 흐름을 규정할 수 있어야 더 많은 시간을 누적해서 이해할 수 있기 때문이다. 이를 위해 동양에서 일반적으로 사용했던 것이 바로 천간天干과 지지地支를 조합해서 세는 방법이다. 천간은 십간十干이라고도 불렀는데, 하늘을 상징하는 10개의 간干을 의미한다. 그리고 지지는 십이지十二支라고도 불렀는데, 땅을 상징하는 12개의 지支를 의미했다. 십간은 갑甲, 을乙, 병丙, 정丁, 무戊, 기己, 경庚, 신辛, 임壬, 계癸이며, 십이지는 자子, 축丑, 인寅, 묘卯, 진辰, 사巳, 오午, 미未, 신申, 유酉, 술戌, 해亥이다. 10간은 하늘을 상징하는 완전수를 의미했고, 12지는 땅에 사는 대표적인 동물들을 상징하였다. 예컨대 십이지의 첫 번째인 '자'는 '쥐'를, 두 번째인 '축'은 '소'를 상징한다. 그래서 흔히 동양에서 말하는 '띠'는 십이지에 따라 결정된다. 예컨대 장흥효는 '갑자년' 생이므로, 자子가 상징하는 쥐띠였다.

동양은 이러한 십간과 십이지를 조합해서 햇수를 헤아린다. 예컨대 십간의 처음인 '갑'과 십이지의 처음인 '자'를 합쳐 '갑자년', 그다음 해는 '을축년', 그다음 해는 '병인년'으로 세는 방식이다. 그런데 십간은 10개이고, 십이지는 12개이다 보니, 십간이 돌아 '갑'이 되어도 십이지는 11번째인 '술'과 만나게 된다. 그래서 갑술년, 그다음 해는 을해년으로 이어진다. 이렇게 10개의 십간과 12개의 십이지를 조합하다 보면 전체 해는 총 60개가 만들어지게 된다. 다시 말해 갑자년에서 다시 갑자년이 돌아오려면 총 60년이 걸리는 것이다. 그래서 갑자년 생이 진정한 자기 생일인 갑자년을 맞는 것은 60세 되는 해 생일밖에 없다. 십간과 십이지가 태어난 해와 동일한 해를 '환갑'이라고 불렀으며, 이를 장수의 상징으로 생각했다.

십간과 십이지는 동양이 가진 독특한 우주관이 반영되어 있다. 예컨대 십이지는 방위를 상징하기도 하고, 시간대를 상징하기도 했다. 특정 방위와 특정 시간대를 십이지에 따라 나누고, 그것으로 상징되는 동물을 통해 의미를 만들어 내기도 했다. 이를 기반으로 우주와 세계, 그리고 시간을 이해했다. 시간과 공간으로 이루어진 우리의 세계를 모두 담았던 것이다. 이 때문에 환갑이 다시 돌아온다는 것은 단순히 '장수'했다는 의미를 넘어, 60해를 모두 살았다는 철학적 의미를 담게 된다. 따라서 옛사람들에게 환갑은 새로운 60년의 출발선상에 있음을 뜻했다. 새로운 삶을 시작한다는 의미였다.

한 세대 전만 하더라도 환갑 이후 삶을 '여생餘生'이라 말했다. 삶에서 중심을 이루는 시간대를 모두 다 살았고, 그 이후부터는 자투리라고 생각했던 것이다. 그런데 오늘날 이 여생이 생각보다 너무 길어져 버렸다. 심지어 한 세대에 해당하는 30년을 여생으로 사는 사람도 적지 않다. 이러한 삶의 양상은 앞으로 더더욱 일반적이 될 것으로 예상된다. 이것은 전통적인 삶의 패턴과 양상이 크게 달라졌음을 의미한다. 어떻게 해야 할까? 인생의 마지막 단계까지 성장하고 인간적 품위를 지키며 살기 위해서 우리의 삶을 전면적으로 되돌아보아야 할 시점, 이제 그것을 60으로 잡아 보는 것은 어떨까?

출전: 장흥효, 《경당일기》

질침법,
거머리로 종기를 다스리다

경상남도와 경상북도를 합해서 경상도였던 조선시대, 경상도를 책임
졌던 경상감사의 통치 범위는 결코 작지 않았다. 순력巡歷*을 떠난 경
상감사 일행은 1519년 9월 15일 철성(현 경상남도 곤양군)에 머물렀다.
당시 경상감영이 상주(현 경상북도 상주시)에 있었으니, 철성까지는 결
코 짧지 않은 거리였다. 철성에서 일을 보고 이웃에 있는 사천군(현 경
상남도 사천군)으로 가려 했지만, 오랜 순력으로 경상감사뿐만 아니라
도사 황사우(1486~1536)[8] 역시 몸이 피곤하고 기운이 가라앉아 출발
이 힘들었다.

황사우는 자금단紫金丹[9]으로 지친 몸을 추스를 수 있었지만, 문제는
감사였다. 감사의 등에 종기가 나서, 도저히 움직일 수가 없었다. 계
속되는 순력으로 인해 음식을 때맞추어 먹지도 못한 데다 과로까지

* 감사監司가 도내의 각 고을을 순회하던 것을 말한다.

겹친 게 원인이었다. 지금이야 종기로 목숨을 잃는 경우는 거의 없지만, 당시에는 이로 인해 종종 목숨을 잃기도 했다.

경상감사는 철성에 머물면서 종기를 치료하기로 했다. 확실하고도 부작용이 적은 치료법인 거머리 침을 선택했다. 현대인들, 특히 도시에서 태어난 대부분의 사람들을 거머리를 책으로만 보고 실물은 거의 보지 못했겠지만, 1970~80년대 시골에서 손으로 모를 심어 봤던 사람들에게 거머리는 강렬한 기억으로 남아 있을 것이다. 거머리는 길이 3~10센티미터 정도의 환형동물로, 주로 사람이나 다른 동물의 피를 빨아먹고 산다. 모를 심다 보면 발 뒤꿈치 주위에 까만 거머리가 붙어 꿈틀거리며 피를 빨았다.

거머리 침은 이러한 거머리의 흡혈 습성을 이용한 것이다. 종기란 게 나쁜 피가 고여 썩어 가는 것이니 그 피를 거머리로 하여금 빨아먹도록 함으로써 종기를 치료했던 것이다. 당시 거머리 침은 종기 치료에 매우 일반적인 방법으로 활용되었는데, 이 치료법을 질침법蛭鍼法이라고도 불렀다. 질蛭은 거머리를 뜻하는 말이다. 황사우는 거머리 침 시술법을 자세하게 기록하고 있는데, 그 내용이 자못 흥미롭다.

거머리 침을 시술하기 위해서는 짧고 둘레가 큰 대나무통을 활용했다. 대나무 마디 부분을 활용하는데, 한 쪽은 뚫려 있도록 자르고 또 다른 한쪽은 마디의 막혀 있는 부분을 살려서 잘랐다. 즉, 대나무 한쪽은 막혀 있고 또 다른 한쪽은 열려 있는 도구를 만들었던 것이다. 이 대나무에 물거머리를 많이 구해 담고, 거기에 물을 채웠다. 그리고 막히지 않은 쪽을 종기 부위에 맞추어 대면 거머리들이 알아서 종기의 나쁜 피를 빨아먹었다. 여기에서 꼭 필요한 것은 물을 채우는 것이었다. 종기 주위는 열이 많아 거머리가 종기에 잘 달라붙지 않기 때문에 물을 채워 종기 주위의 열을 내려야 했다. 물이 어느 정도 종기 주위의 열을 내려 주면 그다음부터 거머리가 한 마리 한 마리 종기에 붙어 나쁜 피를 빠는데, 배불리 먹은 거머리가 먼저 떨어지면 그다음 거머리가 달라붙기 때문에 가능한 한 많은 거머리를 넣어서 시술했다.

그런데 현대의 관점에서 보면 이 방법은 단순한 민간요법이 아니고, 매우 과학적인 시술 방법이다. 나쁜 피와 그렇지 않은 피를 구분하지 않는 거머리에게 나쁜 피의 처리를 맡기는 것이기 때문이다. 지금도 종기 치료는 피가 썩은 부위를 도려내어 피를 완전히 배출시키는 방법을 사용한다. 그런데 당시 수술요법이 발달되지 않은 상황에서 썩은 피를 뽑아내는 가장 유용한 방법 가운데 하나가 바로 거머리였다. 이 때문에 허준이 쓴 《동의보감》에도 이 거머리 침법이 기록되어 있으며, 이집트에서도 종기에 거머리를 활용한 치료를 했다는 기록이 남아 있다.

이러한 거머리의 효능은 현대에도 입증되고 있다. 거머리 침은 궤양 부위의 죽은 피만 빨아들이는 용도에서 그치는 것이 아니라, 그 침샘에서는 다양한 물질들이 배출되는데 이게 치료 효과가 매우 높은 것으로 알려져 있다. 피가 굳는 것을 방지하는 헤파린을 분비하여 피가 응고되지 않도록 하는데, 이 물질은 지금도 피가 엉기는 것을 막는 의약품으로 활용된다. 더불어 하루딘이라는 특별한 물질도 배출되는데, 이 물질은 혈액순환 촉진과 염증 치료, 미세혈관 및 조직을 재생하는 역할을 한다. 거머리 침은 썩은 피를 빨아내고 치료제를 발라 주는 역할을 동시에 했던 것이다. 이러한 이유로 미국과 유럽연합은 2004년 거머리 요법을 공식 인정하기도 했다.

경상감사는 9월 15일부터 며칠간 거머리 침을 맞았다. 감사는 순력을 계속할 수가 없어서 경상도 도사 황사우 혼자 영창역永昌驛[10]에 도착한 9월 18일까지 그대로 철성에 머물면서 거머리 침을 맞았던 것이다. 그리고 이후 23일에서 28일까지 종기 병증으로 인해 진주에 머물렀는데, 거기에서도 계속 치료를 받았던 것으로 보인다. 9월 29일 경상감사는 드디어 치료를 마치고 진주를 출발해서 삼포로 향하는데, 이때가 되면 종기는 거의 치료가 되었던 것으로 보인다.

의료기술과 의약품이 발달한 지금이야 종기 치료에 굳이 살아 있는 거머리를 사용할 일은 없다. 많은 농약으로 인해 논에서 거머리를 찾아보기도 힘들어졌다. 언제 보아도 정이 가는 생물체는 아니기 때문에 실제로 거머리를 보았던 사람에게는 좋지 않은 기억이 대부분을 차지하고 있는 것도 사실이다. 그러나 이 역시 사람이 살아가는 데 도움이 되는 중요한 생명체였다. 거머리에 대한 역사의 변호이다.

출전: 황사우, 《재영남일기》

아들을 살리려
유학자가 푸닥거리까지 했건만

예안(현 경상북도 안동시 예안면)에 사는 선비 김택룡金澤龍(1547~1627)
은 답답한 마음을 가눌 길이 없었다. 평생을 유학자로서, 퇴계 이황의
정통을 잇고 있다는 자부심을 가지고, 스스로를 수양하는 삶을 살아
왔지만, 둘째 아들 김적金玓의 병은 어찌할 수 없었기 때문이다. 새해
들어 천식처럼 시작된 아들의 병이 쉬 낫지 않은 채 점점 심해지고 있
었다. 젊은 나이에 잘 걸리지 않는 천식이라 이상하기는 했지만, 그래
도 중한 병이라고는 생각지 않았다. 1616년 초 김택룡은 아들을 위해
천식에 좋다는 온갖 약을 구해 보지 않은 게 없었다. 4월 6일 집으로
찾아온 정임수에게서 천식 약인 담박호痰剝蒿를 구해서 복용시켰고,
음력 5월에는 춘궁기인지라 혹 아들에게 곡식이 모자랄까 싶어 집안
에 있는 곡식을 나누어 주기도 했다.

　8월 8일 아침에는 박선윤이라는 사람이 김택룡을 찾았다. 그가 안
동부사를 만나러 간다고 하자 그는 아들의 병을 치료하기 위한 곤담

환[11]을 만들 약재를 부탁했다. 곤담환을 만들려면 귀한 청몽석과 침향과 같은 약재가 필요했다. 특히 청몽석은 매우 비싼 수입 약재여서 구하기가 만만치 않았다. 행여 안동부사는 구할 수 있을까 싶어 부탁했지만, 그도 구할 수 없다는 답이 돌아왔다. 김택룡은 크게 낙심했다.

8월 18일 아들 김적이 노비 금복을 통해 보내온 편지에는 병에 차도가 없고 음식조차 제대로 먹을 수 없다는 내용이 있었다. 9월에는 약간 차도가 있는 것 같기는 했지만, 등이 시린 것과 허리 통증이 번갈아 발작하여 아무것도 할 수 없는 상황이라고 했다. 10월이 되어 김택룡은 누워서 거동도 못하는 아들을 위해 창고 관리까지 대신하면서, 병세를 물었다. 당시 김적은 배꼽에 뜸을 놓는 시술을 하고 있었지만, 병세는 더욱 심해져서 음식도 먹지 못하고 문밖 출입도 전혀 못하고 있었다. 마음이 타다 못해 재도 남지 않을 지경이었다.

10월 16일, 김택룡은 종 운심을 불렀다. 영천군(현 경상북도 영주군) 내 용한 무당을 찾아보게 했다. 이제는 정말 지푸라기라도 잡아야 할 판이었다. 아들 병만 낫는다면 무엇인들 못할까 싶었다. 그리고 종 복이를 아들 김적이 있는 산양(현 경북 예천군 용궁면 부근)으로 보내 아들의 병이 어떤지 보고 오게 했다. 그리고 가는 편에 이틀 뒤인 18일 푸닥거리를 할 예정이라고 알렸다.

다음 날 군에 갔던 종 운심이 돌아왔다. 그는 원래 순좌舜佐의 처를 부르려고 했지만, 그녀는 사정이 있다는 핑계를 대면서 오지 않으려 한다고 했다. 김택룡도 순좌의 처를 알고 있는 터라, 그 사람이면 좋겠다는 생각을 했지만 오지 않는다 하니 어찌할 도리가 없었다. 기록에는 없지만, 이미 날짜는 통보한 터라 아마 다른 무당을 부른 듯하다. 이틀 뒤에 영주에 있는 산장山庄*에서 아들의 병이 낫기를 비는 푸닥거리가 진행되었다.

이날 저녁 김택룡은 밤이 깊도록 자신을 찾아온 손님과 술을 나누었다. 어느 정도 취기가 오르자 그는 계곡 가에 있는 임정林亭을 찾았다. 밤이 늦었지만, 보름이 지난 지 3일 정도인지라 달은 대낮처럼 밝았다. 달을 보면서 치오른 술기운을 누르고 오랜 시간 이리저리 정자 주위를 맴돌았다. 어떻게 해서든 아들의 병을 고쳐야 한다는 생각만큼이나 점점 그게 힘들 것 같다는 낙심으로 인해 쉬 발걸음을 돌리지 못했다. 드러내지 않았지만, 그의 생각은 오직 아들의 병세에 가 있었다. 어쩔 수 없어 무당까지 불렀지만, 아들의 병이 나을지는 알 수 없었다.

김택룡은 전형적인 유학자였다. 불교를 이단으로, 무당을 음사淫祀, 즉 사악한 귀신을 섬기는 존재라고 생각했다. 실제 그는 최고 수준의 실천 유학을 주창했던 이황의 재전제자**로, 특히 이황의 제자 가운데 실천과 수양을 가장 강조했던 조목趙穆(1524~1606)[12]의 학문을 정통으로 잇고 있었다. 강한 도덕적 실천과 원리 중심의 유학을 강조했던 인물이었지만, 일상적 삶의 영역에서는 사회적 관행과 풍속을 택할 수밖에 없었다. 특히 아들의 병과 같이 어떻게 할 수 없는 상황에서 마지막으로 기댈 수 있는 것이 있다면, 그것이 무엇이든 선택해야 했다.

---

* 산장이란 본가 이외에 다른 지역에 있는 집을 말한다. 현 위치로 영주시 순흥면에 두 군데 집이 있었던 것으로 보인다. 윤성훈 《조성당일기操省堂日記》를 통해 본 17세기 초 영남 사족의 일상 속의 문화생활》, 《漢文學論集》 35, 2012.
** 1대 제자들에 해당하는 직전제자들로부터 가르침을 받은 제자들을 재전제자라고 한다. 여기에서는 이황의 직전제자인 조목으로부터 사사를 받았기 때문에 김택룡은 재전제자가 된다. 참고로 재전제자들을 스승으로 둔 제자들은 삼전제자라고 부른다.

물론, 이러한 모습은 김택룡 개인에게서만 보이는 현상이 아니다. 과학이 발달한 지금도 최악의 경우 무속에 기대는 경우가 있다는 사실을 감안하면, 이 당시 이러한 모습은 일상성의 반영이라고 해도 크게 틀리지 않다. 실제 유학이라는 이념을 가지고 국가를 운영했던 조선 왕조 역시 비가 오지 않거나 과학적으로 설명되지 않는 자연현상들이 발생하면 승려들과 무당들을 모아 기우제를 지냈고, 해괴제解怪祭*를 통해 문제를 해결하려 했다. 이 때문에 비록 승려와 무당은 천대받았지만, 일상에서 여전히 종교적인 역할을 담당하고 있었다.

이 일 외에도 김택룡은 일상에서 급한 일이 있으면 자주 무당을 찾았다. 이 해(1616) 7월 7석 날 모임에 참가했다가 돌아온 김택룡은 그날 저녁 말을 도둑맞았다.[13] 도둑은 마구간 문짝을 통째로 떼어 내고 말을 훔쳐 갔다. 아침 일찍 아들과 노비들로 구성된 추격대를 출발시키고는 바로 소경 점쟁이를 불러 말을 찾을 수 있을지 점을 치게 했다. 소경 점쟁이가 점괘가 길하므로 찾을 수 있을 거라고 예언하자, 김택룡은 기대하는 마음을 가졌다. 점괘 덕분인지, 실제로 얼마 뒤 말도둑을 잡았다.

그러나 아들을 위한 푸닥거리는 슬픈 결말로 이어졌다. 신적인 것이 인간의 구체적 현실을 해결할 수 없다는 사실은 이 당시에도 크게 틀리지 않았다. 김택룡이 그렇게 노심초사하면서 회복하기를 바랐던 아들 김적은 그 이듬해 1617년 1월 24일 결국 아버지보다 먼저 세상을 떠났다. 젊은 아들의 죽음으로 인해 김택룡은 지관들을 동원해 아

---

* '괴이한 일을 푸는 제사'라는 의미로 지진이나 천둥, 번개 등으로 인해 사람이 사망하거나 심각한 피해가 있을 경우 국가적 차원에서 해괴제를 지냈다.

들의 음택陰宅(묘 자리)을 고르고, 먼저 간 아들을 장사지내야 했다. 기막힌 일이었다. 그나마 할 수 있는 모든 일을 한 터인지라 이제는 하늘의 운명이려니 생각하면서 스스로를 다독였지만, 그래도 아들을 먼저 보낸 아버지의 심정은 이루 다 말로 할 수 없었다.

출전: 김택룡, 《조성당일기》

전쟁보다 무서운 돌림병,
효심으로도 못 막아

한여름의 긴 해 탓에 아직 저물지도 않은 1616년 7월 17일 저녁, 예안에 사는 김택룡은 지역에서 발생한 돌림병으로 근심에 빠져 있었다. 예안 고을 곳곳에서 돌림병이 퍼지고 있는데, 상황이 예사롭지 않았다. 그럼에도 김택룡은 아직은 다른 사람의 일이려니 하고 있었는데, 갑자기 먼 친척뻘인 같은 고을 사람 정희생이 김택룡의 집에 뛰어들어 그를 막아서는 노비를 제치면서 김택룡을 불러대기 시작했다.

정희생은 전염병을 치료할 수 있는 약을 구해 달라고 소리를 지르다가, 마당에 주저앉아 펑펑 울면서 자신의 이야기를 들어 달라고도 했다. 제정신이 아니었다. 난동을 겨우 뜯어말려 자초지종을 들어 보니 이만저만 참담한 일이 아니었다. 정희생의 집에도 돌림병이 닥쳐, 그의 어머니가 현재 위급한 처지였다. 더 큰 문제는 돌림병이 돌자 모두가 정희생을 외면했고, 결국 어디 가서 약 한 첩 제대로 구할 수 없었던 것이다. 그렇다고 그냥 죽음을 기다리자니 공포와 두려움이 해

일처럼 밀려왔다. 마을의 최고 어른 중 한 분이면서 그나마 먼 친척뻘이 되는 김택룡이 무슨 대책을 세워 주지 않을까 싶어서 이렇게 다짜고짜 뛰어든 것이다. 이해 못할 바는 아니었다. 방법을 마련해 보자는 말로 위로하고 겨우 돌려보낸 김택룡은 상황을 이리 방치할 수 없다는 생각이 들었다.

하지만 대책을 채 세우기도 전에 참담한 소식이 전해졌다. 정희생이 다녀간 다음 날 그의 어머니가 밤나무에 목을 매어 자살했다. 전염병에 대한 두려움에 아들에게 피해를 주고 싶지 않은 모성애가 더해져 극단적인 선택을 했던 것이다. 이렇게 되니 정희생은 아예 제정신이 아니라고 했다. 유난히 효성이 지극했던 정희생에게 어머니의 자살은 받아들일 수 없는 일이었다. 김택룡 역시 걱정스럽고 안타까운 마음이었지만, 더 큰 문제는 어제 그 난동을 부린 정희생과 함께 장례 문제를 비롯한 여러 문제들을 수습하는 일이었다. 당연히 화장을 해야 했다. 정희생의 광란은 불을 보듯 뻔한 일이었지만, 돌림병으로 죽은 시신을 저리 둘 수도 없는 노릇이었다.

김택룡은 우선 마을 사람들을 불러모았다. 자신의 친척 문제이기도 하지만, 동시에 마을의 문제이기도 했다. 마을 사람들과 논의 후 우선 정희생을 묶어 꼼짝하지 못하게 한 후 염을 하고 입관하는 절차를 밟기로 했다. 돌림병으로 죽은 시신이기에 불에 태워야 했지만, 고맙게도 마을 사람들은 정상적인 장례 절차에 찬성해 주었다. 돌림병의 위험성을 알면서도 정희생의 효심을 생각해 차마 시신을 불태우자는 말을 꺼내지 못했던 것이다. 그런 탓인지 정희생도 큰 광란 없이 순조롭게 장례 절차를 진행할 수 있었다.

조선시대를 포함해서 대개의 전근대 사람들에게 돌림병은 전쟁보다 더 무서웠다. 농경에 기반한 정착생활을 하는 곳에서는 예외가 없었다. 의학이 발달되지 않은 상태에서 돌림병은 전쟁보다 더 강한 살상력을 가졌기 때문이다.* 특히 자신도 돌림병에 감염될 수 있다는 공포는 전쟁에 나가는 병사의 공포보다 더 컸을 것이다. 이와 같은 공포와 두려움이 극에 달하면 인정이나 동정심도 사라질 수밖에 없다. 죽음의 공포로부터 도망치거나 병이 옮지 않도록 스스로를 단속하는 것이 가장 중요한 일이었다. 김택룡이 정희생의 먼 친척이었음에도 불구하고 제대로 된 도움을 주지 못했던 이유이다. 실제 돌림병이 조금만 더 퍼지면 전쟁을 맞아 떠나는 피란처럼 다른 지역으로 피접을 가는 것이 일반적인 대처법이었다.

399년이 지난 2015년 6월, 대한민국은 신종 돌림병인 중동호흡기증후군 공포에 휩싸였다. 많은 사람들이 감염되었고, 그중 38명이 사망했다. 특히 이 병은 주로 병을 치료해 주던 병원에서 걸렸고, 이로 인해 많은 사람들은 아파도 병원을 찾지 않았다. 심지어 가까운 사람의 장례에도 참여하지 않고, 병이 옮았다고 소문난 병원에 다녀온 사람과는 이유 여하를 막론하고 접촉도 꺼렸다. 비약적인 의학의 발전에도 불구하고 전염병에 대한 인식은 한 치도 나아지지 않은 듯했다.

우리의 유전인자 속에는 위험과 질병에 대한 강한 경계심을 통해 병을 피해 왔던 역사가 각인되어 있다. 어쩌면 메르스 사태는 위험한

---

* 많은 연구가 지적하듯이 북아메리카 원주민들은 유럽인들과의 전쟁보다는 그들이 전파한 전염병 때문에 거의 전멸했다. 14세기 유럽에서도 페스트는 전체 인구의 4분의 1에서 절반까지를 죽음에 몰아 넣었다. 이는 유럽이 중세를 마감하고 근세로 나아가게 할 정도의 강력한 충격을 주었다. 전염병은 전근대시대에 강력한 영향력을 발휘한 요소이다. 전근대시대에 전염병의 영향에서 벗어나 있던 사람들은 끊임없이 이동하는 유목 부족 정도였다.

질병을 대하는 오래된 인간의 문화유전자가 기형적으로 발현된 것일 수도 있다. 죽음마저 극복할 것 같은 의학의 발달도 아직까지는 사람의 의식과 욕망을 넘어서지 못하고 있었다.

출전: 김택룡,《조성당일기》

공부와 시험을 대하는
그들의 자세

장황, 애지중지하는 책을 위한 정성…조상 문집 발간을 위해 지방관을 자원하다…거점, 과거시험에 대비한 특별 학습…
군역 회피를 노린 향교 교생을 걸러 내다…300년 만의 기회를 상피제 탓에 날리다…시관의 무리수로 유혈사태가 난 과거 시험장…
전제 '파방' 까지 거론된 부정시험의 허무한 처리…아름답고도 끈끈한 동방 간의 우애

장황,
애지중지하는 책을 위한 정성

계절이 여름을 향해 가면서, 날이 점점 더워지고 있었다. 김택룡은 날
이 더 더워지기 전에 몇 년을 미뤄 왔던 숙원사업을 처리하기로 마음
먹었다. 어렵게 구한 책을 4년이나 지난 이제 와서 장황粧䌙을 하기로
한 것이다. 장황이란 비단이나 귀한 종이로 책이나 족자 등을 꾸며서
만드는 것이다.* 책을 귀하게 여기는 마음은 있었지만, 쉽게 시간을
내기 어려웠고 자금 사정도 만만치 않아 미뤘던 터였다.

　장황을 하려는 책은 어렵게 구한 것이었다. 약 7년 전인 1609년, 김
택룡은 강원도 영월현감으로 재직하고 있었다. 당시 강원도 관찰사였
던 한덕원韓德遠(1550~?)[14]이 사행단을 이끌고 명나라 수도 연경에 가

---

* 지금은 '장황'이라는 말 대신, '표구表具'라는 말이 쓰인다. 이 말은 일본에서 16세기 말
　~17세기 초부터 사용된 말이다. 1900년대 초에 일본 기술자들이 조선에 들어오면서 사
　용되기 시작했다. 粧䌙이라는 말은《태조실록》에도 나올 정도로 오래된 용어이다.

게 되었다는 소문을 듣고, 김택룡은 인삼까지 마련해서 중국 서적을 사다 달라[15]고 부탁했다. 사실 지금처럼 인쇄문화가 발달되지 않았던 조선에서 서적은 주로 선물을 받거나 또는 빌려서 베끼는 방식으로 유통되었다. 그렇지 않은 경우에는 그야말로 고가를 들여 구입해야 했다. 특히 중국책은 국내에서 구할 수 없는 것도 많아, 사행단에 부탁하여 구하는 일이 많았다. 김택룡 역시 자신이 모시던 관찰사가 중국에 사행 간다는 이야기를 듣고 중국책 구입을 부탁했던 것이다.

부탁했던 책을 전달받은 것은 3년이나 지난 1612년 초였다. 관찰사 한덕원은 김택룡의 부탁을 듣고 주자학 이론서인 《성리대전性理大全》 20책과 역사서인 《통감通鑑》·《송감宋鑑》 등을 합하여 20책을 사왔다는 기별을 1612년 2월 19일 보내왔다. 그리고 기념품으로 신발인 화청靴靑 한 켤레도 사 왔다고 했다. 마음이 급했던 김택룡은 우선 《성리대전》만 받고 사흘 뒤에야 나머지 책을 받아 보았다. 이처럼 어렵게 구한 책이었기 때문에 유난히 애지중지하면서 조심스럽게 다루고는 있지만, 더이상 장황을 미루다가는 책이 상하게 될 것 같았다.

장황은 본래 그림이나 서예작품을 잘 보존하기 위해 작품 뒤에 한지를 덧붙이는 표구와 비슷하게 이해되기도 한다. 하지만 정확히 말하면 장황은 그림보다 책을 보존하기 위한 장식기술이다. 특히 책 겉표지를 튼튼하게 하여 오랫동안 사용할 수 있도록 하려는 것이었다. 1970~80년대 책이 귀하던 시절, 학교에서 새 교과서를 받으면 빳빳한 달력 종이로 책 꺼풀을 만들어 입히던 작업도 일종의 장황이라 할 수 있다.

그런데 장황은 교과서에 달력 종이를 입히는 일과는 많이 달랐다. 장황은 대부분 겉표지를 튼튼하게 하는 데 노력이 집중된다. 돈도 많이 들었다. 그래서 돈이 많거나 중요도가 매우 높은 책인 경우에는 베나 비단을 쓰기도 했지만, 대개는 그나마 비용이 적게 드는 종이를 선택했다. 게다가 아무에게나 맡길 수도 없었다. 책 내용이나 그 중요성을 아는 사람이어야 이를 세밀하게 다룰 수 있기 때문이다. 김택룡은 고민 고민 끝에 1616년 음력 5월 8일 예안 분천汾川에 사는 이운에게 장황을 부탁했다.

장황을 할 때 종이는 두껍고 질긴 장지壯紙*를 사용했다. 경우에 따라 몇 장씩 덧대어 두껍게 만들었다. 또 좀을 방지하고 책의 색감도 좋게 하기 위해 노란색 치자 물을 들였다. 거기에 습기나 수분에 견딜 수 있도록, 기름이나 밀랍도 칠했다. 베로 장황을 하는 경우에는 삼베를 많이 이용했고, 궁중이나 돈이 많은 관료들은 비단을 이용하기도 했다. 이처럼 겉표지를 만들고 나면, 책에 다섯 개 구멍을 뚫어 책을 엮었던 실을 풀고 튼튼한 실로 다시 단단히 묶었다.[16] 대개 붉은 명주 실을 많이 사용했다. 반복해 책을 읽는 과정에서 실이 닳아 떨어지기 때문에 가능하면 튼튼한 실을 택했다.

작업 과정만큼이나 들어가는 돈 역시 만만치 않았다. 요즘이야 대량생산 시스템 덕분에 종이나 실 값이 부담스럽지 않지만, 조선시대에는 그렇지 않았다. 종이는 특별한 기술을 가진 곳에서만 생산되었기 때문에 구하기도 쉽지 않을 뿐더러, 고가이기도 했다. 특히 표지를 입히는 데 사용되는 장지는 일반 종이에 비해 훨씬 고가였다. 이 때문에 장황 기술자가 이 모든 것을 스스로 준비해서 작업을 할 수는 없었다. 장황을 요구하는 측이 작업에 들어가는 용품과 도구를 함께 보내

* 종이의 종류. 공문서나 장계狀啓에 사용된 두꺼운 종이.

는 것이 관례가 되었던 이유이다. 김택룡 역시 이운에게 부탁은 해 놓고, 8일이 지난 후에야 겨우 종이와 장비들을 마련해 보냈다. 심지어 장책용 실은 다시 책을 묶을 시점인 8월 10일이 되어서야 보낼 수 있었다.

장황을 해야 할 책 분량도 많았다. 약 40책이 넘는 책을 장황하는 데 석 달 보름이나 걸렸다. 김택룡은 8월 24일이 되어서야 비로소 장황이 된 책을 받아 볼 수 있었다. 책을 받은 김택룡은 이운을 불러 술과 음식을 대접하고, 표지에 사용했던 장지 한 묶음을 사례로 주었다. 작업 결과에 대한 흡족함도 있었고, 일반 기술자들과 달리 책을 다루는 기술자를 대접하고 소중히 여기려는 마음도 있었다.

책을 쓰고, 책을 출판하며, 책을 소비하는 것이 현대사회는 무척 쉬워졌다. 책이 너무 낡으면 새로 사면 되고, 전자출판이 일반화되면서 이것마저도 필요 없는 일이 되어 가고 있다. 그래서 그런지 책을 만드는 귀한 기술은 사양산업이 되었으며, 책을 소비하는 사람도 점점 줄어들고 있다. 비단 한국만의 문제는 아닌 듯하다. 책을 만진다는 이유만으로 양반들로부터 대접받았던 장황 기술자의 자부심이 지금은 얼마나 남아 있는지, 책의 미래는 어떨지 궁금하다.

출전: 김택룡, 《조성당일기》

조상 문집 발간을 위해
지방관을 자원하다

예천 출신 정옥鄭玉(1694~1760)은 1756년 당시 중앙 정계에서 많지 않은 경상도 출신 관료였다.[17] 좌부승지에서 당상관[18]인 정3품 승정원 승지 승진을 앞두고 있었다. 그의 출세는 단순한 개인 차원의 일을 넘어, 영남인들의 희망이었다. 경신년庚申年(1680) 남인들이 중앙 정계에서 완전히 밀려난 이후(경신대출척을 가리킨다), 영남 남인으로서 그처럼 중앙 정계에서 자리 잡아 가고 있는 인물이 드물었기 때문이다.

당시 중앙 정계에 함께 진출해 있던 권상일權相一(1679~1759)은 1756년 음력 11월 21일 이해되지 않는 기록을 남기고 있다. 정옥이 승정원 승지 승진을 앞둔 상태에서 왕에게 영해(현 경상북도 영덕군 영해면)부사를 자처했고, 왕이 이를 허락했다는 것이다. 대기업 이사 승진을 앞둔 뛰어난 직원이 스스로 지방 영업소장 직을 원해서 그곳으로 발령 받은 것과 유사한 상황이었다. 왕이 먼저 정옥의 지방관 발령을 냈다면 좌천이라고 하겠지만, 이는 어디까지나 정옥이 원해서 간 자리였다.

조선시대에 스스로 지방관을 원하는 경우는 그렇게 많지 않다. 간혹 지방관을 원하는 경우에는 내심 지방관으로 가서 재물을 모으려는 경우가 많았다. 한 지역을 다스리면서 세금 징수를 해야 했던 지방관은 하기에 따라 크게 한몫 챙길 수 있기 때문이다. 정해진 녹봉만 받아야 하는 중앙 관리보다 재물을 모으기에는 지방관이 유리했다. 그 외에 지방관을 자원하는 경우는 출세보다 지방에서 조용히 공부나 하고 제자를 양성할 목적에서였다. 많지는 않았지만, 학자형 관료의 경우 간혹 지방관을 선택하여 복잡한 중앙 정치 싸움에서 물러나려고 하는 경우도 있었다. 그런데 이 두 경우는 모두 출세와 멀어지는 길이었다. 그렇지 않은 경우는 특별하게 개인적 사유가 있는 경우였다. 류성룡柳成龍(1542~1607)이 어머니의 병 간호를 위해 고향으로 내려가려 하자, 선조가 그를 고향인 풍산과 가까운 상주목사로 임명한 것이 대표적인 예이다.

정옥은 청렴한 관리였다. 재물을 탐해서 지방관을 자처할 인물이 아니었다. 더욱이 그가 지방관을 자처했던 영해는 읍세邑勢, 즉 읍의 경제적 상황이 그렇게 넉넉하지 않았다. 한몫 챙길 만한 지역도 아니었던 것이다. 또한 영남인들의 희망이었던 정옥이 중앙 정계의 정치 싸움에서 잠시 벗어나기 위해 지방관을 자처할 이유도 없었다. 임금을 지척에서 모실 수 있는 승정원 승지 벼슬은 요직이었다. 분명히 개인적 이유가 있었던 것이다.

일반적으로 지방관이 되면, 당시 부임하는 데 한두 달씩 걸렸다. 임지로 출발하기 전, 자신의 임명에 힘을 써 준 사람들에게 인사를 하는 과정만 해도 꽤나 시간을 필요로 했다. 그리고 유람하듯 길을 가면 영해까지 한두 달은 걸릴 길이었다. 하지만 정옥은 불과 보름 만에 이미 임지에 도착해서 업무를 보기 시작했다. 이 역시 이례적이었다.

얼마 지나지 않아 이 궁금증이 풀렸다. 정옥은 조상의 문집을 간행하기 위해 자신의 출세도 멀리하고 지방관을 자처했던 것이다. 그의 영해부사 지원 이유가 지금 우리에게는 쉽게 이해되지 않을 일이지만, 당시 많은 선비들은 고개를 끄덕였다. 정옥은 임진왜란 때 모함에 빠진 이순신 장군을 구하기 위해 구원 상소를 올렸던 우의정 정탁鄭琢(1526~1605)의 5대손이다. 정탁의 역할과 인품에도 불구하고 당시까지 그의 문집이 발간되지 않았었다. 이 시기가 되어서야 비로소 '약포선생 문집'(정탁의 호를 딴 문집 이름)을 발간해야 한다는 공론이 유림사회에서 모아지고 있었다.

정옥은 5대조 할아버지 정탁의 문집 발간에 힘을 보태기 위해 스스로 영해부사 자리를 원했던 것이다. 문집 하나를 내려면 다 자란 나무가 대단히 많이 필요했다. 영해는 문집 발간에 필수적인 목판 판목을 조달할 수 있는 양질의 나무가 많은 지역이었다.

조선시대 문집 간행은 그야말로 엄청난 역사役事였다. 공정도 공정이지만, 비용 역시 한 집안이 감당하기 어려울 정도의 거금이 필요했다. 문집 간행은 인쇄용 판목—이를 책판이라고 한다—을 만들고 필요한 분량을 인쇄하여 책을 만드는 과정을 말한다. 물론 인쇄용 판목을 만들기 전에도 원고를 모으고 문집으로 발간하기 위한 편집 단계를 거쳐야 했다. 이렇게 확정된 초고는 목판에 새기기 위해 문집 형태로 정서正書를 하고, 이 원고를 판목 위에 거꾸로 올린 후 한 글자 한 글자 파서 책판을 만들었다. 이 책판은 현재 기준으로 보면 한 점에 4쪽 분량을 새겨 넣는다. 목판 한 면에 두 쪽 분량을 새겨서 인쇄 후 가운데를 접어 책을 만들었던 것이다. 그래서 앞 뒤 두 면에 총 4쪽 분량을 새겼다.

조선시대에 책판 한 장 제작 단가는 결코 적지 않았다. 지금 경제 사정과 조선시대 경제 사정을 정확하게 비교하기는 불가능하지만, 당시에 책판 판각을 위해 지불된 쌀을 지금 가격으로 단순 환산해 보아도 책판 1장 당 대략 200만 원에서 400만 원 정도가 소요되었다. 고서적 한 책이 보통 80쪽 정도 분량인 것을 감안하면, 한 책을 찍는 데 목판 20장 정도가 필요했고, 이를 계산해 보면 책 한 권 만드는 데 대략 4,000만 원에서 8,000만 원 정도가 소요되었던 것이다. 더구나 당시 경제 사정이 현대에 비해 훨씬 안 좋았다는 사실을 감안하면 이는 천문학적인 비용이라고 해도 지나친 말은 아니다. 보통 문집이 적게는 2책에서 많게는 50여 책에 이르니, 요즘 돈으로도 몇 억 원에서 몇 수십 억 원의 비용이 들었던 것이다. 5책만 기준으로 해도 목판은 100장 정도가 필요하고, 이 경우에도 2억 원에서 4억 원 정도의 예산이 소요되었을 것이다. 게다가 문집 간행에 필요한 종이 역시 적잖은 돈을 필요로 했다. 문집 간행이 대규모 역사일 수밖에 없는 이유이다.

워낙 거금이 들었기 때문에 문집 간행은 개인의 노력이나 재정으로는 감당할 수 없었다. 그래서 대부분의 문집 간행은 개별 문중이나 개인의 노력이 아닌, 유림의 공의公議를 모아서 진행했다. 문집 발간 대상이 되는 분에 대한 지역 유림의 평가를 통해 그분의 정신과 삶을 후대 사람들이 본받을 만하다고 판단되었을 때, 비로소 문집 발간이 가능해졌던 것이다. 따라서 문집이 발간된다는 것은 그 지역의 대표적인 유학자로 공인되었음을 의미한다. 문집이 지식 공동체의 공동 출판 형태를 띠게 된 이유이며, '집단지성'의 결과물이라고 말하는 이유이다.

유교 책판의 이런 점을 인정받아 2015년 10월 10일 유네스코 세계

기록유산으로 등재되었다. 정옥이 개인의 출세와 명예를 미루고 지방
관을 자처하여 판목을 공급하는 데에라도 도움을 주려 했던 이유가
21세기에도 새롭게 조명을 받았던 것이다.

출전: 권상일, 《청대일기》

거접,
과거시험에 대비한 특별 학습

1624년(인조 2) 음력 7월 3일, 예안(현 경상북도 안동시 예안면)은 젊은 유생들을 위한 '거접居接'이 한창 진행 중이었다. 거접이란 지역 유생들을 위해 서당이나 향교에서 진행되었던 일종의 집중 학습으로, 한곳에서 합숙하면서 시詩와 부賦[19]를 짓고 그 실력을 겨루었다. 과거시험을 앞두고 집중 학습과 모의고사를 통해 실력을 점검하는 것이었다.

거접은 단순히 개별 서당이나 향교 차원에서 이루어진 것이 아니라, 지역 전체 유림의 행사로 진행되었다. 관아에서도 적극적으로 지원하고, 지역 유림 대부분이 참여하여 젊은 유생들이 실력을 높일 수 있도록 도왔다. 지역에서 과거 급제자가 많이 나오는 것은 명예로운 일일 뿐 아니라 현실적으로도 중요한 일이었다. 여기에는 인근 지역과의 경쟁 심리도 작용했다. 특히 고을 수령에게도 이는 매우 중요한 일이었다. 수령이 해야 할 일곱 가지 일[20]에 '지역 학문을 흥하게 하는 일'도 포함되어 있었는데, 과거 급제자 수는 그 척도가 되었다.

1624년 예안의 거접도 이러한 배경과 목적 아래 개최되었다. 그런데 많은 유생들이 향교와 서당, 사찰 등에 모여 숙식을 함께하려니, 필요한 것이 한둘이 아니었다. 식사 장소로 관아와 향교가 제공되었고, 지역의 대표 서원 중 하나인 역동서원[21]에서도 식사를 지원했다. 그런데 제공해야 할 음식량이 많다 보니 역동서원 소속 종이 음식을 나르는 데 곤욕을 치러야 했다. 이에 원장이 유생들로 하여금 역동서원으로 와서 거접을 진행하게 했다.

　이렇게 되자 지역 유림들 가운데 문제를 제기하는 사람들이 나오기 시작했다. 거접에 식사를 제공하고 지원을 하는 것은 옳지만, 서원에서 거접을 직접 진행하는 것은 온당하지 않다는 것이었다. 이 문제 제기는 단순히 식사 제공에 따른 어려움 때문에 나온 말이 아니었다. 오히려 그것은 서원이 무엇을 하는 곳이고, 서원에서 하는 공부가 무엇을 위한 것인지를 묻는 근본적인 질문이었다.

　당시의 지식인들은 원칙적으로 서원에 대해 '공부하고 독서하면서 자신을 수양하는 공간'이지, 과거시험을 준비하면서 '녹봉을 탐하는 공간'은 아니라고 생각했다. 과거시험을 치를 수 있도록 지원하고 돕기는 하지만, 서원이 직접 과거시험을 준비하는 공간이 되어서는 안 된다는 논리였다. 이황에 의해 서원의 교육 이념이 만들어질 때부터, 서원은 과거시험 준비를 하는 공간이 아니라 도덕 수양의 공간이어야 했기 때문이다. 이황이 세상을 뜬 지 이미 50년이 지났을 무렵이었다. 그럼에도 그의 원칙이 이처럼 생생하게 살아 있었다.

　향교와 서원을 구분할 때 많은 사람들이 '향교가 공립 교육기관이라면, 서원은 사립 교육기관이다'라고 설명한다. 틀린 말은 아니다. 그런데 이러한 말만으로 조선의 서원을 제대로 설명할 수는 없다. 조선시대 교육기관인 서원과 향교는 지금과 달리 학생들을 가르치는 기능 외에도, 성현들을 사당에 모시고 제사를 지내는 '배향配享 기능'을 더 가지고 있었다. 즉, 조선에서 교육은 '유학에서 인정하는 성인들을 배향하고 제사를 지내는 것'과 그러한 '성인들의 정신을 가르치고 교육해서 그 정신이 이어지도록 하는 것'을 의미했다. 그런데 향교는 공자와 맹자를 비롯한 유학의 대표적 성인 전체, 즉 많게는 133명에서 적게는 27명 성인에 대해 똑같이 배향하고 제사를 지냈다. 성균관으로부터 각 지방 향교까지 저마다 그 규모의 차이는 있지만, 배향하는 인물들은 같았다.

이에 비해 서원은 이른바 '도학道學'을 실천한 인물을 배향한다는 원칙을 가지고 있었다. 조선시대 '서원 부흥운동'을 주도했던 이황李滉(1501~1570)은 서원에 어떠한 인물을 배향할지에 대한 기준을 세웠다. 관직이 높거나 유명한 인물을 배향하는 것이 아니라, 유학 이념을 삶으로 실천했던 '도학자'를 배향한다는 것이 첫 번째 기준이었다. 그러면서 이황은 '지역이 배출한 성인'을 우선시했다. 먼 성인보다 직접적으로 따라서 배울 수 있는 성인을 배향하는 것이 옳다는 이유에서였다. 이렇게 되면서 서원은 향교와 다른 성격을 가지게 되었다. 서원은 그 지역과 일정 정도의 연고를 가진 사람 가운데 성인으로 인정받을 수 있는 사람을 배향하고, 그 사람의 정신적 가치를 이어가기 위해 강학講學을 했다.

강학 내용은 도학道學이었다. 도학이란, 과거시험을 치고 관리가 되기 위한 공부가 아니라, 철저한 자기 수양을 통해 유학자로서 완성된 인격으로 나아가는 공부를 의미한다. 유학이 지향하는 가치를 세속적 명예나 부귀, 심지어 목숨보다 높이 두고 그것을 실천하면서 살아가는 삶을 도학적인 삶으로 규정했다. 서원은 바로 이와 같은 성인을 배향하는 공간이다.

조선시대 서원에 배향된 인물은 대체로 그 지역과 관계를 가지고 있는 사람이었다. 서원에서 공부하는 유생 입장에서 보면, 평소 자신이 보았던 사람일 수도 있고, 할아버지나 아버지 친구일 수도 있다. 향교에 배향된 공자나 맹자처럼 먼 성인이 아니라, 자신이 평소 잘 알던 사람이 돌아가신 후 서원에 성인으로 배향되어 있는 것이다. 할아버지나 아버지의 친구처럼 공부하고 실천하면 자신도 서원에 배향될 수 있다는 자신감이 만들어지는 이유이다. 그 지역을 대표하는 분이 서원에 배향되어 있다는 자부심과 자신도 그렇게 될 수 있다는 자신감은 유학 공부를 위한 가장 강력한 동인이 되었다. 조선 후기, 서원의 방만한 설립이 문제가 되었지만, 동시에 서원을 통해 조선 후기는 그 어느 사회보다 강력한 유교사회를 구현할 수 있었다.

서원은 자신을 닦아 성인이 되어 가는 수양의 공간이지, 공부해서 과거시험을 치기 위한 공간이 아니라는 인식은 여기에서 나왔다. 물론 서원에서 하는 공부가 궁극적으로 과거시험에 도움은 되겠지만, 적어도 서원에서 해야 할 공부는 과거시험을 위한 것이 아니라 자신을 닦아 가는 과정이라는 인식을 공유하고 있었던 것이다. 그리고 이것이 서원을 향교와 격이 다른 공간으로 만들었다.

한국은 어떤 나라보다 국립보다 사립학교의 비율이 높다. 과거에 나라가 가난했을 때, 민간에서 교육기관을 세워서 교육에 힘썼던 결과이리라. 하지만 오늘날 그런 명문 고등학교나 명문 대학이 대학 진학이나 취업 이외에 사회적으로 공적인 가치를 추구한다는 말을 들어본 적이 없다. 이제는 학교에 대해 다른 측면에서 접근해야 할 것이다. 학교가 학생들에게 돈과 명예를 가져다 주는 수단이 아니라, 자신의 돈을 내서 공동체가 지향하는 가치대로 교육하는 곳이 되어야 한다. 서원을 통해서 조선시대 사림이 했던 일이 바로 그것이다. 사림의 힘은 바로 그것에서 나왔다.

출전: 김령, 《계암일록》

군역 회피를 노린
향교 교생을 걸러 내다

1746년 음력 5월 26일 경상도 상주(현 경상북도 상주시)에 사는 권상일
權相一(1679~1759)은 함경도 도사都事[22]로 근무하다가 복귀한 권상룡權
相龍(1706~1765)의 방문을 받았다. 권상룡은 권상일에게는 나이 차가
많이 나는 사촌동생이었다. 두 사람 모두 문과를 거쳐 관직생활을 했
기에 서로를 이해하는 폭도 컸다. 비록 벼슬길이기는 하지만, 함경도
까지 가서 생활해야 했던 탓에 권상일은 사촌동생의 고생이 심하겠
다는 생각을 늘 하고 있었다. 그런 권상룡이 고향 상주에 내려와 평소
자신을 걱정해 주던 권상일을 찾았던 것이다. 늦은 시간까지 술상을
앞에 두고 이런저런 이야기를 나누었다. 오랜만의 만남인지라 할 말
도 많았고, 먼 타지생활에 하고 싶은 말도 많은 터였다. 그 많은 이야
기들 중에 권상일은 권상룡이 겪은 함경도 단천(현 함경남도 단천군)의
단천향교 이야기가 기억에 남았다.

함경도는 예로부터 척박한 곳이었지만, 이 기록이 있기 한 해 전인

1745년 함경도 땅은 그야말로 참혹한 지옥이었다. 흉년으로 인해 많은 백성들이 죽었고, 이로 인해 군역을 져야 할 백성마저 모자랐다. 함경도는 국경 지역이어서, 일상적인 군사 준비 태세가 필요했다. 농사지을 백성도 필요하고, 군역國役을 담당해야 할 군인도 필요했던 것이다. 경제와 국방이라는 국가의 근간을 지켜 나가기 위해서는 당연히 사람이 필요했다. 참혹한 흉년을 겪은 함경감사의 눈은 백성은 백성이되, 농사와 군역에서 벗어난 사람들이 모여 있는 곳에 시선이 닿을 수밖에 없었다. 지역의 향교가 그것이었다.

조선은 유학 이념을 내세워 건국한 나라였다. 그 이념을 지방까지 전파하고 공유하기 위해 조정은 지방관을 파견하는 작은 군현에까지 향교를 설치하였다. 그 수가 300곳을 넘었다. 향교는 유학적 교양을 가진 인재를 길러냈던 중요한 국가 교육기관이고, 국가 이념을 지역에까지 전파하는 공교육의 현장이었다. 조선 정부는 단순히 입으로만 유학 교육을 강조하지 않았다. 향교 운영에 필요한 물적 지원에 소홀하지 않았다. 그 종류와 규모가 간단치 않았다. 학생들을 가르치기 위해서 현직 관료인 종6품 교수와 정9품 훈도를 파견하였다. 또 각 향교에 5~7결 정도의 경작지를 지급하여 거기에서 나오는 수익을 향교 운영비로 쓰게 했다. 이 정도 땅이면 요즘으로 쳐도 적어도 대도시 중산층 10가구 이상의 경제 규모이다. 이 모든 것이 조선시대 국가 최고 법전인《경국대전》에 상세하게 규정되어 있다.

향교 운영과 관련해서 특히 엄격했던 것은 학생 정원 관리이다. 소규모 현에 설치된 향교에는 정원을 30명으로 규정하였고, 군 단위 향교에는 50명, 도호부에 설치된 향교에는 70명, 그리고 부나 대도호부에 설치된 향교에는 90명까지 정원을 받을 수 있도록 했다. 이러한 정원 규모에 따라 교수나 훈도를 차등해서 둘 수 있도록 규정했다.

그런데 현 단위에 불과한 단천향교에 800명의 유생이 있었다. 정원 30명 외에 770명이나 더 많은 유생들이 명부에 등록되어 있었던 것이다. 《경국대전》에 규정된 정원보다 770명이 더 많은 기형적인 형태였다. 원래 향교는 정원만큼만 교생을 둘 수 있었다. 그리고 정원 외에 일종의 청강생에 해당하는 사람들을 받을 수 있도록 했다. 이렇게 되면서 정원 내 교생을 액내교생額內校生이라 불렀고, 정원 외 교생을 액외교생額外校生이라고 불렀다. 군이 정식과 비정식을 따진다면, 액내교생만이 정식 교생이고 액외교생은 일종의 청강생이었다.

액내교생은 규정에 따라 정원을 운영해야 했지만, 액외교생은 정원 외로 치부하여 크게 제한을 가하지 않았다. 향교나 관아 입장에서는 이들이 교생으로 있으면서 내는 돈으로 인해 재정을 충당할 수 있었으므로 마다할 일이 아니었다. 유생들 입장에서도 액외교생이라도 향교의 유생 신분을 유지하는 것이 필요했다. 국가의 특혜를 받기 위해서였다. 향교에 유생으로 있는 한 군역을 지지 않아도 되었다(용어 풀이 참조). 이 때문에 교생들은 돈을 내고라도 향교의 학생 명부에 이름을 올리기 원했고, 향교나 관청 입장에서는 재정을 튼튼히 하는 데 도움이 되었기 때문에, 양자 모두에게 이득이었다. 물론 나라의 재정이나 군사력을 희생한 결과였다.

그러나 당시 함경감사 입장에서는 이 같은 작은 이득 때문에 그 상태를 유지할 수는 없었다. 농사를 짓고 군역을 질 백성이 절대적으로 필요했다. 단천향교를 향한 함경감사의 시선은 여기에서 나왔다. 그는 단천현에 공문을 보내 단천향교 유생 800명 가운데 반에 해당하는 400명을 군역으로 차출하라고 명을 내렸다. 하지만 그의 명은 바로 저항에 부딪혔다. 지역에서 향교에 이름을 걸 정도의 인물들이면 인맥이 나름 녹록치 않았다. 심지어 중앙 정부에 연통을 넣어 자신의 이름을 빼려는 사람도 있었고, 지역사회에서 연대를 통해 함경감사의 명을 무마시키려고도 했다. 함경감사는 자신이 원했던 방식으로 일이 진행되지 않자, 도사였던 권상룡을 파견했다.

권상룡은 정부가 늘 행했던 방법을 그대로 사용하기로 했다. 다만 이번에는 좀 더 엄격하게 할 요량이었다. 향교는 공부하는 곳이고, 유생들에게 군역 면제의 혜택을 주는 것은 그들이 과거시험을 통해 나라의 관리로 나아갈 가능성을 가지고 있기 때문이다. 이러한 논리로 본다면 과거 합격의 가능성이 없는 사람이라면 굳이 유생 명부에 이름을 올려 놓을 이유가 없었다. 그 실력이 되는지 그렇지 않은지를 확인하면 될 일이었다. 원래 각 지역의 감사는 자신이 다스리는 군현을 들를 때마다 그 지역의 학문 진작을 위해 백일장*과 같은 방법을 통해 실력을 테스트 했고, 실력이 미달되는 지역에 대해서는 강하게 질책하기도 했다.

권상룡은 이 같은 방식을 그대로 적용하되, 실력이 없는 사람을 추려내는 용도로 활용했다. 경전 암기시험을 통해 실력이 없는 사람에게 군역을 지도록 했던 것이다. 다만 원래 계획대로 400명 모두를 선발할 수는 없었다. 지역과의 타협을 통해 권상룡은 원래 군역을 지게 하려 했던 400명에서 반을 줄여 200명만 군역을 지도록 하였다. 탈락한 이는 통곡할 지경이지만, 권상룡의 방법은 가장 원칙적인 것이었다.

---

* 조선시대에 지방 문교진흥책의 하나로 유생들을 모아 시문으로써 시험한 일. 벼슬길과는 관계가 없는 백일장은 과거 낙방생과 과거 지망생의 명예욕을 충족시켜 주는 것이기도 했다. 장원을 뽑아 연회를 베풀고 상을 주었다.

동서고금을 막론하고 교육은 가장 뜨거운 사회 문제이다. 사회가 오랜 시간을 통해 축적한 지식과 당연하다고 여겨지는 사회적 가치를 다음 세대에 전달하는 것은 교육의 가장 작은 기능에 불과하다. 대부분의 사회는 교육을 통해서 인력을 사회 각 방면에 배치한다. 인력의 사회적 배치란 개인에게는 곧 직업과 신분을 결정하는 일이다. 모든 사회는 그 사회 고유의 교육 문제를 가지는데, 그 교육 문제야말로 그 사회의 가장 핵심적 모순과 쟁점이 녹아 있다. 오늘날 한국의 교육에선 부의 양극화, 청년실업, 대학교육의 부실화, 비교육적 경쟁의 심화 등의 현상을 찾을 수 있다. 굳이 위로가 되는 점을 찾자면 지금만, 혹은 우리만 심각한 교육 문제를 가진 것은 아니라는 점 정도라 할까.

출전: 권상일, 《청대일기》

300년 만의 기회를
상피제 탓에 날리다

300년 만에 경상도 선비들을 대상으로 하는 특별 과거시험인 도과道
科를 1754년 음력 2월 22일 개최하라는 영조의 명이 경상감사에게 내
려왔다. 도과는 정기적으로 시행되는 정규 과거시험이 아니다. 특별
하게 한 지역을 대상으로 명을 내려 그 지역 감사가 시행하고, 그 결
과를 보고하는 시험이다. 일종의 지역 대상 특별 전형으로, 특정 지역
에 특혜를 주기 위한 성격을 가지고 있었다. 당시 영남을 대상으로 하
는 도과는 300여 년 만에 처음이었다. 영조가 탕평책의 일환으로 경
상도를 대상으로 하는 도과 시행을 명한 것이었는데, 갑술환국[23] 이후
중앙 정계 진출이 막혀 있던 영남 선비들 입장에서는 고무적인 신호
였다. 당시 영남을 대표하는 학자인 권상일權相一[24]도 자신의 손자에
게 이 시험을 꼭 보라고 권할 정도였다.

경상도를 대표할 만한 사람을 뽑는 시험인 도과에는 경상도 선비들
이 많이 응시했다. 전국을 대상으로 하는 시험이 아니므로 그 어느 때

보다 합격 가능성이 높았다. 경상도 선비들 입장에서는 그야말로 호재였다. 그런데 권상일의 조카 권수權燧는 이를 그저 바라만 보아야 하는 억울한 상황을 맞았다. 호재였기에 억울함도 그만큼 컸다.

그가 이번 시험에 응시하기 위해 경상좌도 시험장으로 갈 때까지만 해도 이러한 일이 있으리라고는 상상도 못했다. 단단히 준비한 만큼 이번에는 등과登科하리라는 자신감도 있었다. 하지만 과거 시험장으로 가는 길에 그는 이번에 과거시험을 볼 수 없다는 사실을 알게 되었다. 이유인즉, 다른 사람도 아닌 바로 아버지 권상룡權相龍 때문이었다.

권수의 아버지 권상룡은 당시 자인(현 경상북도 경산시 자인면)현감이었다. 과거시험을 칠 때에는 전체 과거시험을 주관하는 관리를 비롯하여, 이 시험을 감독하는 여러 시험관들을 두게 되어 있다. 도과이다 보니 주로 경상감사가 지명하는 관리들이 시험관으로 발탁되었다. 당시 자인현감 권상룡은 시험관들 가운데 유고가 발생할 때를 대비한 '예비 시험관'으로 내정되어 있었다. 예비 시험관은 그야말로 시험관 가운데 유고가 발생할 때를 대비해서 선임해 놓는 경우이기 때문에, 시험을 감독할 일은 거의 발생하지 않았다. 권수 역시 아버지가 예비 시험관이라는 사실을 알고 있었지만, 예비 시험관이 필요한 경우가 거의 없기 때문에 큰 문제 없이 시험을 치를 수 있으리라 생각하고 길을 떠났던 것이다.

그런데 당시 시험관으로 내정되어 있었던 영해부사 이제암李齊嵒 (1690~1778)에게서 문제가 터졌다. 이제암은 워낙 부정한 일을 많이 저질렀다고 소문이 나서 지역 여론이 매우 좋지 않았다. 그런 사람이 시험관에 내정되었다는 소식이 들리자, 여론이 들끓었다. 시험관에 따라 당락이 달라질 수 있는 상황인 만큼, 부정한 사람이 시험을 감독하면 그 공정성이 문제될 수밖에 없었다. 이렇게 되자 이제암은 병을 핑계로 영해로 돌아가 버렸다. 이로 인해 권수의 아버지 권상룡이 부시관副試官이 되었던 것이다. 다른 사람들은 문제가 되지 않았지만, 권수의 입장에서는 아버지가 시험관으로 있는 시험장에서 시험을 칠 수는 없었다. 법으로 금지된 일이었다. 과거시험은 상피제相避制가 적용되는 대표적인 사례였다.

상피제는 조선의 인사 문제에도 엄격하게 적용되었다. 과거시험에서 아버지가 시험관이 되면 아들은 그곳에서 시험을 칠 수 없는 것이 너무나 당연한 일이었다. 부정이 개입할 여지가 크기 때문에 시험 자체를 볼 수 없도록 했던 것이다. 관직에서도 마찬가지였다. 친인척이 상사로 임명되면, 누군가는 그 자리를 피해 주어야 했다. 예컨대 이황이 충청도 단양군수로 재직할 때 형인 이해李瀣(1496~1550)가 충청도 감사로 발령을 받은 적이 있었다. 이렇게 되자 이황에게는 상피제가 적용되어 충청감사의 관할권에서 벗어나야 했다. 인사평가 등에서 공정하지 못할 수 있기 때문이다. 이 때문에 당시 이황은 풍기군수로 자리를 옮겼다. 누군가 권력을 잡으면 자기 사람들을 배치하는 요즘 문화와는 정반대 현상이다. 권력은 공정해야 한다는 명제를 실제 시스템으로 적용시킨 사례였다. 300년 만에 경상도에 돌아온 기회였지만, 권수는 아버지 권상룡으로 인해 그 기회를 놓칠 수밖에 없었다.

출전: 권상일, 《청대일기》

시관의 무리수로
유혈사태가 난 과거 시험장

1606년 음력 7월 4일 증광감시增廣監試*가 치러진 비안比安(현 경상북도 의성군 비안면) 과거 시험장이 아수라장으로 변했다. 안동 사람 류득잠柳得潛은 머리가 터져서 선혈이 낭자했고, 시험장은 몽둥이가 날아다녔다. 이 상황을 정리하기 위해 시험관들도 이리저리 밀려다니면서 어찌할 줄을 몰랐다. 수험생들이 폭발하여 통제 불가능한 폭력사태로 번졌던 것이다.

증광감시는 유생들에게 절호의 기회였다. 3년마다 정기적으로 열리는 식년시와 달리, 국가에서 축하할 일이 있거나 경사가 있어서 치러지는 시험이기 때문이다. 이 해 증광감시 역시 선조의 즉위 40년을 축하하기 위한 특별 시험이었다. 그런데 급하게 결정된 시험이다 보니, 그만큼 준비가 덜 된 측면도 있었다. 당시 증광감시 초시初試는 원래

---

* 감시監試는 생원, 진사시험, 즉 사마시를 뜻한다.

용궁龍宮(현 경상북도 예천군 용궁면)에서, 동당시東堂試[25]는 비안比安에서 진행하기로 했다. 그러나 여건이 허락하지 않아, 초시와 동당시의 장소를 바꿀 수밖에 없어 비안에서 초시가 치러지게 되었다.

장소도 장소였지만, 더 큰 문제는 시험관인 조즙趙濈(1568~1631)[26]이었다. 당시 조즙이 경시관으로 정해졌고, 부시관은 성주목사 정엽鄭曄(1563~1625)과 합천수령 최동망崔東望(1557~?)이었다. 녹명관錄名官[27]은 유곡찰방 이계지李繼祉(1554~?)가 맡았다. 경시관이란 중앙에서 과거시험을 감독하기 위해 파견되는 인물로, 시험관 전체를 대표했다. 경시관 조즙은 원래 서울 사람인데, 임진왜란이 터진 이후 영남으로 피신하여 목숨을 건졌고 이후 경상도의 도사가 된 인물이다.

그런데 이번에 그가 경시관이 되자, 갑자기 상주와 함창(현 상주시 함창면)의 몇몇 유생들이 이곳에 시험을 치러 왔다. 심지어 상주와 함창의 유생들 가운데는 이 시험에 참가하기 위해 다른 읍에 속한 것처럼 꾸민 사람들도 있었다. 지금이야 경상도는 남도와 북도로 나누어져 있지만, 이 당시는 낙동강을 경계로 좌도와 우도로 나뉘어 있었다. 경상감사는 전체 경상도를 담당했지만, 행정이나 업무는 좌도와 우도로 나누어 보는 경우가 많았다. 특히 과거시험의 경우 초시는 대부분 좌도와 우도로 나누어서 보았는데, 비안에서 열린 이 시험은 좌도만을 대상으로 하는 초시였다. 따라서 상주와 함창 등 우도 지역 유생들은 참여할 수 없었다. 그런데 평상시 경상우도 지역인 상주, 함창 등지 사람들과 친하게 지내던 조즙이 좌도의 시험관이 되자, 우도 유생들이 좌도까지 시험을 치러 온 것이었다. 좌도의 사론士論이 들끓을 수밖에 없었다.

더구나 이러한 사론에 기름을 부은 이도 조즙이었다. 7월 4일 시험을 앞두고 그 전날 도착한 조즙은 자신과 함께 온 경상우도 유생들과 사사로이 만났다. 과거시험 문제를 출제하고 전체 시험을 관리하는 경시관이 그 전날 수험생들과 따로 만난다는 것은 지금 생각해도 말이 되지 않는 일이다. 이렇게 되자 시험 당일 경상좌도에서 온 모든 수험생들이 조즙에게 몰려가서 경상우도 사람들을 물리라고 소리를 치기 시작했다. 그런데 조즙은 소리며 역정까지 내면서, 이들의 말을 무시했다. 시험장 분위기는 폭발 일보 직전까지 치달았다.

과거시험을 시작해야 하는 시간이 되어서도 경상좌도 유생들은 물러서지 않았다. 시험관들과 수험생들이 서로 따지는 것이 정오가 되도록 결판이 나지 않았다. 조즙은 시험을 강행하려 했고, 수험생들은 경상우도 유생들 문제부터 해결해야 한다고 맞섰다. 이러한 과정에서 어떤 사람들은 조즙이 평소 이치에 맞지 않게 행동했던 일이나 사사로이 욕심을 냈던 일들을 대놓고 질책하기 시작했고, 조즙 역시 참을 수 없는 지경이 되었다. 처음에는 노기를 띠면서 소리를 지르다가 개인 신상에 대한 질책이 이어지자 얼굴이 흙빛이 되어 고개를 숙이고 말없이 화를 참기만 했다. 하지만 끝끝내 상주와 함창에서 온 유생들을 내보낼 뜻이 없었고, 결국 그는 "그러면 내가 나가지"라는 말을 남기고는 시험장을 나가려 했다. 유생들은 문제를 해결하지 않고는 나갈 수 없다고 막아섰고, 물리적인 충돌을 향해 한 발 한 발 다가서고 있었다.

이 상황에서 조즙은 결국 도화선에 불을 질렀다. 그는 나가는 듯하면서 비웃듯이 "저 무리들이 저렇게 욕심이 많으니, 어떻게 모두 시험장을 나가겠는가? 그저 나를 두려워할 뿐이다"라고 말했는데, 이 말이 시험장에 전파되면서 참고 있던 경상좌도 유생들의 분노가 폭발했다. 경상좌도 유생들 모두 들고 일어났고, 안동 사람 류득잠의 머리가 터져 선혈이 솟아올랐다. 경상좌도 유생들은 경상우도 사람들이 몽둥이를 든 것이라 생각했고, 과거 시험장에 몽둥이가 날아다니기 시작했다. 더이상 말로 통제가 될 수 있는 상황이 아니었다. 부시험관과 녹명관 등이 벌벌 떨며 그제야 상주와 함창에서 온 유생들의 이름을 써 붙이면서 이들의 과거시험을 못 치게 하려 했지만, 이미 경상좌도 유생들이 이 중재안을 받아들일 수 있는 상황이 아니었다. 과거 시험장을 나가 모두가 과거시험을 거부하는 사태로 이어졌다.

당시 시험을 치기 위해 모인 사람들의 수가 대략 1,000명이 넘었다. 음력 7월의 땡볕으로 인해 찌그러진 유건과 갓 사이로 땀이 하염없이 흘러내렸다. 천 수백 명의 사람들의 분노가 땀과 함께 흘러내리고, 부쳐 대는 부채로 인해 분노가 나비 떼처럼 날아다녔다. 그러나 막상 시험장을 박차고는 나왔지만, 그렇다고 모두 흩어져서 집으로 돌아갈 수도 없었다. 이렇게 시험을 거부하면 또 몇 년을 기다려야 할지 알 수 없었다. 이리저리 무리를 지어 눈치만 볼 수밖에 없는 형편이었다. 다시 들어가야 한다는 논의가 구석에서 조심스럽게 제기되자 "어떻게 다시 들어가서 부끄러움도 모른다는 오명을 뒤집어쓸 수 있겠는가?"라는 강성 발언들도 쏟아졌다. 하지만, 결국 논의는 다시 들어가야 한다는 쪽으로 모였다.

이날 일이 비록 시관 탓에 촉발되었지만 사림의 모습도 그리 아름다운 것은 아니라는 자기 반성들이 힘을 얻은 탓이었다. 게다가 정치적 상황도 그리 좋지는 않았다. 당시 성균관의 익명서사건[28]으로 나라 전체가 떠들썩하고 유림들에게까지 화가 미칠 수 있는 상황이었다. 이러한 일이 보고라도 되면 조정에서는 주동자를 가려내어 처벌하려

할 것이 자명했다. 게다가 시관試官이 자기 잘못을 알고 사과하니, 도로 들어가 시험을 치는 게 낫다는 말도 나왔다.

논의가 이쯤에 이르렀을 때 녹명관 이계지가 나와 유생들을 하나하나 달랬다. 결국 하나둘 씩 시험장으로 들어가고 남는 사람들이 없어졌다. 몇 명 유생들은 이러한 처신이 부끄럽기 짝이 없다면서 끝까지 비디기도 했지만, 시관들이 서리들을 시켜 유생들에게 계속 사과하고 시험 칠 것을 종용했다. 한바탕 유혈사태 후 시험장은 정리가 되었지만, 유생들 스스로는 욕심으로 인해 결국 과거시험을 쳤다는 부끄러움에서 자유롭지 못했다.

출전: 김령, 《계암일록》

전체 '파방'까지 거론된
부정시험의 허무한 처리

1606년 증광감시는 우여곡절이 많았다. 경상도만 해도 시험관 잘못으로 인해 좌도[29]에서는 유혈사태가 벌어졌고, 우도[30]는 아예 시험을 치르지도 못했다. 그런데 이러한 사태가 경상도에만 있었던 게 아니었다. 황해도의 향시는 결과를 발표할 방도 붙이지 못할 정도였고, 한양은 온갖 부정으로 인해 문란하기가 이를 데 없었다. 임진왜란이 끝난 지 몇 년 지나지 않은 때였다.

　특히 문제가 되었던 것은 음력 8월 23일 치러진 한양의 초시 시험장이었다. 한양의 시험장은 두 곳이었다. 그런데 도저히 일어날 수 없는 일들이 발생했다. 우선 시험 과목이 뒤바뀐 경우가 많았다. 예컨대 생원시험 과목인 의문疑文—경전의 뜻을 풀어 논리를 세우는 글쓰기로, 과거시험 답안의 한 형식—을 가지고 진사시험에 참여하기도 하고, 진사시험 과목의 일종인 시부詩賦를 가지고 생원시험을 치르기도 했다. 마치 사법고시를 치면서 행정고시에서만 나오는 시험 과목을 치고, 행정고시를 치는 곳에서는 사법고시에만 나오는 시험 과목을 친 것과 같은 일이 발생했던 것이다.

이것만 해도 보통일이 아닌데, 더 큰 문제가 발생했다. 양쪽 시험장에서 시험 친 사람의 신상명세를 적은 겉봉투와 그 사람이 낸 답안지를 바꿔서 꿰매어 놓은 사건이 발생했던 것이다. 이렇게 되면 합격한 답안지를 낸 시험지에 다른 사람의 이름이 적힌 봉투가 꿰매어져 엉뚱한 사람이 합격하기도 하고, 정작 합격해야 할 사람은 떨어질 답안지의 주인이 되어 탈락하는 경우가 비일비재했다(용어 풀이 참조). 시험관들에 의해 의도된 것인지, 그렇지 않은지는 알 수 없었다. 어쨌든 결코 있을 수 없는 대형 사고였다. 이러한 일이 시험장 한 곳에서만 발생한 것이 아니라, 양쪽 시험장 모두에서 발생했다. 장원 이하 모든 합격자들 중에 여기에 해당되지 않는 사람이 없었다.

이러한 사실은 제2시험장에서 장원을 한, 당시 충청감사 윤돈尹暾(1551~1612)의 아들이 상소를 해서 알려졌다. 예조에서 이 사건을 조사했는데, 한 곳의 시험장에서는 합격자 전원이 바뀌었다. 그런데 이 조사도 문제가 있었다. 예조 담당자들은 재상들의 자제들을 조사할 수 없어서, 그들을 제외한 채 다른 사람들의 시험 답안지인 시권試券 50~60매를 가려냈던 것이다. 이렇게 되자 시험에 떨어질 것을 우려한 사람들은 시권을 감추기도 하고 끝끝내 시권을 제출하지 않는 사람들도 있었다. 자신의 힘으로 합격하지 않은 것을 모르는 바는 아니지만, 그것도 자신의 행운이라고 생각하는 유생들이 많았다.

조사도 불충분하고 문제의 소지도 충분했지만, 어쨌든 결과는 나왔다. 이제 처리만 남아 있었다. 하지만 이 역시 만만치 않았다. 우선 언로를 담당했던 대간臺諫에서는 공식적으로 증광시 초시 자체를 취소하자고 건의했다. '파방罷榜'을 건의한 것이다. 실제 이처럼 과거 합격자 전원이 바뀔 정도라면, 합격자 방을 거두는 것이 당연했다. 그런데 파방의 범위가 아예 시험 전체를 대상으로 하자니, 문제는 적지 않았다. 여기에는 많은 사람들의 욕심과 상이한 입장들이 복잡하게 얽혀 있었다.

원론적으로, 합격자가 모두 바뀔 정도로 시험 감독이 잘못 이루어진 것이므로, '파방'을 하는 것에 대해서는 대체로 동의할 수밖에 없었다. 문제는 파방의 범위였다. 실제 개국 이후 과거 시험장에서 생긴 문제로 인해 전체를 파방한 경우는 없었다. 대부분 문제가 된 당사자의 시권만을 파방했고, 법을 어긴 사람들이 있을 경우에는 그 사람들을 대상으로 파방했다. 그런데 문제는 시험 감독의 문제가 더 컸기 때문에 누구를 대상으로 해야 할지가 정확치 않은데다, 시권을 내지 않은 사람도 많았기 때문에 범위를 정하는 것이 힘들었다. 그렇다고 대간에서 공식적으로 건의했던 것처럼 초시 자체를 취소하자니, 이로 인해 합격했거나 이익을 얻은 사람들의 입장에서는 달가울 리 없었다.

우연의 일치였는지 알 수 없었지만, 이상하게도 합격된 사람들 면면을 보면 재상을 비롯한 고위 관료들의 자제나 친척이 많았다. 거꾸로 이야기하면, 만약 시권과 피봉이 제대로만 붙었다면 떨어졌어야 하는 사람들이 대부분 재상들을 비롯한 고위 관료의 자제나 친척들이었다는 말이다. 이렇게 되자 영의정 류영경柳永慶(1550~1608)이나 대사헌 성영成泳(1547~1623)과 같은 재상들과 고위 관료들은 속으로 파방을 원치 않았다. 류영경은 자신의 사위와 조카가 합격했고, 성영 역시 자식들이 합격했기 때문이다. 그러자 이들은 시험 자체를 취소시킬 수는 없다는 논리를 폈다. 사헌부를 대표하는 대사헌 성영은 자신의 자리가 있어서 어쩔 수 없이 파방을 하자는 상소를 올렸지만, 내심으로는 파방을 하지 않아야 할 단서들을 만들어 두었다. 지난해 치러졌던 정기 과거시험인 식년시까지 파방하자는 논리를 내세웠다. 식년시 파방이 현실적으로 불가능하니, 당연히 이번 증광시 파방 역시 불가능할 것이라고 생각했던 것이다. 그야말로 몽니였다.

사간원의 언관들만 나서서 전체 파방을 강고했지만, 결국 그들도 재상들과 고위 관료들을 이기지 못했다. 목소리는 컸지만 얻는 게 없었다. 언관이 제시한 명분이 고위 관료들의 실리를 넘어서지 못했던 것이다. 참으로 합격하기 어려운, 그래서 합격했다는 사실이 꿈에라도 들리면 그것이라도 잡아야 할 처지에 있었던 합격한 유생들 입장에서는 결코 무를 수 없는 싸움이었다. 감찰을 핵심 업무로 하는 부서장인 대사헌까지 그러하니, 다른 사람들이야 더이상 말할 필요가 없었다.

사간원과 사헌부는 명분을 기준으로 비판을 제시하고, 그에 따라 감찰을 진행하는 기관이다. 그러나 명분이 아무리 커도 자신의 아들 과거시험 합격이 걸려 있는 문제 앞에서는 그 역시 실리를 선택하고 있었던 것이다. 아무리 중한 명분도 실리보다 클 수 없었던 모양이다.

> 출전: 김령, 《계암일록》

아름답고도 끈끈한
동방 간의 우애

1621년 12월 선위사宣慰使[31] 이민구李敏求(1589~1670)[32]의 편지가 예안에 사는 김령에게 도착했다. 자신이 안동에 들를 예정이니 오랜만에 만나 회포나 풀자는 내용이었다. 물론 김령과 단둘이 만나는 만남은 아니었다. 이민구는 안동에 들러, 이 지역의 모든 동방同榜들과 함께 자리를 할 생각이었고, 문과에 함께 합격한 김령에게도 만나자는 초대장을 보낸 것이다.* 특히 문과에 함께 급제한 안동 지역의 동방은 김령이 유일했기 때문에 가장 먼저 기별이 닿았을 것이다.

'동방'이란 '동년同年'이라고도 했다. 번역하면 '같은 방에 붙은 사람' 또는 '같은 방목[33]에 이름을 올린 사람'이 되며, 동년은 '같은 해에 붙은 사람' 정도가 될 것이다. 함께 과거에 합격한 동기생들이었던 것이

---

* 1612년 8월 10일 문과 합격자 발표가 나는데, 당시 김령은 6등으로 합격했고 장원은 이민구였다.

다. 과거시험은 사마시를 거쳐 문과로 이어졌다. 그리고 이민구는 두 시험에서 모두 장원을 했다. 때문에 그는 사마시 동방과 문과 동방을 함께 초청해서 자리를 가지려 했던 것으로 보인다.[34] 안동이 쉬 찾을 수 있는 길이 아니었기 때문에 이왕 잔치를 벌인 김에 함께 보려 했던 것 같다.

12월 9일 김령은 아침 식사를 마치고 아들 요병을 대동하고 서둘러 길을 나섰다. 지금이야 예안에서 안동까지 차로 20분이면 충분하지만, 당시에는 한나절은 걸어야 하는 길이었다. 원래 기별 받은 날은 12월 10일이었지만, 이미 이민구가 안동부에 도착해 있을 것 같아 얼굴이라도 볼 겸 하루 일찍 서둘렀다. 안동에 도착해서 북문[35] 밖에 임시 거처를 정하고 나서, 정확한 장소를 수소문했다. 기별 당시에는 '절'에서 보자고 해서, 가까운 서악사西岳寺[36]라 짐작했지만, 확인해 보니 서악사가 아니라 봉정사에서 만나기로 예정되어 있었다.

하지만 당시 이민구는 며칠 전부터 병치레 중이었다. 먼 길을 나설 형편이 아니었다. 김령 역시 그 사실을 들었던 터라 안동에서 사람들을 잠시 보고, 연회 전에 먼저 이민구를 찾을 요량이었다. 김령 자신이 안동에 도착했음을 알리자, 이민구가 바로 기별을 보내왔다. 저녁 식사 자리에 와 달라는 것이었다. 서악사에서 모이는 것으로 알고 있었던 예천과 영주의 몇몇 동방들도 안동으로 왔다가 그 자리에 함께 참여했다. 급조되었지만, 안동부사와 지역 유림 몇몇이 함께 참여한 자리가 되어 버렸다.

아침 일찍 동방들의 모임이 열리기로 한 봉정사로 갈 예정이었는데, 선위사 이민구와 안동부사가 급하게 소식을 보내왔다. 이민구가 여전히 몸이 불편해서 봉정사까지 갈 형편이 못 된다는 것이었다. 그래서 급히 안동부의 동헌으로 모임 장소를 바꾸었다. 봉정사에 먼저 가 있던 사람들에게도 연락이 간지라, 시간이 지나자 사람들이 속속 동헌으로 모여들었다.

동헌으로 모임 장소가 바뀌자 안동부사 박진장朴晉章[37]은 관아의 술과 관기들을 동원해서 흥을 돋우었다. 대과 동반 급제자였던 이민구는 김령을 살뜰하게 챙겼고 비록 병치레로 힘은 들었지만 김령의 술잔을 연신 받아 마셨다. 김령 역시 당시 장원 급제자였던 이민구에게 예를 다하며, 동방을 만난 즐거움을 함께했다. 비록 장소가 바뀌고 기별이 왔다 갔다 하는 통에 혼란은 있었지만, 이날 연회는 모두에게 마치는 것이 아쉬울 정도였다. 모인 사람들은 성姓과 자字를 기록하여 이후 계축契軸[38]을 만들기로 했다. 김령도 많이 취했다.

조선시대 동방들의 모임을 흔히 방회라고 하는데, 이 모임은 각별하기 이를 데 없었다. 조선에서 과거 합격은 지배 신분을 획득하거나 유지할 수 있는 거의 유일한 길이었다. 게다가 과거 합격은 유학자로서 수신을 넘어 치국의 단계로 들어갔음을 보여 주는 증표로 받아들여졌다. 이 때문에 과거 합격은 개인의 영광을 넘어 가문과 지역의 영광이었다. 과거 합격자 수는 명문가를 판단하는 중요한 기준이었다. 선발 인원이 많지 않았고, 여러 해에 걸쳐 여러 차례 시험을 거쳐야 최종적인 문과 합격의 영광에 도달할 수 있었다. 더구나 마지막에는 왕의 면접시험인 전시殿試를 거쳐서 그 등수가 결정되었다. 한마디로 과거는 대단히 어려운 시험이었고, 또 그만큼 합격은 영광스러운 일이었다.

이 때문에 함께 합격한 사람들이 갖는 동기 의식 역시 각별할 수밖에 없었다. 지금도 함께 고생한 동기애는 얼마나 힘든 일을 겪었는지에 비례해서 각별해지기 마련인데, 이러한 관점에서 보면 이는 당연한 현상으로 읽힌다. 함께 합격한 동기생의 인연은 그래서 당대에서 끝나지 않고 대를 이어서 자손들에게 지속되기도 했다. 김령이 아들 요녕을 대동했던 이유도 바로 거기에 있었다. 특히 동기생의 부형을 자신의 부형처럼 여기기 때문에 김령의 아들 요녕의 입장에서는 멀리서 오신 백부나 숙부를 찾아뵙는 마음으로 참여했을 것이다. 또한 장원에 대한 예의는 동기생 간에도 각별했다. 예컨대 장원을 길에서 만나면 말에서 내려 이른바 수석 합격자에 대한 예우를 다할 정도였다.[39]

이러한 예우와 동기애의 이념에는 출신 지역도 다르고, 가문의 높낮이 역시 각각 달랐지만, 과거라는 공정한 '능력시험을 통해 맺어진 인연'이라는 동질감이 강하게 작용했기 때문이다. 그리고 그러한 시험 통과자에 대해서는 그 사회에서 예우를 하고, 특히 수석 합격자에게는 동기생들 사이에서도 예우를 다 했다. 이들의 예우와 동기애는 공정한 경쟁이라는 전제와 이것을 통과하기 위해 노력했던 스스로의 자긍심을 포함하고 있는 것이다. 한 사회의 엘리트로서 인정받는 가장 중요한 전제가 바로 '공정한 경쟁'과 '노력'이라는 사실은 예나 지금이나 크게 다를 바가 없다.

출전: 김령, 《계암일록》

9

힘든 삶의 뒤편,
쉼과 여행

풋굿, 뙤약볕을 견디게 해 준 호미씻이...물이 있으니, 뱃놀이가 없으랴...등고회와 동고회, 놀이 방법도 가지가지...
모내기 끝낸 후의 꿀맛 여유, 단오날 풍경...청량산 여행에서 백성의 아픔을 보다...관리들은 연 72일 쉬었다

풋굿,
뙤약볕을 견디게 해 준 호미씻이

음력 7월 초입, 무더운 여름이다. 하늘에 구름이라도 한 점 있어서 햇볕이라도 가려 주기를 바라는 마음이 간절했다. 그야말로 여름 더위가 정점을 찍고 있는 시점으로, 요즘 같으면 더위를 피한다는 의미의 피서가 한창일 때이다. 농부들이 텃밭에 부쩍 자라난 잡초를 뽑기 위해 호미를 들고 잠시만 김을 매도 숨이 턱턱 차오를 정도의 더위가 기승을 부렸다. 아무리 잡초가 자라 무성해지는 것을 보는 한이 있더라도 호미를 잠시 씻어 걸어 두고 시원한 그늘을 찾아가고 싶은 때이다. 요즘도 안동시 예안면 군자리에서 일종의 절기 행사와 축제처럼 이루어지는 '풋굿'이라는 이름으로 알려진 '호미씻이'는 이 같은 마음을 담아 만들어진 쉼의 문화였다.

　1607년 음력 7월 2일, 안동 예안의 오천 고을에서는 이날을 잡아 온 마을 사람들이 모여 호미씻이를 즐겼다. 음력 7월 초이니, 양력으로는 대략 8월 초이므로, 더위가 한창 절정에 올랐다. 때문에 이 시기가 되면 태양의 기운을 받아 무섭게 자라는 잡초를 제거하고, 모든 양분이 벼나 곡식에만 집중되도록 해야 비로소 풍년을 기약할 수 있다. 이 때문에 영농 주기로 보면 이 시기는 마지막 김매기의 시절이다.

한 해 농사를 지으면서 가장 힘든 시기를 꼽으라면 단연 세 벌 김매기 때이다. 이때 마지막으로 잡초를 제거해 주면 농작물은 잡초의 방해 없이 잘 자라나는 시기로 접어들게 된다. 그러나 이 시기 김매기를 놓치면 한여름 볕을 받아 부쩍 부쩍 자라는 잡초를 제어할 수 없게 되어, 논밭이 풀밭으로 변하게 된다. 당연히 소출도 기대할 수 없다. 이 때문에 이 시기를 두고 "호미 끝에 100그루의 벼가 달린다"는 말이 나올 정도였다. 아무리 더워도 김매기는 해야 했고, 이 김매기는 잡초와의 마지막 싸움이었다. 풋굿이라는 말도 이 때문에 나온 것으로 보인다. 풋굿은 들판에 잡초草를 제거한 다음에 여는 연회宴 혹은 굿이라는 말에서 나온 것으로, 한자 표기 방법인 초연으로도 불렸다.

안 할 수 없는 농사일이지만, 거꾸로 생각하면 이 시기는 여름 더위가 가장 정점에 달하는 시기이기도 하다. 이 더위는 벼나 잡초를 가리지 않고 눈에 보일 정도로 부쩍 부쩍 자라나게 해 주는 성장의 원동력이다. 때문에 논물은 끓어올라 한증막을 연상케 하며, 밭일이라도 할라치면 이글거리는 지열로 발을 땅에 대기도 힘들다. 요즘처럼 잡초를 제거하는 농약이라도 있으면 좋겠지만, 일일이 사람 손을 필요로 하는 잡초 제거작업은 일하는 이들에게 극한의 노동을 선사했다.

호미씻이는 이처럼 뜨거운 여름 햇살과 싸우면서 김매기를 마친 농부들에게 주어지는 잠깐의 쉼과 재충전의 시간이었다. 가장 힘든 여름 김매기가 끝나면 농부들은 날을 잡아 호미를 씻어 둔 채 잠시 농사를 물렸다. 호미를 씻기 위해서 물이 있는 강변이나 개울가에 모였다.

그런 곳은 더위를 물리치고 함께 놀기도 좋은 곳이었다. 호미씻이를 하러 나가면서 집집마다 음식과 술을 준비하여 호미도 씻고 음식도 나누며 하루를 즐겼다. 대개 부자들은 음식을 더 풍성하게 마련하는 게 관례였고, 머슴이 많은 집은 많은 음식을 준비해서 머슴들의 기를 한껏 살려 주었다. 그래서 어떤 지역은 아예 이날을 '머슴날'이라고도 불렀다. 힘든 일상에서 잠시 벗어나 다시 새로운 일상으로 돌아갈 힘을 충전하는 시간이자, 뜨거운 뙤약볕을 견디게 만들었던 희망의 시간이기도 했던 이유였다.

오천 고을에서는 이날 해가 중천에 뜬 오시午時(대략 오전 11시~오후 1시)쯤 온마을 사람들이 모여 호미씻이를 시작했다. 뜨거운 햇볕도 오늘은 쉼을 위한 즐거움의 조건이지, 이겨 내거나 견뎌야 할 대상은 아니었다. 잡초가 없는 너른 논을 보면서 즐거운 마음으로 술도 한잔하고, 그 기분에 마을 사람들끼리 놀이도 즐겼다. 1607년 음력 7월 2일은 여름의 절정임에도 불구하고 다행히 날씨까지 시원했다.

현대를 살아가는 우리들에게도 양력 8월은 일종의 호미씻이의 계절이다. 호미씻이가 힘든 일을 겪은 후 갖는 삶에 대한 보상이었던 것처럼, 현대인에게 휴가는 일상에서 최선을 다했던 것에 대한 보상이자 재충전의 시간일 것이다. 다시 돌아올 현실을 위해 호미를 잠시 씻어 두고, 짧은 시간이지만 힘든 현실을 잘 이겨 내고 있는 보상을 충분히 즐기는 시기이다.

휴식은 일터와 다른 공간이 아니라, 일터에 속해 있는 또 하나의 공간이다. 일은 노동과 휴식 전체를 포함하는 용어이지, 휴식을 뺀 노동만을 말하는 것은 결코 아니다. 노동은 휴식을 통해 그 가치를 획득하고, 휴식은 노동의 뒷면에 존재하는 편안함이다. 그래서 노동 없는 휴식은 휴식이 아니고, 휴식 없는 노동은 불가능하다. 사용자들이 노동자가 갖는 휴식을 일의 일환으로 이해하는 지혜가 필요한 이유이다. 요즘도 여름이 기승을 부리는 시기가 되면 안동시 예안면에 있는 오천 군자리에서는 풋굿 축제가 열린다.

출전: 김령, 《계암일록》

물이 있으니,
뱃놀이가 없으랴

예안은 낙동강 상류 지역으로, 도산서원 앞으로 흐르는 물이 적지 않았다. 이 때문에 내륙 깊숙이 자리하고 있어도 은어를 잡고 뱃놀이를 하는 문화가 발달했다. 1607년 초 예안 고을에서는 새로 배를 만든다고 시끌벅적했다가, 그해 음력 4월 2일 배가 완성되었다는 소식이 들려왔다. 이 소식을 들은 예안의 김광계金光繼(1580~1646)[40]는 한번 날을 잡아 배를 타러 갈 계획을 세웠다. 그는 평소에도 물을 좋아하고 뱃놀이를 즐겼다.

　그런데 이날 아침 새로 부임한 예안현감이 예안향교 대성전에 참배온다는 소식이 전해졌다. 그래서 여러 유생들과 함께 현감의 대성전참배에 동석했다가 돌아오는 길에 몇몇 친우들과 친척들이 함께 배를 타러 가기로 했다. 사공을 불러 흥정을 하고 새로 만든 배에 올랐다. 일종의 시승이었다. 음력 4월 초의 화창한 날씨마저 시승을 도왔다. 배가 한참 동안 강을 거슬러 올라갔다. 김광계는 막걸리라도 한 동 준비하지 못한 것이 그렇게 아쉬울 수 없었다. 갑자기 성사된 뱃놀이인지라 어쩔 수 없었지만, 술이 빠진 탓에 모두들 아쉬움이 컸다. 그래도 이 뱃놀이는 해가 뉘엿뉘엿 기울고야 끝이 났다.

뱃놀이는 놀이로만 시작하지 않는 경우도 많다. 이 기록 1년 뒤인 1608년 단오날(음력 5월 5일) 며칠 동안 도산서원에 머물던 김광계는 함께 공부하고 있었던 이임보李任甫[41]와 여원汝遠,[42] 그리고 막내 아우 김광악 등과 역동서원에 놀러갈 계획을 세웠다. 며칠 전 역동서원에 갔다가 어제 돌아온 아우 광악에 따르면 그곳에 있는 친구들이 놀러 오라 했다는 것이다. 도산서원에서 역동서원까지의 거리는 매우 가깝지만 강을 건너야 갈 수 있었다. 한동안 역동서원을 둘러보지 못한 터였다. 아우 광악의 말을 듣고 김광계는 바로 도강渡江을 결심했다.

배를 하나 불러 모두 배를 타고 출발했다. 공부에서 잠시 벗어났다는 즐거움을 안고, 배는 낙동강을 따라 흘러내려 갔다. 그런데 좋았던 기분도 잠시, 여울 한 군데 이르러 갑자기 배가 멈추었다. 물이 얕아 배가 강바닥에 닿았던 것이다. 낭패였다. 양반 체면을 가릴 처지가 아니었다. 모두 옷을 벗고 내려서 배를 밀었다. 다 같이 힘을 모아 배를 밀고 당기고 해 봤지만, 배는 꼼짝하지 않았다. 강 중간에서 꼼짝도 할 수 없는 상황에 처했던 것이다.

한동안 힘이 빠져 있는데, 역동서원 쪽에서 배 한 척이 물결을 거슬러 올라오는 것이 보였다. 김광계 일행이 처한 소식이 역동서원에 전해졌고, 역동서원 친구들이 배를 구해서 달려왔던 것이다. 모두 옷을 벗고 배를 끌어서 겨우 그곳을 빠져나올 수 있었다. 구경립, 이의경, 권진보, 권신재, 권인재, 이광전, 임종보, 윤응이가 달려와 주었다.

배 두 척이 강 중간에 서자, 평상시와는 달리 널찍한 느낌이 들었다.

이렇게 된 김에 김광계 일행과 역동서원에서 온 친구들은 함께 배 두 척을 묶어 강 가운데로 나아가 뱃놀이를 즐기기로 했다. 도산서원에서 역동서원은 배를 타고 하류로 내려가는 방향인지라, 배 두 척을 묶어 두기만 해도 저절로 뱃놀이가 되었다. 힘을 합쳐 배를 건져낸 모험담에 도산구곡[43]의 경치까지 보태어져, 뱃놀이는 점점 흥취가 올랐다. 디오날 젊은 인생들은 이처럼 시간 가는 줄 모르고 하루를 즐겼다.

뱃놀이의 백미는 빼어난 경관과 날씨, 그리고 이를 화려하게 보태어 주는 흐드러진 꽃이다. 1609년 음력 4월 14일, 김광계는 일가들 몇 명과 함께 야외로 나가 뱃놀이를 하기로 했다. 날씨가 너무 좋은 데다 한창 철쭉이 피는 철이었다. 뱃놀이에는 안성맞춤이었다. 김광계의 재종숙인 김령과 김평이 따라나섰고, 아재와 재종형제들 여럿이 함께 모였다. 뱃놀이 한다는 소식을 미리 전해 두었더니, 모두 술을 준비해 와 부족한 것이 없었다. 강에 배를 띄워 침류정枕流亭 아래를 오르내렸다.[44] 강변마다 피어 있는 철쭉은 오가는 배를 반겼고, 봄기운이 오른 신록은 그 윤기 나는 자태를 뽐냈다. 이날 일가들은 무수히 어지러운 술잔을 딛고, 뱃놀이로 하루를 보냈다.

예나 지금이나 뱃놀이는 고급 놀이다. 특히 물과 산수를 중요하게 생각했던 유학자들에게 뱃놀이는 자연과 가장 가까이에서 진할 수 있는 놀이였다. 신록이 빛나고 꽃이 피는 계절이면, 정자에서 자연을 즐기기도 하고, 그게 모자라면 배를 타고 직접 물을 느끼기도 했다. 배 위에서 절정의 시감詩感을 발휘하기도 하고, 일가의 단합을 희망하고 실제 그것을 이루기도 했다. 배의 일렁임을 따라 한 잔 두 잔 들이키는 술잔을 통해 그들은 무릉도원을 꿈꾸었을지도 모르겠다.

출전: 김광계, 《매원일기》

등고회와 동고회,
놀이 방법도 가지가지

권별權鼈(죽소竹所, 1589~1671)[45]은 1625년 9월 9일 오랜만에 친구들로부터 등고회登高會에 초청을 받았다. 구계에 사는 여러 벗들이 친구들과 만남의 자리를 만들고, 등고회를 열어 권별을 초청했던 것이다. 1년에 한 번 이 시기만 할 수 있는 등고회였다. 권별은 기쁜 마음으로 또래 동생들까지 대동하여 함께 참여했다. '등고회'란 말 그대로 높은 곳에 오른다는 의미이다. 높은 곳에 올라 경치와 풍경을 구경하는 것이었다. 그런데 그 의미가 이렇게 단순하지 않다. 등고회는 일반적으로 가을이 한참 익어 가는 음력 9월 9일을 기해 이루어졌다. 단풍이 절정을 뽐내기 시작할 무렵인지라, 높은 곳에 오른다는 것만으로도 한 해를 지내는 또 다른 아름다움과 만날 수도 있었다.

그런데 9월 9일이 특별한 이유가 있다. 이날은 9가 두 번 들어 있는 날이다. 그래서 이날을 보통 '중구일重九日'이라고 불렀다. 여기에서 중重은 '무겁다'로 번역되는 것이 아니라 '거듭되다'로 번역된다. 말 그대로 9가 두 번 들어 있는 날이라는 의미이다. 그런데 이처럼 9가 두 번 든 음력 9월 9일은 단풍이 참으로 아름답게 드는 시기여서 등고회를 하기에 안성맞춤이기도 하지만, 그것보다 이날이 주는 의미가 유학자들에게는 더 컸다. 그 이유는 '중구일'을 흔히 '중양절重陽節'이라고도 불렀다는 점에서 찾을 수 있다.

힌지문회권에서 우주의 세계에 대한 이해를 담고 있는 대표적인 책이 《주역》이다. 근래에는 점치는 책으로 많이 알려져 있지만, 이 책은 우주의 운행 원리를 형이상학적인 틀을 가지고 설명하는 철학서이다. 이 책에서는 세계를 음과 양이라는 구조를 가지고 풀이한다. 그런데 이러한 구조는 대단히 상식적인 수준에서 만들어진 것이다. 흔히 세상을 단순화해 둘로 나누어 보면, 밝은 것과 어두운 것, 튀어나온 것과 들어간 것, 남과 여, 낮과 밤, 더위와 추위 등으로 단순화할 수 있다. 어떻게 보면 세상의 다양한 운동과 변화는 이렇게 나누어진 두 양상 사이를 왔다 갔다 하면서 만들어진다고 설명할 수도 있다.

이러한 이분법적인 사고의 틀을 적용시켜 보면, 음과 양이라는 구조로 단순화할 수 있다. 예컨대 낮은 양으로, 밤은 음으로 설명할 수 있다면, 남자는 양, 여자는 음이라는 도식이 가능하다. 산봉우리는 양이고 구릉은 음, 여름은 양이고 겨울은 음이라는 설명 역시 가능하다. 형이상학적인 설명이 시작되는 지점이다. 동양인들은 이러한 음양의 구조를 수로 도식화해서 표현하기 시작했다. 이른바 홀수는 양수이고, 짝수는 음수라는 방식이다. 그리고 이러한 수를 형상화하여 다양한 변화를 설명하기 시작한 책이 바로 《주역》이다.

등고회를 말하다가 너무 복잡해졌다. 다만 우리는 여기에서 숫자로 표현된 음과 양을 말할 때, 홀수인 1과 3, 5, 7, 9는 양수이고, 짝수인

2, 4, 6, 8은 음수라는 사실만을 기억하기로 하자. 이렇게 보면 홀수에서 가장 큰 수인 9는 가장 큰 양수이며, 그래서 《주역》에서는 양을 상징하는 수를 9로 이해했다. 이에 비해 가장 큰 음수는 8이 아니라 6으로 이해했다. 이는 한 자리 수 가운데 양수를 세 번 더해서 나오는 가장 큰 수, 다시 말해 3을 세 번 더해서 9를 만들 듯, 음수를 세 번 더해서 나오는 가장 큰 수, 이 경우에 4가 되면 두 자리를 넘어가므로 2를 세 번 더해서 나오는 수를 선택했다. 그래서 음을 상징하는 수는 6이었다. 9는 양이 가장 성한 상태를 말한다. 그런데 이러한 9가 두 번 겹쳐 있으니, 이날이 갖는 의미는 그야말로 1년 가운데 가장 양이 극성한 날이라고 말할 수 있다. 그래서 '양이 두 번 겹쳐 있다고 해서 '중구일'을 '중양절'이라고 해서 절기로 지켰던 것이다.

그래서 이날 양으로 상징되는 산의 꼭대기나 혹은 높은 곳에 오르게 되면, 극성인 양의 기운을 받아 재액을 막고 오래 살 수 있다고 생각했다. 이른바 등고회와 관련되어 중국 남조의 양梁나라 사람인 오균 吳均이 지은 《속제해기續齊諧記》에는 후한의 인물인 '환경桓景'에 대해 기술해 놓았는데, 그가 등고회를 지켰던 이유가 바로 이것이었다.

그런데 조선에서의 9월 9일은 산이 참으로 아름다운 시기이기도 하다. 단풍이 들고, 하늘이 가을의 모습을 완연하게 드러낼 때이기 때문이다. 이렇게 되자 조선의 선비들은 중양절을 기념하여 등고회를 하면서, 주로 높은 곳에 올라 단풍이 든 풍경을 즐기고, 시와 술을 나누는 풍습을 가지게 되었다. 이날 권별은 많이 취했다.

조선의 선비들은 등고회처럼 유사한 이름을 가졌던 동고회同苦會도 자주 가졌다. 1610년 음력 8월 18일 예안에 사는 김령은 친척인 평보 형이 동고회에 참여하고 온 사실을 기록했다. 한글 발음이 비슷하기는 하지만, 동고同苦는 등고登高와 완전히 다른 의미이다. 동고는 '함께 어려움을 겪었던 사람들'이다. 이날 평보 형이 갔던 자리는 상소를 함께 올렸던 유생들이 모여 함께 고생했던 것을 나누고 노고를 풀기 위한 모임이었다. 이 당시 조정에서는 5현을 문묘에 종사하는 문제(용어 풀이 참고)로 많은 상소들이 올라오고 있었으며, 음력 7월에는 중국에서 온 사신을 맞느라고 정신이 없었다. 이 때문에 영남인들이 올린 상소 관련 내용은 보이지 않아 당시 어떠한 상소였는지 정확하게 알 수는 없다. 다만 동고회의 규모가 꽤 컸다고 기록되어 있는 것으로 보아, 함께 상소를 올리는 과정에서 고생한 대부분의 사람들이 모인 자리였던 것으로 보인다.

동고회에 대한 세부적인 기록은 찾아보기 힘들어서, 자세한 전말은 알 수 없다. 다만 함께 고생했던 사람들이 서로 모여 작성했던 '동고록류'의 기록들이 많이 남아 있는 것으로 보아, 생사고락을 함께했던 사람들과의 관계 역시 매우 중시되고 있다는 사실을 알 수 있다.

요즘도 회사 내에서 큰일을 함께 치른 사람들과 함께 모여 식사를 하고, 노고를 푸는 일은 종종 있다. 또한 군생활을 함께했거나 특정 직업을 함께 경험했던 사람들의 모임 역시 적지 않다. 대부분의 사람들은 고생에 관한 기억이 유난히 크고, 함께 고생했던 사람은 늘 자신의 인생 속에 포함되어 있는 것처럼 여길 때가 많다. 동고회는 바로 그러한 사람늘의 모임이다. 이를 통해 고생을 새로운 삶의 활력으로 만들어 가고 노고를 서로 위로하면서 새로운 과정을 대비하기도 했다. 등고든 동고든, 이유를 만들어 모이고 위로하며 새로운 활력을 찾기 위한 노력은 다르지 않다.

> 출전: 권별, 《죽소부군일기》/
> 김령, 《계암일록》

모내기 끝낸 후의 꿀맛 여유,
단오날 풍경

흥양군(현 전라남도 고흥군) 관아에서 며칠 푹 쉰 양경우梁慶遇(1568
~?)[46]는 며칠간의 극진한 대접에 감사를 표하고, 이날(1618년 5월 5일)
다른 곳으로 떠날 예정이었다. 유람길에 올랐다가 흥양군 군수로 있
는 박유귀朴惟僮를 만나 며칠을 눌러 쉬었다. 이제 다시 유람길에 오를
때가 되었다. 박유귀는 무관 출신으로 수령에 오른 인물이었지만, 나
름 공부를 했던 인물인지라 말이 잘 통했다. 그래서 양경우는 평소에
도 친하게 지내 왔던 터였다. 일어나자마자 식사를 하고 바로 떠날 요
량이었는데, 박유귀가 떠나는 길을 하루만 늦춰 달라고 요청했다. 5월
5일 단오였기 때문이다. 딱히 바쁜 걸음도 아닌지라, 양경우는 하루
더 머물면서 흥양군에서 단오를 쇠기로 했다.

아침식사 후 문밖이 시끄러워 문을 열어 보니, 사람들이 웃으면서
떠들고 있었다. 박유귀가 하인에게 어찌된 연유인지를 알아 오게 하
자, 고을 백성 100여 명이 마당으로 따라 들어왔다. 그제야 박유귀가

양경우에게 "이 고을에서는 단오 때 씨름을 합니다"라면서 오래된 전통이니만큼 고을을 방문한 손님께 보여 드리는 자리를 만들기로 했다는 것이었다. 보통 단오날 저자에서 하던 풍습이지만, 특별히 손님이 있어 이곳으로 장소를 옮겨 온 것이었다.

씨름은 승패를 겨루는 것이기 때문에 놀이라 해도 보는 맛이 있다. 씨름은 특히 좋은 신체를 가진 것이 중요하다. 이날 유난히 피부색이 검고 키가 큰 사람이 뛰어난 실력을 보이면서 도전자 7~8명을 물리쳤다. 대진표를 짜서 시합을 하는 방식이 아니라, 이긴 사람이 계속 다른 사람의 도전을 받는 방식이었다. 7~8명 쯤 물리치자 더이상 도전자가 없었다. 그 사람이 "놀이가 다 끝났습니다"라고 고하자, 박유귀가 그에게 부일목炣一木이라는 나무로 만든 사발을 상으로 주었다.

그때 갑자기 키가 작고 말랐으며, 얼굴이 하얀 것이 마치 유생처럼 생긴 사람이 "저 사람과 겨루게 해 주십시오"라고 요청해 왔다. 박유귀가 그의 신체를 보고는 물러가는 게 좋겠다고 말했지만, 주위의 구경꾼들은 이도 재미있겠다면서 경기를 재촉했다. 승부가 시작되고 서로 어깨를 붙이고 겨루기에 들어갔지만, 마치 개미가 나무에 붙어 있는 듯해서 승부가 싱거울 듯했다. 그런데 갑자기 유생같이 생긴 사람이 기합을 지르면서 힘을 주고, 큰 사람이 그에 대응해서 움직이다가, 결국 두 사람이 함께 쓰러졌다. 유생처럼 생긴 사람이 뜻밖에 선전을 하면서 박진감 넘치는 시합이 이루어졌다.

그런데 시합 결과는 더 놀라웠다. 먼지가 가라앉자 작은 사람이 큰 사람을 깔고 쓰러져 있는 것이 보였다. 양경우와 박유귀를 비롯한 모든 사람들이 놀랐고, 박유귀는 작은 사람을 앞으로 나오게 했다. 그러고 보니 박유귀는 그 작은 사람이 눈에 익었다. 그는 양경우에게 "이 사람은 서울 시장에서 장사하는 사람인데, 장사를 위해 우리 고을까지 왕래하여서 안면이 있습니다. 그런데 이렇게 힘이 센 줄은 몰랐습니다"라면서, 그에게 쌀과 베를 상으로 내렸다. 1618년 홍양군의 풍경이었다.

설날이나 추석에 비해 요즘 단오는 큰 명절이 아니다. 하지만 조선시대에 단오는 중요한 명절이었다. 평안도나 함경도와 같은 북쪽 지역에서는 단오가 추석보다 더 중요한 명절로 여겨지기도 했다. 단오는 창포를 문에 꼽아 두고 여자들은 이 물로 머리를 감는 등의 의식을 통해 한 해의 액을 막고 풍년을 기원하는 명절이었다. 실제로 1632년 단오날 예안현(경상북도 안동시 예안면)에 사는 김령은 일찍 일어나 자녀들로 하여금 사당을 참배케 했다. 본인이 직접 가야 했지만, 몸이 불편해서 참석할 수 없었기 때문이다. 그리고 다른 명절들처럼 고을의 사촌과 육촌들을 만나 몇 잔 술을 나누면서 하루를 보냈다.

1738년 안동의 단오날 언저리에는 청음 김상헌을 배향하기 위한 서원 공사가 한창이었다. 하지만 아무리 서원 건립이 바빠도, 이날은 하루 쉬기로 했다. 명절날까지 공사를 감행할 수는 없었기 때문이다. 그리고 1807년 단오날에는 막 중건된 임천서당에서 부녀자들과 어린 아이들까지 참여한 대규모 모임을 가졌다.[47] 특별한 날을 맞아 평상시 부녀자들과 아이들에게는 개방하지 않던 서당 문을 열었고, 이날 새로운 건물에서 부녀자들과 아이들은 임천서당 주변의 경치를 즐기면서 하루를 보냈다.

궁궐에서도 예외가 아니었다. 단오는 대부분 모내기를 끝낸 백성들이 하루를 쉬면서 풍년을 기원하는 것이어서, 궁궐에서도 백성들의 평안과 곡식 및 만물의 풍성함을 기원하는 의례를 지냈다. 1583년 단오날 경상북도 예천 출신의 권문해權文海(1534~1591)는 임금이 내리는 특별선물을 받았다. 당시 선조 임금은 사간원과 사헌부 관료들에게 호초 3되와 백첩선 1자루씩을 내렸다. 호초는 지금의 후추로, 당시 후추 달인 물이 일사병에 좋다는 설이 있어서 여름 직전인 단오 때 선물하는 경우가 많았다. 백첩선은 부채이다. 흰 댓살이 40~50개 정도 되는 큰 부채로 여름을 잘 이기라는 의미가 담겨 있다.

　농업이 경제의 핵심이 아닌 지금에야 모를 심고 난 다음에 이것이 잘 되기를 바라는 마음을 국가적 명절로 만들 수는 없다. 하지만 농업이 모든 경제의 중심이었던 조선시대에는 모심기를 마친 후 이 모가 풍년으로 이어지기를 바라는 마음, 그리고 여름을 잘 이겨 액이 닥치지 않도록 하는 마음 등을 담아 단오를 보냈다.

출전: 양경우, 《역진연해군현잉입두류상쌍계신흥기행록》/미상, 《임천서당중건일기》/미상, 《법성일기》/권문해, 《초간일기》

청량산 여행에서
백성의 아픔을 보다

청량산은 영산靈山이면서, 명산名山이다. 가을이면 퇴계(이황의 호) 선생께서 걸었던 길을 따라 청량산의 단풍을 보고 싶은 것은 영남 선비들의 소망이었다. 철학과 사색의 산이어서 그 신령스러움을 말로 할수 없지만, 가을이 되면 단풍이 만들어 내는 절경 역시 조선 어느 산에서도 쉽게 보기 어려운 명산의 면모를 가지고 있다. 이황은 오죽하면 청량산에 대한 사랑을 담아 '오가산吾家山(우리집 산)'이라고 했으랴. 그에게 청량산은 아름다운 자연 앞에서 도덕적 아름다움을 만들어 가게 했던 수양의 산이자, 자연과 자신을 합일시키기 위해 노력했던 사색의 산이었다. 퇴계학을 잇고 있는 많은 영남 선비들이 청량산을 찾았던 이유도 여기에 있었다.

봉화에 살았던 권정침權正忱(1710~1767)[48]이 1746년 음력 9월 12일 청량산에 오른 이유도 이와 다르지 않았다. 퇴계 선생을 들먹이지 않아도, 음력 9월이 만들어 주는 단풍만으로도 이 산을 오를 이유는 충분했다. 그러나 퇴계가 걸었던 '예던길'을 따라 청량산을 오른다는 것은 영남 선비 권정침에게는 구도의 길이자, 자연을 향해 자신을 던져가는 수양의 길이었다. 그런데 막상 청량산을 오르는 권정침의 눈에 보인 것은 아름다운 산도 아니고 구도자의 길도 아니었다. 청량산에 터를 잡고 사는 사람들이었다.

이들은 깎이지른 벼랑을 따라기면서 그를 수획하고 있었디. 벼랑 사이라고 해야 겨우 손 하나 들어갈 정도였지만, 낟알이 버려지는 것을 막기 위해 위험을 무릅쓰고 다발을 묶어 그것을 훑고 있었다. 평평한 땅에 조 농사를 지었다면 위험도 없을 뿐만 아니라, 더 많은 수확을 기대할 수 있으련만, 이들은 위험한 땅에서 겨우 몇 줄기 자라고 있는 조를 수확하고 있었다.

이 사람들은 모두 청량산 왼편 산허리에 서너 채 흩어져 있는 작은 민가에 살았다. 그 마을은 바위 사이에 의지하여 천 길 깎아지른 골짜기를 바라보면서 형성되어 있었다. 전쟁이나 난리가 있으면 잠시 피할 목적으로 만든 산성 사이에 있는 작은 마을이었다. 사방으로 바위들이 어지럽게 층층이 솟아 있는 그사이 작은 틈에 마을이 자리 잡고 있었다. 그러다 보니 당연히 농사지을 만한 평평한 땅이 있을 리 만무했다. 어디든 농작물이 자라기만 하면 수확해야 하는 처지였다. 그런데 이들인들 평평한 땅에서 농사를 지을 줄 몰라서 여기 들어온 것은 아닐 터, 이들을 이처럼 고단한 삶으로 몰아내는 당시의 상황은 권정침의 마음을 아프게 했다.

권정침도 이들이 왜 여기에 들어와 사는지 잘 알았다. 근래 몇 해 동안 백성들이 부쩍 평평한 땅을 떠나 사라지고 있었다. 그 이유는 대부분 가혹한 부역 때문이었다. 특히 이 기록이 있기 한 해 전(1745)에는 전국적으로 큰 가뭄이 들었다. 청량산 주위에 있는 예안과 봉화 지역이 유난히 심했다. 이 때문에 세금을 제대로 낼 수 없는 상태인데다, 환곡으로 인한 부담마저 더욱 커진 상황이었다. 이러한 상황에 백성들을 더욱 못 견디게 만들었던 게 바로 가혹한 부역이었다. 안 그래도 못 먹고 살면서 세금을 내야 하는 백성들 입장에서 부역은 그야말로 이중 삼중의 고통이었다. 그러다 보니 이를 피하기 위해 고을을 떠나는 사람들이 늘었고, 조금 심하게 표현하면 민가 10곳 중 9곳이 비어 있는 상태였다. 그리고 아직 본격적인 추위가 채 닥치기도 전인데 벌써 추위와 굶주림으로 죽는 사람이 즐비한 상황이었다.

상황이 이러하니, 차라리 아무도 찾지 않는 청량산에 추위나 겨우 막을 집 한 칸 짓고 얼마 나지 않는 소출로 살아가는 게 나을 터였다. 단풍이 한창인 시절 단풍놀이로 청량산을 오르는 양반네를 보는 것은 별로 기분 좋지 않을 일이나, 그래도 몸을 뉘일 한 뼘 집과 겨우 먹고 살 만한 조 한 되로도 이들은 청량산의 팍팍한 삶을 선택했던 것이다. 가뭄이나 홍수와 같은 자연재해는 어쩔 수 없는 일이지만, 예나 지금이나 결국 백성들을 더욱 팍팍한 삶으로 내모는 것은 권력을 가진 또다른 '사람'들이었다.

출전: 권정침, 《청량유록》

관리들은
연 72일 쉬었다

조선시대 사람들은 7일을 단위로 쉼의 주기를 만들지는 않았다. 하지만 그들에게도 쉼의 주기가 없었던 것은 당연히 아니다. 다만 현대와 그 방식이 달랐을 뿐이다. 요즘도 그렇지만 조선시대 관리, 그중에서도 중앙의 관료들은 대부분 격무에 시달렸다. 특히 관직생활 초기에는 새로 익혀야 할 것도 많았고, 선배 관료들이 초임 관료들의 군기를 잡는 일도 비일비재했다. 이 때문에 관직생활을 시작하던 초기부터 그들도 휴가를 꿈꾸고, 어떤 경우는 아예 낙향을 선택하기도 했다.

예안 고을에 사는 김령은 1624년 음력 3월 26일, 여러 명의 손님을 맞는다. 이날 특히 김령은 오숙우吳肅羽의 방문이 그렇게 반가울 수 없었다. 과거시험에 동반 합격해서, 현재 사간원의 사간으로 일하고 있는 친우가 휴가 중에 방문했기 때문이다. 빡빡했던 일상에서 벗어나 형제의 우애에 버금갈 정도로 서로를 챙겨 주던 동방同榜을 찾아 회포를 풀기로 했던 것이다.

실제 조선시대 관리들의 일상은 녹록치 않다. 조선의 기본 법전이자 최고 법전이었던 《경국대전》 〈고과〉 조에는 관리들의 출퇴근 시간이 명시되어 있다. 여름에는 묘시卯時, 즉 새벽 5시에서 7시 사이에 출근했다. 그리고 퇴근은 유시酉時, 즉 오후 5시에서 7시 사이였다. 대략 12시간 근무를 해야 했다. 요즘 주 52시간 근무제에서 바라보면 적지 않은 근무 시간이다. 그러나 이는 해가 긴 여름에 해당되는 규정이고, 겨울에는 진시辰時, 즉 오전 7시에서 9시 사이에 출근했다가 신시申時, 즉 오후 3시에서 5시 사이에 퇴근했다. 다시 말해, 해가 길 때나 짧을 때나 해가 뜨면 출근했다가 해가 지면 퇴근하는 제도였다. 정해진 시간보다는 해를 기준으로 근무 시간을 결정했던 것이다.

당시 관리들의 근태 관리 역시 결코 느슨하지 않았다. 출근부에 해당하는 관리들의 출결 상황부는 보고서로 작성되어 왕에게까지 보고되었다. 무단결근은 생각하기 어려웠다. 이 때문에 예나 지금이나 휴일은 직장생활하는 이들에게 단비와 같았다. 요즘이야 1주일 단위로 쉬지만, 이는 서양문화의 영향이고 조선시대에는 꼭 그렇지는 않았다. 재미있는 것은 이와 유사한 형태의 휴무일이 만들어지고 있다는 점이다.

관리들의 휴무일을 보면 우선 음력으로 매월 첫째 날과 보름은 쉬었다. 삭망朔望을 중시하는 문화였다. 상중에 있는 집은 이날 제사를 지냈다. 대가족제도 속에서 살았고, 친인척과 지인들의 죽음이 지금 우리보다 훨씬 많았기에 삭제朔祭와 망제望祭는 좀처럼 그치지 않았다. 그리고 그 사이에 음력으로 매월 7일과 23일도 쉬었으니, 실제로 대략 7일 단위로 하루쯤 쉬었을 것으로 보인다. 그리고 영농활동에 맞춰 형성된 24절기 역시 휴일로 인정되어 쉬었으니, 전체적으로 1년에

72일 정도의 기본 휴무일이 있었다고 말할 수 있다. 여기에 선대왕이나 왕비의 기일인 국기일國忌日도 업무를 보지 않았으니, 쉬는 날이나 마찬가지였다.

요즘 국경일과 토·일요일이 겹치면 직장인들에게는 휴무일이 하루가 줄게 되고, 토·일요일과 앞뒤로 이어지는 국경일이 있으면 연휴로 인해 즐거움이 배가된다. 이는 당시에도 마찬가지였다. 1일과 7일, 15일, 23일과 24절기 가운데 하루가 겹쳐 있으면 하루를 손해 보고, 24절기와 이 4개의 날짜가 이어지면 연휴를 즐기기도 했다. 그래서 당시 관리들 역시 연초에 지금의 달력에 해당하는 역법이 배포되면 연휴를 찾아보기도 하고, 쉬는 날이 줄면 아쉬워하는 기록들도 찾아볼 수 있다. 그리고 요즘 설날이나 추석에 며칠씩 휴일을 주는 것처럼, 옛날에도 정월 설날은 7일간 쉬었고, 정월에는 날을 간기로 따져서 '자子'가 들어가는 날과 '오午'가 들어가는 날도 쉬도록 규정해 두었다. 정월에는 그래서 쉬는 날이 많았다. 그 외에도 대보름과 단오에도 3일씩 쉬었다.

관리들에게는 특별 휴가도 있었다. 우선 3년에 한 번씩 부모를 뵈러 갈 때, 그리고 5년에 한 번씩 조상의 묘를 보러 갈 때에는 7일의 휴가를 주었다. 그리고 과거에 급제했거나 관직에 임명된 사람이 부모를 찾아 인사할 때나 조정에서 조상의 벼슬이 추증되는 예식을 거행해 줄 때에도 7일의 휴가를 주었다. 그리고 부모가 병환에 있으면 먼 거리에 있는 사람은 70일, 가까운 거리에 있는 사람은 50일, 한양과 경기 지역은 30일의 휴가를 주었다. 가장 긴 휴가는 당연히 부모가 돌아가신 경우이다. 이때는 3년상을 치르도록 배려해 2년 이상 3년 이내의 특별 휴가를 쓸 수 있었다. 그런데 아내와 장인, 장모가 돌아가시면 15일밖에 휴가를 주지 않았으니, 그야말로 부계 중심의 휴가 일정이었다. 당시 부모 병환으로 인한 휴가는 비교적 엄격하게 관리를 해서, 기한 내에 돌아오지 않으면 바로 파직 대상이 되었다.

휴가 기간이 이렇게 긴 것은 교통이 발달하지 않은 당시의 사정이 가장 큰 원인이었다. 그리고 부모에 대한 효도를 가장 우선에 두고 휴가 날짜를 배려했던 것으로 이해할 수 있다. 그럼에도 1751년 8월 5일 경상감사 조재호가 남긴 기록에 따르면 개인 휴가로 떠난 지방관들이 몇 달이 지나도록 복귀하지 않아 분통을 터뜨리면서 복귀를 종용하는 기사를 남기기도 했다. 일할 사람이 자리에 없는 것은 예나 지금이나 문제일 수밖에 없고, 이 때문에 조선시대 역시 관리들의 근태 관리 역시 엄할 수밖에 없었다.

출전: 김령, 《계암일록》/조재호, 《영영일기》

● 갑술환국甲戌換局

인조반정(1623) 이후 현종 대(재위 1659~1674)까지 약 50년 동안 조선의
정치는 서인과 남인이 공존하는 '붕당정치' 형태를 띠었다. 어느 한쪽이
더 큰 세력을 갖기는 했지만 다른 쪽을 완전히 배제하는 형태는 아니었
다. 그런데, 숙종 대 정치는 이전과 전혀 다른 '환국'의 방식으로 진행되
었다. '환국'이란 국왕의 일방적 결정에 따라 한순간에 한 당파가 조정
을 장악하는 정치 형태이다. 숙종 대에는 모두 3번의 환국이 발생했다.
경신환국(1680, 숙종 6)에서는 서인이, 기사환국(1689, 숙종 15)에서는 남
인이 정권을 차지했고, 마지막 갑술환국(1694, 숙종 20)에서는 다시 서
인이 권력을 되찾았다. 이 사건 후 남인은 다시 집권하지 못한다.

기사환국으로 인현왕후 민 씨가 폐출되고 장희빈이 왕비의 지위에
올랐다. 그런데 이후 노론인 김춘택과 소론인 한중혁이 비밀리에 인
현왕후 민 씨의 복위운동을 도모했다. 남인들이 이를 포착했고 김춘
택 등 수십 명을 체포하여 국문하였다. 그런데 이때 숙종은 갑작스럽
게 아무도 예상하지 못했던 뜻밖의 결정을 했다. 남인의 처사를 문제
삼고 폐비 민 씨 복위운동에 손을 들어주었던 것이다. 그 결과 남인

측의 민암, 이의징이 사사되고, 권대운權大運·목내선睦來善·김덕원金德遠·민종도閔宗道·이현일李玄逸·장희재 등이 유배되었다. 반면에 민 씨를 지지했던 소론 대신들이 요직에 등용되었다. 숙종은 남구만南九萬을 영의정에, 박세채朴世采를 좌의정에, 윤지완尹趾完을 우의정에 각각 기용하였다. 또 기사환국己巳換局으로 왕비가 되었었던 장 씨를 희빈으로 강등시키고, 인현왕후 민 씨를 복위시켰다. 몇 차례 환국정치를 통해 숙종의 왕권은 더욱 강력해졌다.

● 경신대출척庚申大黜陟

인조반정(1623) 이후 현종(재위 1659~1674) 때까지 조선의 정치는 서인과 남인이 공존하는 형태였다. 숙종 대 정치는 이전과 전혀 다른 모습을 띠었다. 3번의 환국이 이루어진 환국정치의 시대였다. 환국 과정을 거치면서 숙종의 권력은 강해졌다. 요컨대, 환국이란 숙종이 자신의 권력을 강화시켰던 방식이다.

숙종 즉위 당시에 조정을 장악했던 당파는 남인이었다. 14세 나이에 즉위했고, 즉위 당시 왕권이 강력하지 못했던 숙종은 남인에 대해서 경계하는 입장이었다. 숙종이 20세를 맞았던 1680년에 남인의 영수 허적이 조부 잠潛의 시호를 맞이하는 잔칫날에 이른바 유악油幄사건이 발생했다. 잔칫날에 비가 오자 숙종은 궁중에서 사용하는 용봉차일龍鳳遮日(기름칠을 해 비가 새지 않게 만든 천막)을 보내도록 지시했는데 이미 허적이 가지고 갔던 것이다. 이에 노한 숙종은 남인에 대한 의심이 더욱 커져 남인을 요직에서 축출하고 서인을 등용했다. 경신대출척을 '경신환국'이라고도 한다.

이 사건 후 얼마 지나지 않아 서인들이 허적의 서자인 허견許堅과 종실 3형제 즉, 복창군福昌君·복선군福善君·복평군福平君이 역모를 꾀한다고 고변한 이른바 '3복의 변'이 발생했다. 이로 인해 허적 일가와 남인의 우두머리 윤휴가 처형되고 관련된 남인들이 대거 축출되었으며, 정권이 다시 서인 측에 돌아갔다. 이 사건을 가리켜 경신대출척이라고 한다. 이 사건을 계기로 조선의 정치는 크게 바뀌었다. 이전까지 여러 당파가 참여하는 붕당정치로부터 일당체제의 형태로 바뀌었다.

● 기묘사화己卯士禍

1519년 중종이 유교 이념의 정치적 구현을 열정적으로 추진하던 조광조 등 젊은 사림 관료들을 일거에 숙청한 사건. 반정으로 집권한 중종 대 초반부터 연산군의 흔적을 지우고 성종 대 정치를 회복하는 작업이 시작되었다. 그것은 19세에 즉위한 중종의 의지라기보다는 자연스럽게 형성된 시대적 흐름이었다. 이런 흐름과 짝하여 민간에서는 젊은 사림세력이 점차 늘었다. 중종 10년 조광조의 등장은 이러한 흐름을 대표했다.

정치적 명분을 확보하고 또 자신의 세력을 확보할 필요가 있던 중종은 조광조와 그가 대표하는 세력을 가까이하였다. 조광조가 중종 10년 조정에 등장하여 만 4년 동안 유례없을 정도로 빠른 승진을 했던 이유이다. 조광조는 중종의 신임을 기반으로 유학 이념의 정치적 구현에 진력했다. 도교의 제사를 맡아보는 소격서昭格署를 폐지했고, 향약을 실시했으며, 현량과를 설치했고, 교화에 필요한 《이륜행실二倫行實》과 《언해여씨향약諺解呂氏鄕約》 등 서적을 인쇄, 반포했다.

하지만 조광조의 정치적 지향이 중종의 의도와 완전히 일치했던 것은 아니다. 시간이 지나자 중종과 사림세력의 정치적 지향이 불일치하는 측면이 점차 두드러졌다. 소격서 혁파 같은 것이 한 예이다. 소격서가 비록 유학 이념에 부합하지는 않아도 선왕들이 유지했던 것을 반드시 폐지할 것까지는 없다는 것이 중종의 입장이었다. 하지만 조광조는 거의 막무가내로 소격서 혁파를 관철했다. 중종과 조광조의 관계를 파탄 낸 결정적 사건은 중종반정의 공신인 정국공신靖國功臣 117명의 작위 삭제 문제였다. 사림세력은 117명 중에서 76명을 뚜렷한 공로도 없이 공신이 되었다고 규정하여 이들의 작위를 삭탈하고 그들의 전답과 노비 등도 모두 국가에 귀속시키는 작업을 관철시켰다. 이 사건으로 중종은 조광조와 그의 세력을 자신의 정치적 경쟁자로 보게 되었다.

기묘사화로 조광조는 능주(현 전남 화순)로 귀양 가서 곧 사사되고, 함께 활동하던 김정·기준奇遵·한충韓忠·김식 등은 귀양 갔다가 사형 또는 자결하였다. 그 밖에 김구金絿·박세희朴世熹·박훈朴薰·홍언필洪彦弼·이자李耔·유인숙柳仁淑 등 수십 명이 귀양 가고, 이들을 두둔한 안당과 김안국金安國·김정국金正國 형제 등도 파직되었다. 이 사화에 희생된 사람들은 후일 기묘명현己卯名賢으로 불리었다.

이 사건은 사건 당시 파장도 적지 않았지만, 시간이 지나면서 그 영향이 오히려 확장되었다. 사건의 희생자들을 후에 '기묘명현'이라고 부르는 것이 이를 단적으로 보여 준다. 이 사건으로 사림세력은 일시적 위축을 겪지만 얼마 지나지 않아 지속적으로 강화되었고, 그들의 정치적 지향은 마침내 사림정권의 탄생으로 현실화되었다.

● 방납防納

대동법이 성립되어 그 폐단을 없애기까지 백성들에게 세금과 관련해서 가장 큰 폐단은 방납이었다. 조선의 세금은 전세, 군역과 요역, 그리고 공물 세 가지로 구성되었다. 이 중에서 절반을 훨씬 넘는 비중을 차지하며 백성들에게 가장 큰 부담이 되었던 것이 공물이다. 방납은 공물과 관련된 가장 큰 폐단이다.

전세가 경작지에 부과되었던 것에 비해서 공물은 행정단위인 군·현에 부과되었다. 공물의 실제 부담자는 군·현 내의 개별 민호였다. 전세가 개별 가호 소득의 많고 적음에 따라 부과되었다면, 공물은 그것과 무관하게 부과되었다. 경작할 토지를 가지고 있지 못한 가호들도 공물 부담을 피할 수 없었고, 풍흉에 관계없이 매년 공물을 부담해야 했다. 본래 공물 자체가 전세와 비할 수 없이 무거운 부담이었을 뿐만 아니라, 개별 가호의 경제적 형편과 무관하게 부과되었던 것이다.

공물 납부의 원칙은 다음과 같다. 군·현은 부과된 공물을 현물現物로 납부한다. 군·현에서 공물을 모아서 각 도 감영監營에서 품질검사를 받고, 이를 운반하여 서울에 있는 중앙 아문에 납부한다. 이러한 공물의 운반 및 납부 과정에는 상당한 시일이 걸렸다. 이 기간에 임산물, 수산물 종류가 다수인 공물을 원래 상태대로 보존하기는 어려웠다. 때문에 자연스럽게 이런 문제들을 해결하기 위해 중간상인이 공물 납부 과정에 참여하게 되었다.

정상적으로만 이루어진다면 공물 납부에 중간상인이 참여하는 것은 고을 입장에서 매우 편리한 일이었다. 이들이 중앙 관서에 물건을 대신 납부해 주면 고을은 나중에 그 값만 치르면 되었기 때문이다. 지방 고을 입장에서는 공물을 마련하는 수고, 운반하는 수고를 덜 수 있기 때문이다. 하지만 이 지점에서 방납의 단서가 마련되었다. 중간상인이 중앙의 공물 수납 관서와 결탁했던 것이다. 그리고 공물 값으로 시세보다 턱없이 높은 가격을 고을에 요구했다. 고을이 이를 견디지 못해서 중앙의 공물 수납 관서에 직접 공물을 납부하려고 해도 중앙의 공물 수납 관서는 이를 거부했다. 중간상인에 의해 납부되는 공물만을 받았던 것이다. 방납은 지방 고을의 직접적인 공물 납부를 막는다는 뜻인데, 바로 이런 상황을 묘사한 단어이다.

● 봉미법

고려와 조선시대에 과거시험의 부정행위를 방지하기 위해 마련한 제도이다. 중국 송대宋代에 확립되었고, 우리나라에서는 고려시대부터 시행되었다. '호명법糊名法'이라고도 한다. 말 그대로 누구 시험지인지 알아볼 수 없도록 이름을 가리기 위해 풀칠을 한다는 뜻이다.

수험생은 답안지 머리에 본인의 관직·성명·연령·본관·거주지, 부·조·증조의 관직과 성명 및 외조의 관직·성명·본관을 다섯 줄로 썼다. 봉미관은 서리들을 지휘하여 답안지 끝부분의 종이를 잘라서 그 위를 종이로 붙였다. 이를 피봉皮封 또는 비봉秘封이라 했다. 그리고는 그 접착 부분에 '근봉謹封'이라는 도장을 찍었다. 이런 방법에도 불구하고 필체를 통해서 응시자를 알 수도 있고, 고시관이 알아보기 쉽도록 응시자가 자획을 달리하는 폐단이 계속되었다. 이 때문에 1365년(공민왕 14)부터는 봉미법에 이어 역서법易書法까지 시행하였다. 즉, 답안지를 서리書吏에게 붉은 글씨로 베끼게 했는데, 이를 역서易書라 했다. 수험생의 필적을 알 수 없게 하여 응시자와 고시관의 결탁을 방지하려는 제도였다. 역서가 끝나면 본초本草(본시험지)와 주초朱草(붉은 글씨로 옮겨 쓴 답안지)를 대조하여 틀린 곳이 없나를 확인하고 주초만 시관에게 넘겨주었다. 시관은 주초를 가지고 채점했다. 합격된 시험지는 다시 본초와 주초를 일일이 대조하였다.

● 북인

북인은 남인과 함께 동인에서 분파된 붕당의 한 정파이다. 선조 대에 사림정권이 성립되면서 정치적으로 이전까지 상상하기 어려웠던 양상이 전개되었다. 신하들 사이에 당파가 형성된 것이다. 왕권이 신권臣權을 압도하던 이전 시대에서는 나타나기 어려운 일이었다.

임진왜란 직전 서인인 정철이 광해군을 세자로 책봉하자는 건의를 했다가 선조의 미움을 받아 서인이 실각했다. 이때 다시 동인이 집권했는데, 곧바로 남인과 북인으로 나뉘었다. 정철의 처벌 수위를 놓고 정인홍 등을 중심으로 한 강경파 북인과 류성룡 등을 중심으로 온건한 입장의 남인으로 나뉘었다. 분당 초기에 북인에는 영남학파 중에서도 조식의 문하생들이 적지 않게 포함되었다. 이황의 문인이던 조목도 북인과 가까웠다.

임진왜란 중 주전론을 펼친 명분과 영남에서의 의병활동을 바탕으로 북인은 전란 후 정국을 주도했다. 그러는 가운데 선조의 후계를 놓고 광해군을 지지하는 대북大北과 영창대군을 지지하는 소북小北으로 갈라졌다. 대북파는 정인홍과 이이첨, 소북파는 유영경이 중심 인물이었다. 결국 광해군의 즉위로 대북파가 광해군 대를 이끌게 되었다.

선조 대부터 사림이 집권했다고는 하지만 당파 차원의 최초의 사림정권은 광해군 대 대북정권이다. 그들은 권력 운영 면에서 여러 가지 실수를 거듭했다. 대북세력뿐 아니라 사림세력 자체가 실제로 국가를 운영해 본 경험이 없었기 때문이다. 선조의 적자嫡子이자 국왕의 동생인 영창대군永昌大君을 살해하고 선조비宣祖妃인 인목대비를 축출하려던 정책은 광해군 정권을 강화하기 위한 것이었지만 정권에 가장 치명적인 결과를 가져왔다. 인조반정 이후 북인이 정권을 잃었을 뿐만 아니라 그 존재 자체가 소멸된 이유가 여기에 있다. 서인이 인조반정으로 북인을 축출했지만, 정작 그들은 북인정권을 반면교사로 삼았다.

● 산송

산송山訟은 '묘 자리 소송'이다. 구체적으로 분묘 및 분묘 주변 산지를 대상으로 하는 소송이다. 16세기 이후 등장하여 조선 후기에 만연했다. 노비, 전답 소송과 함께 조선시대 3대 재산권 분쟁의 하나였다.

성리학이 지배하던 조선사회에서 사대부는 소송장에 드나드는 것 자체를 명예롭게 여기지 않았다. 그런 분위기에서도 사대부들이 상喪을 치르는 중에도 필사적으로 매달렸던 소송이 산송이다. 사대부가로 산송을 겪지 않은 집안이 드물 정도였다.

《경국대전》에는 신분과 관품官品에 따라 묘지 넓이를 규정하였다. 그런데 이것은 지세와 묘지 풍수를 고려한 것은 아니었다. 민간에서는 그와 무관하게 관행적으로 분묘를 둘러싼 산줄기의 흐름을 따라 좌청룡·우백호를 분묘의 수호 영역으로 설정했다. 법 규정보다 이 편이 묘지 주인 측에도 유리했기 때문이다. 요컨대 사대부들은 법 규정을 크게 초과하는 묘지 범위를 관철하였다. 산송이 발생하는 기본적인 이유 중 하나는 분묘가 포괄하는 범위가 대단히 넓었기 때문이다. 숙종 대에 이르면 결국 국가에서도 민간의 현실을 수용하였다. 그 결과가 영조 대 《속대전》에 수록되었다.

현실에서, 산송의 양상은 불법적으로 타인의 묘역에 묘를 쓰는 투장偸葬과 이를 막으려는 금장禁葬 간 충돌로 표출되었다. 또 산송은 판결이 내린 뒤에야 비로소 본격적으로 전개되는 특성을 보였다. 금장자는 패소해도 승복하지 않았고 상급 관청에 호소하고 소송을 제기하는 사람을 바꾸어 가면서 계속 소송을 제기했다. 투장자 역시 패소해도 묘를 파내지 않고 계속 버티었다.

산송에는 조선 후기 사회·경제적 변동도 중요한 원인이 되었다. 산림의 경제성이 조선 후기로 내려올수록 증대했던 것이다. 무덤이 있는 산[墳山] 수호자는 분산 내의 목재, 땔감 등 산림 생산물을 이용할 수 있는 권한을 독점했다. 특히 조선 후기 온돌의 보급에 따른 땔나무 수요 급증이 결정적이었다.

● 서얼 통청

조선시대에 양반 이외 신분은 신분적 자별을 받았다. 이런 자별의 실질적 대상이면서 그 차별을 예민하게 느꼈던 사람들은 일반 백성이 아닌 양반층 바로 아래 있던 서얼, 중인, 향리 같은 사람들이었다. 이들은 양반과 동일한 생활공간에 있거나, 이들의 일 자체가 행정적인 일이었기 때문이다. 그들은 능력 면에서 양반과 별다른 차이가 없음에도 사회적 진출에 커다란 제약을 받았다.

조선 건국 초인 1415년(태종 15)에 '서얼에게는 현직顯職을 금한다'

는 규제가 성문화되었다. 그 뒤《경국대전》에 양첩의 소생은 '서庶', 천첩의 소생은 '얼孽'이며, 서얼 신분은 자자손손에 이른다고 규정되었다. 또한 그들은 문과, 생원진사시에 응시할 수 없었다. 하지만 이러한 규정이 있다고 해서 그것이 오랜 세월 그대로 유지될 수는 없었다. 서얼, 중인, 향리들이 그 현실을 언제까지나 그대로 두고 볼 수는 없었기 때문이다.

서얼, 중인, 향리들 중에서 통청운동에 제일 먼저 나선 집단은 서얼들이었다. 1695년(숙종 21)에 영남 지방 서얼 988명이, 1724년(영조 즉위년)에 전국 5,000여 명의 서얼 출신들이 상소운동을 벌였다. 1772년 12월(영조 48)에는 경상도 서얼 유생 전성천全聖天 등 3,000여 인이 지방 서얼의 문제점을 지적하는 상소문을 올렸다. 이 상소로 문과의 양사兩司와 무과의 선전관宣傳官에 오를 수 있도록 하였다. 정조가 즉위하여 또 한 번 통청운동의 성과를 거두었다. 1777년 3월의 〈정유절목丁酉節目〉이 그것이다. 이 허통의 결단이 규장각 검서관에 4명의 서얼(이덕무, 유득공, 박제가, 서이수)을 등용하게 된 배경이다.

19세기 순조 대에 이르러 이 문제는 더욱 확대되었다. 1823년(순조 23) 김희용金熙鏞을 소두로 경기·호서·호남·영남·해서·관동 등 6도 유생 9,996인이 상소문을 올렸다. 재력 있는 서얼의 후원을 받고 통문을 돌렸다. 이를 통해 수만 냥의 자금을 마련하고, 몇 만 명을 끌어들여 소청을 설치하여 각계에 압력을 넣어 여론 조성을 하는 등의 노력으로 서얼 허통 문제를 사회 문제로 부각시켰다. 결국 1851년(철종 2) 4월 15일에 서얼 허통의 조치가 단행되었다. 이로부터 10일 후에 기술직 중인들은 본격적인 허통에 나서게 되었다. 서얼의 통청운동이 중인들의 통청운동을 이끌어 냈던 것이다.

• 서원

사림이 향촌에 설립한 사설 교육기관. 1543년(중종 38) 풍기군수 주세봉이 순흥(현 경북 영주)에 백운동서원白雲洞書院을 창건한 것이 단서가됐지만, 서원의 실제 정착과 보급에 큰 역할을 한 사람은 이황이다.

16세기에 들어서 관학인 향교의 교육은 점차 부실해졌다. 그 운영에 막대한 재정이 필요해 겉치 어려움을 겪었다. 그에 따라 교수 요원의 자질이 떨어졌고, 향교 운영 경비가 부족하게 되었다. 반면에 사림의 힘은 지속적으로 강화되었다. 그것은 두 방향에서 나타났다. 하나는 향촌에서 사림의 경제적·사회적 영향력이 강화되었다. 서원 설립의 직접적인 힘은 사림의 날로 성장하는 경제력에 힘입었다. 다른 하나는 중종 대 조광조를 대표로 하는 사림파의 등장이다. 그들은 조정에서 정치 개혁의 원칙으로 도학을 천명했고, 그 도학을 밝힌다는 명분을 내세워 교육 개혁을 요구했다. 이는 기존의 과거시험 준비기관으로서의 향교가 아닌 새로운 도학 교육기관의 설립을 요청하는 것이었다. 주세붕이 세운 백운동서원은 중국 서원이나 조선의 향교와 다름없는 과거시험 준비기관이었다. 이에 반해서 이황은 조광조 등 중종 대 사림의 문제의식을 전면적으로 받아들였다.

서원 건립은 유림들이 사적으로 주진한 것이므로 사실 국가가 관여할 필요는 없었다. 하지만 서원의 교육 및 향사享祀 기능은 국가의 인재양성과 교화정책에 깊이 연관되었다. 때문에 조정에서 특별히 서원의 명칭을 부여한 현판과 그에 따른 서적·노비 등을 내린 경우가 있었다. 이러한 특전을 부여받은 국가 공인의 서원을 '사액서원'이라 했다. 1550년 풍기군수 이황의 요청으로 명종이 '백운동서원'에 대해 '소수서원紹修書院'이라는 어필御筆 현판과 서적을 하사하고 노비를 준 것이 사액서원의 효시가 되었다. 《속대전》(1746)에 의하면 사액서원에는 서원전書院田 3결을 지급하였다.

선현 배향과 교육이라는 두 가지 기능을 갖는다는 점에서 건축물 구성에서 서원은 향교와 다르지 않다. 선현의 제사를 지내는 사당, 선현의 뜻을 받들어 교육을 실시하는 강당, 원생·진사 등이 숙식하는 동재東齋와 서재西齋 세 가지가 핵심이다. 이 외에 문집이나 서적을 펴내는 장판고藏版庫, 책을 보관하는 서고, 제사에 필요한 제기고祭器庫, 서원의 관리와 식사 준비 등을 담당하는 고사庫舍, 시문을 짓고 대담을 하는 누각 등이 있다.

서원은 중국 서원이나 조선의 향교와 뚜렷이 다른 점도 있었다. 첫째는 배향 인물에서 핵심 대상은 16세기 이후 확립되는 도통의 계승자들이다. 둘째는 과거시험 준비가 아닌 스스로를 닦는 위기지학爲己之學의 교육에 치중했다는 점이다. 셋째, 서원은 지역 내 사림이 모이는 공간이었다. 그 결과 후대로 내려올수록 서원은 지역 내에서 정치적·사회적 기구의 성격을 띠며 향촌 운영의 중심이 되었다.

● 언관

사헌부司憲府와 사간원司諫院 관원을 통틀어 이르는 말. 대간臺諫이라고도 했다. 대간은 사헌부 관원인 대관臺官과 사간원 관원인 간관諫官을 합해서 부르는 말이다. 언관은 왕의 귀와 눈의 역할을 한다고 해서 왕의 이목관耳目官이라고도 불렸다. 원칙적으로 사헌부와 사간원의 기능은 구분되었지만 실제로는 겹치는 경우가 많았다. 정치의 잘잘못을 논하고, 왕과 관리들의 잘못을 간쟁, 탄핵하며, 관리들에 대한 인사권을 행사했다. 조선 초기에는 사헌부와 사간원 관리만 언관이었지만, 점차로 홍문관도 언론기관이 되었다. 중국에서 시작되었고, 우리나라에서는 고려시대에 시작되었지만 그 전형적인 모습은 조선시대, 특히 중종 이후 본격화되었다. 언관은 조선의 문신 관료들 중에서도 가장 선망받는 직책이었다.

● 역役

조선시대에 대한 서술에는 흔히 국역國役, 신역身役, 직역職役, 요역徭役 등의 단어가 자주 나온다. 이들 단어에 공통으로 들어있는 '역役'은 조선시대를 설명하는 중요한 개념이지만, 현재의 관념으로는 곧바로 이해하기 곤란한 개념이기도 하다. 왜냐하면 동일한 개념이 양반에게는 관료가 될 수 있는 권리로, 일반 백성인 양인良人에게는 군대에 나가야 하는 의무로 작용하기 때문이다. 이는 신분제사회가 아닌 지금 기준에서 신분제사회를 이해하는 과정에서 나타나는 문제이다.

역은 성인 양인이나 호戶가 국가에 대해 갖는 관계, 혹은 의무이다. 원칙적으로 조선에서 15~60세 사이의 모든 양인 남성은 국가에 대해 공적 의무를 갖는다. 이 관계를 포괄적으로 국역이라고 불렀다. 국역에는 크게 신역과 요역이 있었다. 신역은 천인, 여성을 제외한 15~60세 사이의 모든 남자들에게 부과되었다. 요역은 호가 부담했던 노동력이다. 길을 닦는다든지, 산성을 쌓는다든지 하는 것에 동원되던 것을 가리킨다.

신역은 크게 3가지로 구성되었다. 가장 큰 비중을 차지하는 것이 군역이다. 양인들 대부분이 군역 부담 대상자들이었다. 군역 이외에 신역을 지던 사람들도 있었다. 전문적인 기술을 가진 사람들은 군역 이

외에 그들의 전문기술로 국가에 대한 의무를 대신하였다. 세 번째는 양반층의 신역이다. 이들에게 신역은 관리가 되어서 국가에 봉사하는 것이었다. 이러한 맥락에서 서원이나 향교에서 정식 학생으로 공부하던 사람들에게는 군역이 부과되지 않았다. 그들은 미래의 관료로 취급되었고, 군역은 그들의 신역이 아니었기 때문이다. 오늘날 관점에서 본다면 양반들의 신역은 의무라기보다는 권리에 해당한다. 이렇듯 조선시대와 지금이 의무와 권리 관념에 차이가 있는 것은 조선이 신분제사회였기 때문이다. 신분제사회란 사회구성원들이 저마다 다른 의무와 권리를 갖는 사회이다.

● 역민식

역민식役民式은 성종 2년(1471)에 정해진 조선의 요역 부과 원칙이다. '役民式'이라는 말은 단어의 뜻 그대로 '백성들을 사역하는 원칙'이라는 뜻이다. 그런데 역민식은 백성들의 노동력을 동원하는 요역뿐 아니라 공물 부과에 대한 원칙이기도 했다.

  역민식이 요역뿐 아니라 공물 수취의 원칙이기도 했던 이유는 요역과 공물의 속성에 담겨 있다. 공물은 지방 각 고을에 부과된 현물이었다. 예를 들어서 조선시대 안동에서는 은어가 해마다 납부해야 할 공물이었다. 그런데 공물을 마련하기 위해서는 결국 고을 백성들의 노동력을 동원하지 않을 수 없다. 요역과 공물은 그것을 최종적으로 소비하는 입장에서는 노동력과 현물이라는 외형적 차이가 있지만, 그것을 마련하는 과정은 다 같이 노동력 동원을 통해 이루어졌다. 이것이 역민식이 요역과 공물 두 가지 모두에 대한 운영 원칙이 된 이유이다.

역민식은《경국대전》에 "경작지 8결에서 1인의 노동력을 동원하고 田八結出一夫, 1년에 6일 이상을 동원할 수 없다"는 내용으로 규정되었다. 결結은 조선의 경작지 단위였다. 조선시대의 여러 사료에서는 "一夫"가 사람이 아닌 경작지 8결을 말하기도 한다.

역민식은 조선이 건국된 지 거의 80년 가까이 지나서야 마련된 원칙이다. 중요한 세금 운영의 원칙이 이렇게 긴 시간이 지나서야 마련된 이유는 재정을 둘러싸고 긴 사회적 갈등이 있었기 때문이다. 건국 당시에는 공물과 요역의 부과를 사람과 경작지를 아울러 기준 삼았다. 세금 부담 능력의 차이는 경작지 규모에 비례했지만, 많은 땅을 가진 기득권층의 저항이 있었던 것이다. 그러던 것이 세종 대에 이르러 차츰 토지를 유일한 부과 기준으로 삼게 되었고, 그것이 법적으로 정해진 것이 성종 2년이다.

● 영남만인소

만인소萬人疏는 1만 명 내외의 유생들이 연명해 올린 대규모 집단상소를 가리킨다. 첫 번째 사례는 1792년(정조 16) 사도세자 신원을 위해 영남 유생 1만여 명이 올린 만인소이다. 이후에도 영남에서는 1855년(철종 6)과 1868년(고종 5), 1875년(고종 12), 1884년(고종 21) 등 여러 차례에 걸쳐 만인소를 올렸다. 하지만 '영남만인소'라 하면 대개 1881년(고종 18)의 만인소를 가리킨다.

1880년 제2차 수신사로 일본에 다녀온 김홍집이 청나라의 주일 외교관 황준헌黃遵憲이 지은《조선책략朝鮮策略》을 왕에게 바쳤다. 이 책은 조선이 러시아의 남하에 대응하기 위해 친청親淸·결일結日·연미聯

美의 외교정책을 펼쳐야 한다는 주장을 담고 있었다. 이에 1881년(고종 18) 3월 25일(음력 2월 26일)에 이만손李晩孫·강진규姜晉奎·황재현黃載顯 등 영남 지방 1만여 유생들이 조정의 개화정책에 반대해서 영남 만인소를 올려서 위정척사衛正斥邪를 주장했다. 그러자 조정은 그해 4월에 만인소를 주도한 이만손 등을 붙잡아 국문하였고, 6월에 이만손과 홍시중洪時中을 강진현 신지도에, 강진규를 흥양현 녹도에, 황재현을 진도부 금갑도로 유배하였다. 그러나 이들이 유배된 뒤에도 강원도, 경기도, 충청도 유생들의 척사 상소가 계속 이어졌다. 이처럼 영남만인소는 위정척사운동을 확산시키는 계기가 되었다.

• 5현종사

5현종사란 도학道學에 공이 있는 김굉필, 정여창, 조광조, 이언적, 이황을 공자를 모시는 문묘에 배향하는 것을 뜻한다. 5현종사는 조광조가 기묘사화 전(1517)에 제안했던 내용이 단초가 되었고, 최종적으로 1610년(광해군 2)에 실현되었다. 약 90여 년에 걸쳐 이루어진 일이다.

15세기 중반 이후 조선에서는 기존의 정치세력과 구별되는 새로운 지식인 그룹이 등장했다. 후에 이들은 사림파라는 이름을 얻는다. 그들이 기존 기득권 세력에 맞서면서 빚어진 것이 연산군 대에 있었던 두 번의 사화이다. 두 번의 사화로 인해서 일시적인 타격이 있었지만 사림파가 지향하는 유교적 가치는 지속적으로 더 많은 사람들의 동의를 이끌어 냈다. 이들이 중앙 정계에 하나의 정치세력으로 등장한 것이 중종 대 조광조를 필두로 한 사림파이다.

사림파는 자신들이 지향하는 왕도정치를 정당화하고 그 토대를 마련하기 위해서, 중종 12년에 정몽주와 김굉필의 문묘종사를 추진했다. 문묘종사란 문묘에 그 두 사람을 함께 배향하는 것이다. 조선이 유학을 국가 이념으로 했기에, 어떤 인물이 문묘에 배향된다는 것은 그가 지향한 가치가 국가적 차원에서 최종적으로 승인되었음을 뜻한다. 김굉필은 조광조의 스승이었다. 조광조의 본래 의도는 김굉필을 문묘에 배향하는 것이고, 정몽주는 이를 가능하게 하기 위한 수단적 성격이 강했다. 하지만, 당시에는 정몽주만 문묘에 배향되고 정작 김굉필의 문묘종사는 성공하지 못했다.

기묘사화 후 사림세력은 한동안 탄압받았지만, 그들이 지향했던 가치까지 부정당하지는 않았다. 그 결과 중종 말년에는 기묘사림이 정치적으로 대부분 복권되면서 사림세력이 다시 한번 재기한다. 그 결과 인종 대에는 조광조를 김굉필에 연결시키는 흐름이 형성되었다. 명종 대에는 사림파가 지향했던 도학을 더욱 정밀하게 가공하는 과정이 진행되었다. 가장 선두에 선 사람은 이황이었고, 이 과정에서 그는 이언적을 포함시켜 김굉필, 정여창, 조광조, 이언적으로 이어지는 도통을 형성한다. 명종 말 이들 4인을 '동방사현東方四賢'이라 칭하며 문묘종사운동이 시작된다. 선조의 즉위로 사림정권이 성립되자마자 이황, 기대승 등에 의해서 이들 4인에 대한 문묘종사가 제기되었다.

정몽주에서 김굉필로 이어지는 사림파의 학문적 계보의식은 선조초 이황, 기대승에 의하여 하나의 국론으로 정립된다. 그리고 선조 5년 이황의 사망 후에 곧바로 5현의 문묘종사가 제기된다. 하지만 선조는 대단히 신중한 태도를 보였다. 광해군 대에 와서 사림의 공통된 과제로 선조 대에 유보되었던 5현종사 청원운동이 자연스럽게 제기되었다. 결국 1610년(광해군 2)에 5현종사가 이루어졌다.

● 왜관

조선시대에 일본인이 조선에서 통상을 하던 무역처이다. 고려 말 조
선 초에 왜구의 노략질이 심해지자, 이들을 평화적 통교자로 전환시
키고자 왜인의 왕래를 허락했다. 또, 그들이 아무곳에나 무질서하게
정박하는 것을 통제할 필요가 있어, 왜관을 개항장에 설치하였다. 왜
관은 개항장의 설정과 변천에 따라 설치와 폐지를 거듭하였다. 임진
왜란으로 폐쇄되었던 왜관은 1607년(선조 40) 국교 회복과 더불어 부
산항 내 두모포豆毛浦(현 부산시 동구 수정시장 부근)에 1만 평 규모로 새
로 설치되었다.

　이후 교역 물량이 늘어났고 남풍으로 두모포 포구에 배를 접안하기
어려워지자 1678년(숙종 4) 서쪽 절영도(현재의 영도) 앞 초량에 왜관을
설치하여 이전하였다. 초량 왜관은 용두산을 중심으로 동관과 서관으
로 나뉘어 있었다. 서관은 지금의 신창동 부근이며, 동관은 광복동과
동광동 부근으로 추정된다. 말하자면, 왜관이 있던 초량은 현재의 초
량이 아니다.

　왜관과 왜막倭幕, 왜호倭戶 주위에는 목책을 설치하고 밖에는 성
을 쌓아 주변과의 접촉을 차단했다. 왜관 안에는 일본에서 파견된
500~600명 내외의 왜인들이 거주하였으며, 공청公廳·시장·상점·창
고가 있었다. 왜관에서는 매월 여섯 번 시장이 열렸다고 한다. 초량
왜관은 그 부지가 11만 평 정도였던 것으로 전한다. 이는 일본 나가사
키에 있는 중국 상인 거류지 도진야시키唐人屋敷 1만 평의 11배, 네덜
란드 상인들의 거류지인 데지마出島 4,000평의 25배에 해당하는 넓이
이다. 초량 왜관은 약 200년간 존속하다가 1876년 개항으로 일본인
전관거류지로 바뀐다.

또, 서울에 온 왜인을 위해 서울에도 남산 북쪽 기슭의 남부 낙선방樂善坊(중구 퇴계로 일대)에 1407년(태종 7)에 동평관東平館이라는 왜관을 설치했다. 동평관은 임진왜란 때 소실되었다. 이후 조선이 일본 사신의 상경 자체를 불허했기 때문에 동평관은 사라졌다. 일본 사절의 상경이 거부되면 왜관에서 외교적인 의례와 무역이 행해졌다. 왜관은 데미ㅁㄷ主의 主제인이 싱구ㅎㄴ 일종의 외교기관이기도 했다.

● 유향소

유향소留鄕所, 향청鄕廳, 향사당鄕射堂, 유향청留鄕廳, 향소청鄕所廳, 향소鄕所, 향당鄕堂 등 여러 이름으로 불렸다. 유향소란 유향품관留鄕品官, 즉 지방에 머물고 있는 전직 관료들의 모임 장소라는 뜻을 담고 있다. 조선 건국 초에는 유향품관이 지역의 수령보다 품계가 높은 경우가 많아서 수령과 갈등을 빚기도 했다. 이 때문에 유향소는 몇 차례 설립과 폐지를 반복하였다.

유향소가 중앙 정부를 대표하는 수령과 갈등하기도 했지만 중앙 정부가 유향품관들의 존재 자체를 완전히 부인하기도 어려웠다. 현지 사정에 어두울 수밖에 없는 수령이 지방을 통치하는 데에는 한계가 있었고, 아전들을 완전히 통제하는 데에도 어려움을 겪었기 때문이다. 요컨대 수령이 지방을 통제하기 위해서는 전직 관료로 지역 사정에도 밝은 유향품관의 협조가 필요했다. 그 결과 시간이 지나면서 수령과 유향소의 관계가 차츰 재조정되었다. 수령을 보좌하고, 고을의 풍기를 단속하고, 수령을 보좌하는 향리를 규찰하며, 지역 여론을 대표한다는 등이 그것이다. 그럼에도 구성원의 성격상 유향소가 지역에 거주하는 전직 관리들의 이익을 대변한다는 점이 바뀌지는 않았다.

향임, 즉 유향소의 임원으로는 좌수座首 1명과 별감別監 약간 명을 두었다. 별감은 고을 크기에 따라 3~5명 정도였다. 별감은 30세 이상, 좌수는 50세 이상을 뽑는 것이 관례였다. 유향소의 청사 위치는 유향소와 수령의 관계 변화를 반영했다. 처음에는 수령이 있는 관아와 멀리 떨어져 있어서 이아貳衙, 즉 두 번째 관아라 불렀는데, 19세기엔 대개 관아 구내에 위치하였다. 크기는 대개 10~20칸 정도였고, 향임을 비롯한 10~30인 정도가 일상적으로 근무하였다.

산송山訟이나 군역·부역에 관한 송사도 향청이 맡아 처리했다. 때문에 향청은 수뢰收賂와 환곡 조작 등 부정이 많아 민원의 대상이 되기도 했다.

● 이자놀이

조선시대에 농민이 곡물을 빌릴 수 있는 방법은 크게 3가지 정도였다. 첫째, 환곡, 사창곡, 군자곡 등 정부가 운영하는 대여곡, 둘째, 민간의 사창곡, 셋째 사채인 장리곡長利穀이 그것이다. 정부가 대여하는 곡물은 원칙적으로는 이자를 받을 수 없었지만 현실적으로는 원곡의 10퍼센트에 해당하는 모곡耗穀과 여러 가지 명목의 이자를 받았다. 정약용에 따르면 봄에 1석(15두)을 받으면 6개월 만인 가을에 원곡에 더하여 2두 5승, 즉 16.7퍼센트의 이자를 거두었다. 사창곡은 같은 기간에 20퍼센트 이자율이 적용되었다. 첫 번째에 비해 약간 높은 이자율이었지만 크게 높은 수준은 아니다. 그런데 이 두 가지만으로는 농민의 수요를 충분히 맞출 수 없었다. 환곡은 원곡 수량에 한계가 있고, 그나마 일부만 대여할 수 있었다. 사창의 경우는 더욱 제한적이었다. 사창이 설치된 지역이 대구, 거창, 영천 등 일부 지역에 제한되기 때문이다. 때문에 대부분의 농민들은 사채인 장리곡에 의존할 수밖에 없었다.

조선시대에 사채, 즉 고리채에서 중심적인 자리를 차지했던 것은 장리長利와 갑리甲利였다. 장리는 봄에 대여했다가 가을에 50퍼센트의 이자를 붙여 원금의 150퍼센트에 해당하는 원리금을 회수하는 것이었다. 갑리는 같은 기간에 100퍼센트의 이자를 붙여 원금의 200퍼센트를 원리금으로 회수했다. 이상은 《경국대전》에 의해서 뒷받침되었다. 즉, 월리月利로 10퍼센트, 연리年利로 50퍼센트가 최고 법정이자율로 공인되었고, 또 아무리 장기에 걸친다고 하더라도 이자는 원금과 동액까지만 받고 그 이상 징수하지 못하게 하였다. 요컨대 조선시대에 법으로 뒷받침되는 가장 보편적인 곡물 대여의 방법은 봄에 대여받아 6개월 후에 50퍼센트의 이자를 붙여서 반납하는 장리였다.

장리곡을 대여하는 사람들은 누구였을까? 조정의 고관, 내수사 등 힘 있고 부유한 사람치고 장리곡 대여를 하지 않는 사람이 드물었다. 성종 9년(1478)에 정인지의 장리에 관해 조정에서 논의가 있었다. 이때 한명회는 "정인지가 장리長利한다는 말은 들었지만 재산을 불린다는 것은 듣지 못했습니다. 만일 장리하는 것을 가지고 재산을 불리는 것이라고 말한다면, 지금 조정의 신하들 중에서 누가 재산을 불리는 자가 아니겠습니까?"라고 말하였다. 같은 자리에 있던 성종조차 "사채는 선왕도 금지하지 않은 바이니, 내가 어찌 금할 것인가?"라고 말하여 사채로 이자를 취하는 것은 사회적으로 완전히 당연시되었다.

● 통문

조선시대에 민간단체나 개인이 같은 종류의 기관, 또는 관계 있는 사람들에게 공동의 관심사를 알리던 문서. 통문은 단순한 통지를 넘어서 '선동'이나 '권유'를 목적으로 하는 경우가 많았다. 통문은 백성의 억울한 사정이나 개인 간 분쟁 해결을 관청에 호소하는 소지所志나 국왕에게 의견을 올리는 상소와도 달랐다. 통문은 어디까지나 백성 간에 수평적으로 이루어지던 의사소통의 방식이다.

통문은 다양한 주체에 의해 다양한 목적으로 이용되었다. 가장 많은 통문은 서원·향교·유림에서 보낸 것이다. 이를 '유통儒通'이라 했다. 시국에 관한 중요 문제, 특히 대의명분에 관계되는 문제가 사림에 발생하였을 때 회합을 위해서 통문이 전파되었다. 그 날짜와 장소·의제, 회합의 결과까지 통문으로 발송하여 10일이면 나라 안에 모두 전파되었고 그 영향력도 컸다. 17세기 말 이래 더욱 성행했다. 그 주모자들이 누구인지 알아보기 어렵도록 사발沙鉢 형태로 둥글게 돌아가면서 연명자들이 서명한 경우가 많았다. 이러한 통문을 '사발통문'이라 했다.

임진왜란, 병자호란 때에는 모병과 군량조달을 위해서 통문이 작성되었다. 동학농민전쟁 당시 전봉준은 각 처의 동학 접주와 농민들에게 통문을 돌려 호응을 이끌어 냈다. 또, 전봉준이 체포되자 동학도들은 통문을 이용하여 전봉준의 신원伸寃(원통한 일을 푸는 것)운동을 펴기도 하였다. 문중도 통문을 자주 이용했다. 문중회의는 족보 출판이나 문중 관련 사항을 통문으로 전파하였다.

통문의 서식은 서두에 '通文'이라고 제호처럼 쓰고, 줄을 바꾸어 '右文爲通諭事段(우문위통유사단)'이라는 문구로 시작하여 본론을 말한다음, 모일 장소나 일시를 쓰고 '千萬幸甚(천만행심)'이라는 글귀로 끝을 맺으며, 수신처·발신연월일·발신처 및 발신자 명단을 차례로 열기列記하였다.

● 통신사

조선 국왕 명의로 일본 막부장군에게 보낸 공식적인 외교사절. 막부장군이 조선 국왕에게 보내는 사절은 '일본국왕사日本國王使'라 했다.

조선시대에 통신사 명칭의 최초 사행은 1428년(세종 10) 사절단이다. 파견 목적은 장군 습직의 축하와 전 장군에 대한 치제致祭였다. 이후 통신사 파견이 정례화되어 조선시대 전 기간에 걸쳐 총 20회(전기 8회, 후기 12회)가 이루어졌다.

조선 전기 대일관계에서 조선의 가장 큰 관심사는 역시 왜구 문제였다. 반면에 일본국왕사는 동銅을 가져와 대신 생필품인 쌀·콩·목면을 구해 가거나, 조선의 대장경과 범종을 가져가기도 하였다. 일본에서 선종禪宗이 크게 유행했기 때문이다.

임진왜란 후 통신사 호칭이 다시 사용되기 시작한 것은 1636년부터이다. 반면 일본국왕사의 조선 파견은 금지되었다. 그들의 상경로가 임란 당시 일본군 침략로로 이용되었기에, 조선에서 일본국왕사의 상경을 허락하지 않았다. 1811년 통신사는 여정을 바꾸어 대마도에서 국서를 교환하는 의례적인 '역지통신易地通信'으로 막을 내리며, 이후 정례화된 통신사는 없었다. 19세기 중반 이후, 조·일 양국은 통신사를 통한 우호교린보다는 서로 상반된 대외인식에 의해 서구세력에 대처해 나가게 되었다.

통신사 파견 절차는 다음과 같다. 먼저 일본에서 새로운 막부장군의 승습이 결정되면, 대마도주는 막부의 명령으로 '관백승습고경차왜關白承襲告慶差倭(일본에서는 대경참판사大慶參判使)'를 조선에 파견하여 그 사실을 알려 온다. 곧이어 다시 통신사 파견을 요청하는 '통신사청래차왜通信使請來差倭(수빙참판사修聘參判使)'를 파견한다. 이에 따라 조선에서는 예조가 이 현안을 건의하면 조정에서 논의한 뒤 통신사 파견이 결정되고, 이 사실을 왜관倭館에 알린다.

1682년(숙종 8)의 통신사 편성은 총원이 577인에 달했다. 다른 때에도 통신사의 규모는 대개 이 정도 규모였을 것으로 보인다. 한편, 통신사 일행이 타고 가는 배는 사람이 타는 기선騎船 3척, 짐 싣는 복선卜船 3척 등 모두 6척으로 편성했다. 그리고 정사·부사·종사관의 3사단使團으로 구성된 통신사 일행은 3선단船團으로 편성하였다.

통신사 일행이 한양을 출발하여 부산에 도착하는 데 2개월 정도가 소요되었다. 충주·안동·경주·부산을 지났고, 부산에 도착하여 영가대永嘉臺(동구 범일동 자성대공원)에서 해신제海神祭를 지냈다. 해신제는 통신사 일행이 부산에서 일본으로 떠나는 바로 그날 거행되었다. 영가대는 통신사 일행과 인연이 깊은 부산의 명승지로, 그들은 이곳에서 일본으로 떠나고 이곳으로 돌아왔다. 현재 영가대 옆에 '조선통신사역사관'이 들어섰다. 통신사들의 왕래 일정에는 그때마다 다소 차이가 있기는 하나 대개는 5개월에서 8개월이 소요되었다. 통신사는 일본과의 관계 유지라는 외교적 의미뿐만 아니라 학술·사상·기술·예술상의 문화교류라는 문화적인 의미도 가졌다. 통신사를 다녀와서 그에 대해서 남긴 견문록이 적지 않다.

● 향교

고려시대와 조선시대에 정부가 지방에 세운 학교. 고려 때 시작되었지만 조선시대에 들어서 본격화되었다. 조선시대에 들어서야 중앙에서 전국에 수령을 파견할 수 있게 되었기 때문이다. 전국적 행정체계 및 그와 짝하는 관료제도가 비로소 갖추어졌던 것이다. 이를 위해서 안정적인 관료 공급이 필요했디. 조선시대에 파거시험이 정례화되고 또 그 규모가 확대되었던 것도 같은 이유이다. 요컨대 군현제, 관료제, 과거제와 짝하여 향교가 전국에 확대되었다.

향교의 여러 건물은 향교의 기능을 반영한다. 향교에는 배향 공간과 강학 공간이 있다. 배향 공간인 대성전에는 공자를 비롯하여 그의 제자인 4성四聖(안자·증자·자사자·맹자)과 우리나라 18현十八賢의 위패가 있다. 강학 공간의 중심은 명륜당이다. 그 앞 동쪽과 서쪽에 학생들이 공부하고 숙식하는 동재東齋와 서재西齋가 있다. 그 이외에 향교의 살림을 맡은 교직사校直舍가 있다.

조선은 태종과 세종 대에 걸쳐서 전국 모든 행정 단위에 향교를 설립하고 운영하기 시작했다. 여기에 막대한 재원이 들어갔다. 향교 건물의 설립·보수·유지, 교수관敎授官의 후생비, 향교생들의 숙식비, 서적 구입 등 학업활동에 부수되는 제반 비용, 그리고 향교에서 이루어진 석전례·향음례 등에 대단히 많은 비용이 들었다. 정부는 이를 위해서 학전學田과 학노비學奴婢를 공급하였다.

개국 초 교생의 정원은 부·대도호부·목에 50명, 도호부에 40명, 군에 30명, 현에 15명으로 배당되었으나, 《경국대전》(1485)에는 각각 90·70·50·30명으로 증원되어 조선 말기까지 유지되었다. 교생 정원은 법적으로 국역 대상에서 제외되는 기준이 되는 숫자이다. 그에 짝하여《경국대전》에는 정부의 향교 관리도 규정하였다. "교생으로서 독서한 일과를 매월 말에 수령이 관찰사에게 보고하면 관찰사가 순행하여 고강考講하고, 이를 기록하였다가 교관이 평가할 때에 참고하여 우등한 자는 호역戶役을 헤아려 감한다"는 내용이 그것이다. 학생다워야 국역에서 면제한다는 뜻이다.

조선사회의 변화는 향교에도 직접적인 영향을 주었다. 개국 초 조선 왕조는 양반뿐 아니라 양인들에게도 향교 교육의 기회를 허용하였다. 하지만 16세기에 들어오면 향교는 양인을 배제하고 양반들만의 기관이 되어 갔다. 또한 정부 지원도 점차 부실해졌다. 이는 결국 향교 교육의 부실화로 귀결되었다. 16세기 중반 관학인 향교 대신에 사학인 서원이 등장하게 된 것도 크게 보면 이 두 가지에 기인한다.

● 환향녀

'고향에 돌아온 여자'라는 뜻을 담고 있는 '환향녀'는, 전쟁포로로 국외로 끌려갔다가 고향에 돌아온 여성을 뜻한다. 유사한 단어로 '속환녀贖還女'가 있다. 환향의 방법으로 몸값을 지불하고 돌아왔다는 뜻을 담고 있다. 가장 많이 알려진 경우는 병자호란 때 포로로 잡혀 끌려갔다가 돌아온 사람들이다. 하지만 환향녀, 혹은 속환녀는 이미 이전부터 발생했다.

임진왜란 때 포로로 끌려갔다가 돌아온 여성들에 대해서 선조 때 그녀의 양반 남편들이 집단으로 왕에게 이혼을 청구했었다. 이에 대해서 선조는 "이혼을 요청한 상황은 충분히 이해할 수 있으나 절개를 잃은 것으로 볼 수 없기 때문에 허락할 수 없다"고 청구를 거절한 바

있었다.

정묘호란 후에도 포로 송환은 중요한 문제였다. 강화조약 직후 조선은 후금에 포로 송환을 요구했는데, 당시 송환된 포로의 숫자가 대단히 많았다. 정묘호란 당시 후금 군대의 이동 경로를 고려할 때, 포로는 국경 근처와 평양 부근에서 많이 발생했다. 후금은 정주, 선천, 곽산, 철산 읍민 3만 2,100여 명을 송환하였고, 가산 등의 포로 2만 여 명도 송환했다. 평양 부근에서는 6개 군읍에서 포로 수가 4,986명에 달하였다. 이 같은 포로의 숫자는 조선에 침입한 후 금군이 일반 양민을 포로로 잡는 데 집중했음을 뜻한다. 몸값을 노린 행위였다. 이런 양상은 병자호란 때 확대된 형태로 반복되었다. 병자호란 때 대략 15만~50만 명의 포로가 발생한 것으로 전한다. 그들 중 다수가 여성이었다.

광해군 이후 실록에서 이혼과 관련된 검색 사례 53건 중 병자호란으로 청나라에 잡혀간 부녀들의 이혼 문제를 다루는 건수가 10건이다. 이는 전체 사례의 20퍼센트에 이르는 숫자이다. 환향녀의 이혼에 관한 조정의 태도는 임금에 따라 변천을 겪었다. 인조 때 좌의정 최명길은 선조 대에 이혼을 불허한 예를 들고 전쟁의 급박한 사정으로 인한 실절을 이유로 한 이혼을 불허하자는 헌의를 하였고, 인조는 이를 허락했다. 《인조실록》은 그럼에도 "실제 사대부집 자제들은 모두 다시 장가를 들고, 다시 합하는 자가 없었다"고 전한다.

주석

I부—조선이라는 '국가'에 살았던 사람들

1 당시 경상감영은 경상북도 상주에 있었다.

2 본관은 감천. 호는 쌍괴雙槐. 문관文瓘의 형. 1496년(연산군 2) 문과 급제. 1514년(중
종 9)부터 사간·대사간 등을 역임하면서, 노산군·연산군의 입후立後 문제, 내수
사 장리內需司 長利의 혁파와 같은 개혁을 주청하는 등 조광조 등과 뜻을 함께했다.
1517년 도승지가 되었고, 중종의 총애를 받아 형조참판으로 승진되었다. 그러나
남곤·심정 등의 무고로 경상도 관찰사로 전직되었다. 기묘사화가 일어나자, 조광
조의 처형을 반대하는 소를 올렸다가 파직되었다. 1521년 참판으로 기용되었으나,
뒤이은 옥사로 관직을 삭탈당하고 고향인 용궁(경상북도 예천군 용궁면)에서 살다가
죽었다. 용궁의 기천정사箕川精舍에 제향되었다.

3 김구는 몇 개월 후 조광조 사사와 함께 죄목이 추가되어 절도 안치형을 받는다. 섬
에 홀로 유폐되는 형으로, 남해에 안치되었다.

4 《중종실록》 1519년 4월 21일의 기록.

5 본관은 순천, 상주 외동면 구촌리(현 경북 상주시 낙동면 분황리 구촌마을) 출생. 선조
즉위년인 1567년에 생원시 합격. 1575년 김포 전호리에 있는 처가 땅을 상속받으
면서 세거지인 구촌마을을 떠났다. 처남이 청강淸江 이제신李濟臣(1536~1584)이다.

6 우주만물을 이룬다고 여겨진 5가지 원소. 이 5가지 요소가 지닌 각각의 성질을 통

해서 자연현상이나 인간세상의 일을 설명하려는 사상을 오행설이라 한다.

7 조익趙翼,《浦渚集》卷2,〈疏因求言論時事疏〉에서 인용. 번역은 한국고전번역원에서
   운영하고 있는 한국고전종합DB에서 인용.

8 조일 외교업무에 종사했던 쓰시마번對馬藩의 외교승外交僧. 겐소는 1558년부터
   1570년까지 하카다博多의 성복사聖福寺 주지를 지냈고, 1580년 쓰시마로 건너가서
   이테이안以酊庵이라는 사찰을 세웠다. 1580년 쓰시마 번주 소 요시시게宗義調의 요
   청에 따라 일본국왕사로 조선에 파견되었다. 그 후 평생 동안 쓰시마에 있으면서
   조선과의 외교를 담당하였다. 1589년 일본국왕사로 조선에 건너와 통신사의 파견
   을 요청하였다. 1590년에는 정사 황윤길, 부사 김성일, 서장관 허성 등 통신사 일
   행의 일본행에 동행했다. 임진왜란 때는 고니시 유카나가小西行長와 쓰시마 번주
   소 요시토시宗義智를 따라 종군하였고, 전쟁 중 일본과 명나라 간 강화교섭에 참여
   했다. 전후에는 도쿠가와 이에야스德川家康의 명에 따라 쓰시마 번주 소 요시토시
   와 함께 조일 국교 회복을 주선하였다. 1604년 7월 쓰시마에 파견된 손문욱孫文彧
   과 유정惟政이 일본 교토京都를 거쳐 후시미성伏見城에서 도쿠가와 이에야스, 도쿠
   가와 히데타다德川秀忠와 면담했을 때 안내 역할을 맡았다. 1609년에는 조선에 건
   너와 기유약조 체결에 참여했다. 이런 공로를 인정하여 조선은 그에게 1609년(광해
   군 1) 겐소의 호 선소仙巢를 딴 '선소도서仙巢圖書'를 발급했다. 도서란 당시 조선 정
   부가 합법적으로 통교할 수 있도록 쓰시마 번주와 일부 호족에서 발급해 주던 인
   장이다. 겐소는 1611년 쓰시마의 부중府中에 위치한 이테이안에서 75세로 사망했
   다. 쓰시마시 세이잔지西山寺에 그의 상이 소장되어 있다.

9 조선시대에 중앙과 지방 여러 관서의 종5품 관직. 소속 관아의 행정실무를 지휘,
   담당하거나, 지방관을 도와 행정·군정에 참여했다.

10 기록에 따르면 신흥립이 무안현감으로 있을 때 판관인 서경과 200섬의 쌀을 사적
   으로 바꾼 일이 있었다는 혐의였다.

11 본관은 밀양密陽. 할아버지는 대사헌과 호조참판을 지낸 박호원朴好元이고, 아버지
   는 형조판서 박정현朴鼎賢. 할아버지, 아버지 이외에도 선조 대 조정에서 가장 많
   은 고관을 배출했던 가문의 후예이다. 1621년 문과에 장원 급제. 언관을 역임하면
   서 권력에 저항하는 모습을 보였다. 이 때문인지 상대적으로 최고위직에 오르지는
   못했다. 재물을 탐내지 않았으며 사서史書 읽기를 좋아했다고 한다.

12 함양咸陽 출신이다. 고모부가 정인홍이다. 하지만 그 자신은 김장생의 제자로 당파

로는 서인이다. 그의 아버지 양홍주와 정인홍은 원만한 관계가 아니었던 것으로 보인다. 김령의 입장에서는 이 당시까지만 해도 양원에 대해서는 취임 초기인지라 평가가 나쁘지 않았다. 그러나 1640년의 기록으로 돌아가 보면 지방관을 해서는 안 되는 최악의 인물로 평가를 하고 있다.

[13] 류성룡의 형 류운룡의 7대손. 자는 복초復初이고 호는 월오헌月梧軒이다. 학문에 정 진하여 이상정李象靖, 이진동李鎭東 등 당대 영남의 대표적인 학자들과 교유했다.

[14] 이황의 문집과 제자들이 남긴 자료에서 이황의 말과 행실을 추출하고 분류하여 정 리한 책이다. 이 기록에 나오는 언행록은 이황의 후손 이수연李守淵(1693~1748)이 권두경의《퇴계선생언행통록》을 저본으로 수정하여 새롭게 편찬한 것으로, 영조의 관심을 받아 관찬의 형식을 띠면서 고유제 역시 국가 주도의 성격을 띠게 되었다.

[15] 본관은 무안. 1603년 문과 급제. 아버지 박선장朴善長과 할아버지 박전朴全, 아들 박안복朴安復이 모두 문과에 급제했다.

[16] 본관은 반남潘南. 자는 중식仲植, 호는 육우당六友堂. 선조 때 명망 있는 관료였던 박승임朴承任의 손자이다. 영주榮州에 살았다. 정구鄭逑·정경세의 문인이다. 1606 년 사마시 합격. 정묘호란 때 왕이 강화도로 몽진하자 의금부 도사로 왕을 호종하 였다. 병자호란 직전에 소를 올려 시정時政과 서북 관방의 허술함을 논하고 대비책 을 제시했다. 병자호란 때 의병을 일으켜 출정하였으나 이미 화의가 성립되어 되 돌아왔다. 이후 두문불출하고 소나무·전나무·매화·대나무·연·국화를 가꾸다 여 생을 마쳤다. 영천의 산천서원山泉書院에 제향되었다.《매원일기》를 쓴 김광계의 자형이고,《계암일록》에는 박중식朴仲植이라고 쓰여 있다.

[17] 본관은 안동. 자는 이화而和, 호는 만퇴헌晩退軒. 경북 봉화와 안동에 살았다. 조목 의 제자이다. 1610년(광해군 2) 문과에 갑과로 급제했다. 1613년 전적典籍·예조좌 랑·정랑을 역임하고, 이듬해에는 서장관으로 명나라에 다녀왔다. 1615년에 폐모 론을 반대하는 이원익을 탄핵하라는 정인홍의 부탁을 거절하자 파면되었다. 1616 년 신안현감을 역임했다. 인조반정 후에는 조정에 나가지 않았다.

[18] 신라 무열왕 때 의상義湘이 창건했다. 임진왜란 때 불탔다가 전쟁 후 다시 세우며 영 지사靈芝寺라 칭하게 되었다. 그 후 1774년(영조 50)에 중수하여 오늘에 이르고 있다. 대웅전의 신장탱화와 명부전의 지장탱화 하단에는 '광무사년光武四年(1900)'이라는 문구가 적혀 있다. 현재 영천의 구룡산九龍山에 있으며 은해사銀海寺의 말사이다.

[19] 본관은 창녕. 호는 지산芝山. 영천 출생. 이황의 중요한 제자. 1576년(선조 9) 평안도

강동현에 유배되었다. 유배지에서 많은 후진을 양성하여 관서 지방의 학풍을 진작 시켰다. 1592년 임진왜란 때 류성룡柳成龍의 청으로 풀려나와 전공을 세웠다. 그 뒤 대구부사·성주목사·안주목사·성천부사 등을 역임하고, 1597년 정주목사가 되었으나 병으로 사직하였다. 시호는 문간文簡.

20 본관 여주. 호 회재晦齋. 시호 문원文元. 경주 출신. 원래 이름은 적迪인데, 중종의 명령으로 언적彦迪으로 고쳤다. 1514년(중종 9) 문과에 급제하여 벼슬을 시작하였다. 1547년 을사사화의 여파인 양재역 벽서良才驛壁書사건이 일어나 사람들이 다시 축출될 때 그도 연루되어 강계로 유배되었다. 유배 동안에 많은 저술을 남겼고, 그곳에서 사망했다. 이황은 이언적의 연구를 통해서 자신의 성리이론을 구축하였다. 인종의 종묘 배향공신이고, 1610년(광해군 2) 문묘에 종사되었다. 경주 옥산서원 등 전국 17개 서원에 향사되었다.

21 지금은 없어지고 다만 국보40호 정혜사지 13층 석탑이 있다. 옥산서원에서 북쪽으로 약 1킬로미터 거리에 있다.

22 지금은 전하지 않는 〈유민탄流民嘆〉의 저자이다. 남원부 주포방(주생면)에 머물면서 1621년 고전소설《최척전崔陟傳》을 지었는데, 정유재란 때 남원성 싸움으로 인한 이산가족의 아픔과 상봉을 그린 작품이다. 남원부 주포방이 그의 고향이라는 설이 있다.

23 쌍계사의 부속 암자. 신라 말에 쌍계사를 중창한 진감국사眞鑑國師가 창건하였고, 고려시대에 보조국사普照國師가 중창하고 수도 도량으로 삼은 뒤 불일암이라고 하였다.

24 본관은 고령. 호는 구당久堂. 1636년 문과 급제. 1640년 사간원 정언으로 춘추관 기사관이 되어《신조수정실록》편찬에 참여했다. 1653년(효종 4) 승지로 있을 때에 남인의 탄핵으로 흥해興海에 유배되었다가 이듬해 풀려났다. 1658년 상주목사에 이어 강원도 관찰사를 지내고, 1664년(현종 5) 이조판서가 되고 공조판서에 이어 대사헌·예조판서·한성부판윤 등을 역임한 뒤 자청하여 개성부 유수에 부임, 재직 중에 죽었다. 시호는 문효文孝.

25 본관은 의령宜寧. 경상북도 상주 출생. 호는 손재損齋. 대산 이상정을 찾아가 학문하는 방법을 배웠다. 문경의 선유동仙遊洞에 옥하정玉霞亭을 지어 놓고 후진 교육에 힘썼다. 선유동계곡 관란담 위에 그 터가 남아 있다. 저서로는《손재문집損齋文集》15권이 있다.

26 본관은 평해平海. 호는 해월헌海月軒. 평해(현 경북 울진) 출신. 1585년 문과 급제. 임
진왜란 때 권율權慄의 종사관이었다. 1601년 예천군수, 1611년(광해군 3) 길주목사,
1617년 동래진 병마첨절제사가 되었다. 평해의 명계서원明溪書院에 제향되었다.
저서로는《조천록朝天錄》·《해월집海月集》14권 7책이 있다.

27 이 당시 류일춘은 하회의 문장門長으로 활동하고 있었다. 문장이란 한 문중에서 항
렬이나 나이, 사회적 지위가 높아서 문중의 어른으로 역할을 하는 사람이다. 그는
관직에는 나아가지 않았지만, 학문에 정진하여 경학과 예학에 특히 밝았다. 이 때
문에 당시 향촌의 여론을 주도하는 위치에 있었다.

28 류일춘의 셋째 아들이었던 류영조柳英祚(1763~1822)로 보인다.

29 서원은 지역사회에서 크게 두 가지 기능을 가졌다. 첫 번째는 공부하는 곳이고, 다
른 하나는 지역 사림의 장수처藏修處 기능이다. 관직에 있지 않은 사림이 모여서
공부하고 수련하는 곳이란 뜻이다. 그에 따라 서원은 지역 사림이 모이는 공간이
고, 지역사회 운영의 중심지였다. 서원에 출입한다는 뜻은 지역사회에서 지도급
인사임을 뜻했다.

30 내수사는 조선시대에 왕실의 쌀·베·잡화 및 노비 등에 관한 사무를 관장했다. 왕
실 재산을 관리하던 곳이기 때문에 대부분의 관직은 내관이 겸했다. 왕실 재산이
비대해지고 그에 따라 유발되는 폐해 또한 극심해지자 성종 이후 '군주는 사장私藏
을 가져서는 안 된다'는 유교적 명분론에 입각한 내수사 혁파 주장이 대두되었으
나, 그때마다 논의에만 그쳤다. 위차는 내수사에서 파견한 관리이다.

31 자는 이율而栗로, 선조 27년(1594)에 무과에 합격했다. 경북 예천에 살았다.

32 1573년(선조 6)에 처음 설립되었다. 1676년(숙종 2)에 '호계虎溪'라 사액되기 이전 서
원 이름. 처음 1573년에 이황을 배향하여 월곡면 도곡동에 창건하였다. 안동호가
만들어지면서 수몰되었다.

33 방잠은 오천烏川 근처로 김령의 조부와 부친의 묘가 있다. 안동 군자마을에서 남동
쪽 방향으로 안동호 건너에 위치한다. 안동호가 1970년대 중반에 만들어지면서 오
천과 안동이 안동호로 나뉘었다.

34 경상북도 성주군 가천면伽泉面 금봉리에 있는 산성. 해발 955미터의 독용산 정상에
있다. 임진왜란 훨씬 이전에 지어졌다. 1675년(숙종 1) 경상도 순찰사 정중휘鄭重徽
가 4개월에 걸쳐 개축했다. 현존하는 영남지방 산성 중 가장 규모가 크다.

35 조선시대 산성山城·도진渡津·포구浦口·보루堡壘·소도小島 등의 수비를 맡은 종9품

무관직.

36 본관은 여흥. 숙종 비 인현왕후의 아버지인 민유중閔維重의 증손. 할아버지는 좌의
정 민진원閔鎭遠이다. 1740년 문과 급제. 1748년 경상도 관찰사가 되었고, 3년 뒤
대사성으로 돌아와 곧 대사간이 되었다. 1760년 우의정이 되었다가 다음해 죽었다.

37 사헌부와 사간원은 많은 부분이 비슷했지만 구별되는 점들도 적지 않았다. 우선 사
헌부가 규모 면에서 사간원보다 훨씬 컸다. 사헌부는 최고위직인 대사헌부터 정6
품 감찰까지 19명의 정원이 있었고, 이들을 행정적·실무적으로 뒤받침하는 서리,
서사, 소유, 군사 등도 70, 80명에 이르렀다. 이에 비해 사간원은 대사간 이하 정6
품 정언까지 5명에 불과했다. 또 사헌부는 감찰을 각 사나 지방에 파견해서 부정을
적발하고 그에 대한 법적 조치를 취할 수 있는 독자적인 사법권을 가졌다. 업무 분
위기도 매우 달랐다. 사헌부가 추상같이 엄격한 분위기라면 사간원은 그 내부에서
도 수직적인 분위기를 찾아보기 어려울 정도로 자유로웠다.

38 본관은 안동. 자는 택중擇仲. 시호는 충숙忠肅. 안동 출신이다. 1567년 문과에 급제
했다. 《명종실록》 편찬에 참여했다. 후에 대사헌·예조판서를 역임했다.

39 구봉서는 경상감사를 역임했다. 김령은 구봉서가 경상감사로 왔을 때 살아 있는 부
처와 같은 인물이라고 평가했다. 경상감사의 눈치를 보던 예안현감이 탐관오리
짓을 못하게 막았던 인물이기도 하다. 그런데 이 당시 어떤 연유인지는 알 수 없지
만, 사간원의 탄핵 대상이 되었던 모양이다.

40 경상북도 상주시 공검면 양정리에 있는 저수지. 《고려사》에 따르면 고려 때인 1195
년(명종 25) 개축했다고 한다. 이때 저수지의 둘레가 22리나 되는 것으로 나온다. 조
선 초에 홍귀달洪貴達이 쓴 〈공검지기恭儉池記〉에 의하면 축조 연대는 언제인지 모
르고 공검恭儉이라는 이름은 쌓은 사람의 이름에서 비롯되었다고 한다. 평상시 못
의 둘레가 1만 6,647척尺이며 이때 물의 깊이는 4, 5장丈이나 되었다. 현재 규모는
주변이 모두 논으로 개답되고, 만수 시 약 1,000평 정도의 작은 규모만 남아 있다.

41 조선시대 지방의 자치기구인 유향소에서 가장 높은 직임. 향청鄕廳, 향소鄕所라고
도 불린 유향소는 수령을 보좌하는 기구였다. 좌수 밑에 또 다른 직임인 별감이 있
었다. 좌수는 1명이고, 별감은 고을 크기에 따라 3~5명 정도였다.

42 편전은 속칭 '애기살'이라고도 불렀다. 촉을 제외하고 24센티미터였고 1,000보 이
상의 살상 범위를 가졌다. 화살대는 강하고 촉끝은 예리하여 철갑으로 된 단단하
고 두꺼운 갑옷도 뚫었다. 날아오는 것이 잘 보이지 않으면서도 살상력이 높아서

위협적인 무기였다.

43 이 기록은 김령의 착오인 듯하다. 당시 예조판서는 황진黃璡이라는 인물이었는데, 김령은 《계암일록》에서 예조판서 서성과 한림 임장이 사책을 호송해 왔다고 기록하였다. 일기가 그날그날의 기록이지만, 실제 미루어 두었다가 나중에 쓰는 경우도 있기 때문에 간혹 이러한 착오들이 발생하곤 한다.

44 대학로 마로니에공원 안 '예술가의 집'이 경성제국대학교의 본관이다.

45 http://jmagazine.joins.com/monthly/view/314864.

46 기호학파畿湖學派는 정치적 학문적으로 이이의 후예들을 가리킨다. 대부분 기호 지방(경기·충청 일원)에 거주했으므로 '기호학파'라고 부르게 되었다. 그 반대편에 이황의 후예들이 있다. 주로 영남 지방에 분포했기 때문에 영남학파라고 부른다. 정치적으로 영남학파는 영남 남인, 기호학파는 서인, 18세기 들어서 서인이 노론과 소론으로 나뉜 뒤에는 노론이 주가 되었다.

47 1588년(선조 21)에 처음 설립되었다. 봉화 출신의 인물 권벌權橃을 배향한다. 1660년 (현종 1) '三溪(삼계)'라고 사액되었다. 그 뒤 대원군의 서원 철폐령으로 1868년(고종 5)에 철폐되었다가 1951년에 복원하여 현재에 이르고 있다.

48 약간 혼선이 있다. 그는 강진현감에 재임 중 무고를 당해서 공주에 유배되었다가 1794년에 풀려난다. 이 시기에는 유배 중에 있던 셈이다. 그러나 류이좌가 쓴 《천휘록》에는 만인소운동에 참여했으며, 이를 계기로 강진현감에 임명된 것으로 나온다. 한두 해 정도 차이가 있는데, 여기에서는 《천휘록》 기록을 따른다.

49 성균관 유생들의 자치기구인 재회齋會의 임원. 기숙사에 해당하는 동재東齋와 서재西齋에 각 1인씩 있었다. 재회를 소집하였으며, 재회에서의 역할과 권한이 컸다.

50 편전便殿은 정전正殿의 상대 개념이다. 정전은 왕이 조참朝參을 받고, 정령을 반포하고, 외국의 사신을 맞이하고, 즉위식이 이루어지는 공간이다. 이에 반해서 편전은 왕이 평상시에 거처하면서 정사를 보는 곳이다.

51 《승정원일기》 정조 16년 윤4월 27일 기사에 이 내용이 생생하게 서술되었다. 기사에 따르면 소두와 함께 前校理 金翰東, 前掌令 成彦檝, 前持平 姜世鷹, 前正言 姜世綸, 宣惠郎廳 李憲儒, 幼學 李敬儒·金熙澤·金是瓚이 계단 위로 올라갔다.

II부—조선 사람들이 살았던 '공동체'

1 향교 학생은 통상 액내교생額內校生과 액외교생額外校生으로 나뉜다. 학생 정원은 《경국대전》에 규정되어 있다. 보통 대설위 향교의 경우 80~100여 명이었으며, 중설위가 50여 명, 소설위 향교가 30여 명 수준이었다. 액내교생이란 바로 이렇게 규정된 정원이다. 이 외에 향교의 예산 수급 및 지역 사회 유지 등을 위해 규정 외 교생을 운영할 수 있었다. 이들이 액외교생이다 기록에 따르면 액내교생 30명에 불과한 소설위 향교에서 액외교생을 800명까지 둔 곳이 있을 정도였다.

2 조선시대에 관상감觀象監, 군기시軍器寺, 내의원內醫院, 사역원司譯院, 전옥서典獄署, 종묘서宗廟署 따위에 딸린 종8품 관직 명. 지방 고을에서는 결코 무시할 수 없는 지위이다.

3 무덤 주인의 성명, 생전 직함, 가족관계, 생시 행적 등을 써서 무덤 가운데에 남기는 기록물이다. 고려시대부터 오석烏石, 혹은 점판암계의 장방형 석판에 기록한 묘지석이 등장한다. 조선시대가 되면 여기에 더해 자기로 된 도판도 많이 쓰였다. 특히 흰색의 바탕에 청색으로 글씨를 쓴 청화백자계의 묘지가 많이 쓰였다.

4 안동 서후면 능골 계곡 부근으로 짐작된다. 안동 권 씨 능동재사가 있다.

5 현재 안동시 용상동 지역이다. 원래 마뜰, 마평으로 불렸는데, 공민왕 때 이곳에 말을 풀어 키웠다고 해서 알려진 이름이다.

6 《맹자》에 나오는 말로, 일반 백성들은 '일정 정도의 경제적 기반과 생계를 유지할 수 있는 소출이 없으면, 도덕적인 마음을 지속할 수 없다'는 의미이다.

7 1601년(선조 34) 옛날 경상감영 정문으로 건립되었다. 1906년 대구 읍성이 헐리면서 대구광역시 中구 달성동 딜싱공원 내 현 위치로 이전하였다. 관풍루란 이름은 '감사가 누상樓上에서 세속을 살핀다觀風世俗'고 해서 붙여진 이름이다.

8 조재호는 1751년(영조27) 윤5월 10일에 경상도 관찰사에 임명되었다가 다음 해 5월 26일에 대사헌으로 임명된다. 아버지가 영조의 종묘 배향공신인 좌의정 조문명이다. 균역법 제정과 탕평정치에 공헌한 영의정 조현명이 그의 작은아버지이다. 영조의 장남 효장세자의 비이자 정조의 양어머니인 효순왕후의 오빠이다. 나중에 본인도 이조판서를 거쳐 우의정을 지냈다.

9 충재 권벌權橃의 증손자. 자는 자하子夏. 정묘호란과 병자호란을 당해 떠돌아다니며 걸식하는 사람들을 시종 구휼하였다고 한다.

10 호서대동법이 성립된 17세기 중반에 포 1필은 보통 쌀 5두에 교환되었다. 1석은 당시 15두였다.

11 서원마다 사당이 있고 그 사당에는 이름이 있다. 도산서원 사당의 이름이 상덕사이다. '덕을 높인다'는 뜻이다. 퇴계 이황과 월천 조목의 위패를 봉안하는 향사를 지내는 사당이다. 도산서원의 제일 뒤쪽에 위치한다. 도산서원은 퇴계가 세상을 떠나고 삼년상을 마치자 그의 제자들과 온 고을 선비들이 1574년(선조 7) 봄 조성하기 시작하였다. 그 이듬해인 1575년 8월 낙성과 함께 선조로부터 '도산陶山'이라는 사액을 받았고, 1576년 2월에 사당을 준공하여 퇴계 선생의 신위를 안치했다.

12 '영남만인소'라고도 한다. 1881년 영남 지방의 유생 1만여 명이 개화정책에 반대하여 낸 상소이다. 1880년 제2차 수신사修信使로 일본에 다녀온 김홍집이 청나라의 주일 외교관 황준헌黃遵憲이 지은 《조선책략朝鮮策略》을 왕에게 바쳤다. 이 책은 조선이 러시아의 남하에 대응하기 위해 친청親淸·결일結日·연미聯美의 외교정책을 펼쳐야 한다는 내용이었다. 이에 1881년(고종 18) 3월 25일(음력 2월 26일)에 경상도 예안의 유생인 이만손李晚孫·강진규姜晉奎·황재현黃載顯 등 1만여 명의 영남 지방 유생들이 조정의 개화정책에 반대해서 집단 연명상소인 영남만인소를 올려서 위정척사를 주장했다.

13 1895년 10월에 일어난 조선 말기 최초의 전국적 항일의병. 을미의병은 대개 그 지방의 유명한 인물을 중심으로 구성되었다. 경상도의 경우 산청에서는 곽종석郭鍾錫 등 200명의 유생이 의병진을 편성하여 안동부를 점령하고 권세연權世淵을 의병대장으로 추대하였다. 그 뒤 10여 일 동안 사방에서 모여든 의병이 무려 4만 명에 이르렀다. 하지만 훈련을 받지 못한 의병들이었기 때문에 관군의 공격을 받게 되자 사방으로 흩어졌고 결국 안동부도 빼앗겼다. 김천과 성주에서는 허위許蔿 등이 의병을 일으켜 금릉 등지를 점령하고 대구에 다다랐으나 관군의 공격을 받아 해산되었다.

14 장화식의 일기는 문집 《학암집》에 수록되어 있는데, 복주를 추진하던 때에는 도산서원 유생들이 장화식의 측근에서 함께 일하였다. 장화식이 쓴 일기를 측근에 있던 도산서원 유생이 필사하여 관련 자료를 모아서 함께 책으로 묶은 것으로 보인다.

15 본관은 인동, 자는 병숙丙淑이고, 호는 학암鶴巖. 출신지는 예천군 원곡리. 1892년(고종 29) 봉화현감에 제수되어 현에 도착하자마자 태백산사고太白山史庫를 보수했다. 이후 영덕현령에 제수되었으며, 1903년(광무 7) 한성부 판윤, 1905년(광무 9) 군

부경리국軍部經理局 2과장을 지냈다.

[16] 1895년(고종 32) 관제개혁 때 종래의 통례원通禮院이 담당하던 궁중의식·조회의례 朝會儀禮뿐만 아니라 예조에서 장악하고 있던 제사와 모든 능·종실·귀족에 관한 사무를 관장하던 관서. 1910년 국권 상실로 폐지되었다.

[17] 류성룡이 만든 《영가지永嘉誌》(1608)에는 조선시대 안동에 대한 정보가 잘 정리되어 있다. 이 책에 현사사는 안동부 동쪽 와룡산에 있었는데, 임진왜란 때 폐사되었다가 1601년에 천감天鑑이라는 승려가 재건했다고 나온다. 지금은 사라지고 없다. 와룡산은 김령이 살았던 예안에서 남쪽으로 직선거리 10리쯤에 위치한다. 실제로 걸었던 길로 따지면 아침에 출발해도 점심 무렵에나 도착했을 것이다.

[18] 배용길裵龍吉의 아들이자, 김령의 큰아버지 김부인金富仁의 아들 호壕의 외손자이다. 이름이 숙전淑全이고 원선은 그의 자字이다. 당시 김령과 친분이 두터워, 친구처럼 지냈던 것 같다.

[19] 조선시대 유명한 백과사전인 20권 20책의 《대동운부군옥》을 집필한 권문해(1534~1591)의 아들이다. 권별이 남긴 《죽소부군일기竹所府君日記》는 조선 인조 3년, 1625년부터 1626년까지 약 2년간의 기록이다.

[20] 본관은 초계. 호는 동계桐溪. 경남 거창 출신. 1610년(광해군 2) 문과 급제. 폐모론이 일어나자 그 부당함을 주장했다. 이로 인해 제주도에 귀양 간다. 인조반정 때까지 10년 동안 유배지에 있으면서 학문에 진력했다. 인조반정 후 광해군 때 절의를 지킨 인물로 인정받아 대사간·대제학·이조참판 등 청요직을 역임했다. 언관에 있으면서 반정공신들의 비리와 병권 장악을 공격하였다. 병자호란 때는 명나라와 조선과의 의리를 내세워 최명길 등의 화의 주장을 적극 반대했다. 강화도가 함락되고 항복이 결정되자 칼로 자결했으나 목숨이 끊어지지 않았다. 그 뒤 관직을 단념하고 덕유산에 들어가 생계를 자급하다가 죽었다. 광주廣州의 현절사顯節祠, 제주의 귤림서원橘林書院, 함양의 남계서원藍溪書院에 제향되었다. 시호는 문간文簡.

[21] 수령의 교체 비용은 지방 고을 입장에서는 큰 부담이었다. 때문에 대동법이 성립되면서 그 비용을 공식적으로 지급하기 시작했다. 영남대동법은 1678년(숙종 4)부터 실시되었다. 물론 그 경우에도 책정된 비용이 충분하지 않았을 가능성이 높다. 정해진 임기 이외의 수령 교체까지 대비하지는 못했을 것이기 때문이다.

[22] 본관은 해주. 호는 천파天坡. 1612년 약관의 나이로 문과 급제. 사가독서에 뽑히기도 했다. 1620년에 괴산군수 재직 시 많은 기민飢民을 구했다. 1621년에는 원수 한

준겸韓俊謙을 따라 종사관 자격으로 관서關西의 군무를 돌아보았다. 1626년 청주 목사가 되었고, 이듬해 동부승지로서 정묘호란을 당해 왕을 강화도에 호송했다. 형조참의·여주목사·예조참의·경상도 관찰사, 1633년 황해도 관찰사가 되었다. 이듬해 명나라 사신의 접반사 임무를 수행 중 송도에서 죽었다.

23 임효달任孝達(1584~1646). 본관은 풍천風川, 술지述之는 그의 자字이다. 1610년 식년 문과에 급제하여 승문원에 등용되었고, 우부승지를 역임했다.

24 경북 안동시 서후면 자품리 학가산 남쪽 기슭에 위치. 〈광흥사중건사적廣興寺重建事蹟〉 1권(1828)에 따르면 의상대사가 창건했고, 조선시대에는 왕실 원당이었다. 안동에서 가장 규모가 큰 사찰이었지만 현재 남아 있는 건물은 많지 않다.

25 설월당은 김령의 아버지 김부륜의 호. 여기서는 김부륜이 머물던 집의 이름, 즉 당호堂號이다. 이 당시에는 김부륜이 이미 작고한 이후이므로, 설월당의 주인은 김령이었다.

26 본관은 여흥, 성휘聖徽로 개명했다. 1609년(광해군 1) 문과 급제. 인조반정 후 경상 감사를 지냈다. 이후 개성부 유수·전라도 관찰사를 지내고, 형조참판 재임 중이던 1627년(인조 5) 명에 사신으로 다녀왔다. 직후에 안동부사, 평안감사 역임. 함경감사를 지낼 때 병자호란이 일어나자 병사 서우신徐祐申과 함께 보병과 기병 1만 3,000명을 영솔하고 많은 활약을 하였다. 1640년 척화파로 심양에 잡혀 갔다가 1642년에 귀환하여 호조·형조판서를 지냈다. 1647년 사은부사로 북경에 갔다가 그곳에서 병사했다. 평양과 정주에 그의 생사당生祠堂이 건립될 정도로 치적이 있었다. 생사당이란 살아있는 인물을 배향하는 사당이다.

27 본관은 용인. 부친은 병조정랑을 지낸 이신충. 김장생의 제자. 음보로 평구 찰방을 지냈고, 인조반정 이후 사헌부 감찰과 진보현감을 지냈다. 실제로,《승정원일기》 인조 6년 12월 14일 자에 이조가 진보현감眞寶縣監 이영인李榮仁에 대한 포상 건의를 하는 기사가 나온다.

28 본관은 안동. 1615년 문과 합격 후 승문원에 있었다. 폐모론에 가담하지 않아 승진이 늦었다. 인조반정 후 부안현감·예조정랑·병조정랑·성균관사예·예빈시정·장악원정 등을 역임하고 1628년(인조 6)에 영천군수를 거쳐 성천부사가 되었다. 1636년 병자호란 때 전사하였다. 시호는 민숙愍肅이다.

29 조선시대에, 오형五刑 가운데 죄인을 중노동에 종사시키던 형벌. 일 년, 일 년 반, 이 년, 이 년 반, 삼 년의 다섯 등급이 있었다.

30 죄인을 귀양 보내던 형벌. 죽을 때까지 유배지에 머무르게 하는 것이 원칙이었으나 감형되거나 사면되는 경우도 있었다. 죄의 가볍고 무거움에 따라 장소의 멀고 가까움이나 주거지의 제한 정도에 차등을 두었다.

31 봄에 빌렸던 환곡을 가을 수확 후에 갚아야 했다. 이것을 상환하지 못하는 것을 말한다.

32 관아에서 곡식이나 돈을 간수하고 출납을 담당하던 관리.

33 본관은 안동, 1623년 무과 급제 벼슬은 부사府使에 이르렀다

34 조선시대 병사집단인 초哨를 통솔하던 종9품 관직. 재직 기간은 600일이다.

35 중앙에 바칠 공물을 모으거나 향시 등의 이유로 사람들을 소집할 때 모이는 곳.

36 이 시기는 경상도에서 대동법이 실시되기 이전이다. 하지만 관행적으로 포목을 내서 공물 구매자금을 마련하기는 했다. 이 때문에 《계암일록》의 1628년 10월 12일자 기록에도 구사의가 대동목을 함부로 사용했다는 기록을 남기고 있다.

37 본관은 진주. 호는 우복愚伏. 류성룡의 수제자. 상주 출신. 1586년 문과 급제. 이조정랑을 역임했다. 1598년 승지를 거쳐서 4월에는 경상감사로 나갔다. 상주에 존애원存愛院을 설치하여 사람들의 병을 무료로 진료하고, 도남서원道南書院을 창건했다. 인조반정 후 대사헌·도승지·의정부 참찬·형조판서·예조판서·이조판서·대제학 등을 역임했다. 경전에 밝았으며, 특히 예학에 조예가 깊었다.

38 이는 팔결작부제八結作夫制를 뜻한다. 조선은 경작지의 면적 단위로 결結과 부負를 사용했다. 100부가 1결이다. 조선의 개별 농가가 경작하는 넓이는 채 50부에도 못 미치는 경우가 많았다. 때문에 그들이 직접 개별적으로 세금을 나라에 납부하기는 어려웠다. 때문에 국가가 8결을 단위로 국가에 세금을 납부하게 했다. '팔결작부'리는 말은 경직지 8결마다 한 사람을 정해서 그로 하여금 세금 납부를 하게 한다는 뜻이다.

39 4장 '향안鄉案, 지역사회의 뜨거운 감자' 참조.

40 본관은 연일. 정경세의 5대손. 1600년(선조 33) 문과 급제. 사간원정언·헌납·사헌부지평을 거쳐 이조좌랑에 이어 이조정랑 역임. 1607년에 다시 이조정랑이 되었다. 1618년 병조참의가 되었고, 이어 형조참의에 등용되었다. 강원도와 충청도의 관찰사를 역임했다. 인조반정 후 도승지로서 광해군 때 제주적소濟州謫所에 안치되던 연흥부부인延興府夫人을 모시고 돌아와 인목대비로부터 보검을 상으로 받았다. 1624년(인조 2) 2월에 일본 도쿠가와德川家光의 습위식襲位式에 축하사로 일본에 건

너가서 포로로 잡혀 갔던 146명을 데리고 돌아왔다.

41 여기에서 나오는 경상감사 민성징은 주로 1623년에서 1624년에 경상감사를 지내고 그 이후 개성유수로 갔던 인물이다. 현재 많이 알려져 있는 민성징은 이 책에서 주로 1629년부터 1630년까지 안동부사를 했던 인물인데, 5~6년 전 경상감사를 했던 민성징과는 한자까지 같은 동명이인이다. 지금 이 기록에 나오는 민성징은 경상감사를 지내면서 포악하기 이를 데 없는 대표적인 탐관오리로 묘사되고 있다. 이에 비해 안동부사를 지냈던 민성징은 비록 성격이 드세고 백성들에게 거칠게 하기는 했지만 세금 운영이나 목민관으로서의 업무는 잘 수행했던 인물로 기록되어 있다.

42 사금파리를 깔아 놓은 자리에 죄인을 무릎 꿇게 한 뒤, 그 위에 압슬기나 돌을 얹어서 자백을 강요하게 하는 형벌이다. 1725년(영조 1)에 폐지되었다.

43 본관은 전의. 호는 잠와潛窩. 아버지는 병마절도사 이제신李濟臣. 1603년 문과에 장원. 1604년 서장관으로 명나라를 다녀와 형조좌랑·병조정랑·서원현감西原縣監·평양서윤平壤庶尹 등을 역임하였다. 1613년(광해군 5) 계축옥사 때 영덕으로 유배되었다가, 인조반정 후 영남 암행어사·충청도 관찰사·호조참판 등을 역임했다.

44 시험 답안지로 사용할 수 있는 질 좋은 종이.

45 김개시金介屎(?~1623). 조선 선조 때부터 광해군 때까지 상궁으로 지냈다. 민첩하고 영리하여 광해군의 총애를 받았다. 이를 이용하여 국정에 관여하며 이이첨과 쌍벽을 이룰 정도로 권력을 휘둘렀다. 이에 윤선도, 이회 등이 여러 번 상소하였으나 도리어 그들이 유배되었다. 1623년(인조 1) 인조반정 때 반정군에 잡혀 참수되었다.

46 권태사묘는 경상북도 안동시 서후면 성곡리에 있는 고려의 건국 공신인 권행權幸의 무덤이다. 능골 마을의 완만한 능선 위에 있다. 소박한 형태의 원형 분묘로 전면 좌우에 망주석 한 쌍과 무인석 한 쌍이 있다. 봉분 좌측에는 팔작지붕 형태의 지붕돌을 갖춘 묘표가 있는데 류성룡이 비문을 썼다. 오랫동안 잊힌 채 방치되었던 것을 17세손인 권용權雍이 《동국여지승람東國興地勝覽》을 보고 찾았다고 한다. 묘에서 서북쪽으로 200미터 정도 떨어진 곳에 묘제를 지내기 위한 안동 권 씨 능동재사安東權氏陵洞齋舍(중요민속자료 제183호)가 있고, 서쪽으로 170미터 정도 떨어진 곳에는 권태사 신도비權太師神道碑(경상북도 문화재자료 제63호)가 있다. 권행은 안동 권씨의 시조로, 김선평金宣平, 장정필張貞弼 등과 함께 사병私兵을 이끌고 고려군을 도와 후백제군을 물리치는 데 크게 공헌했다. 고려 건국 후 태사太師 벼슬을 받았으며, 안동 태사묘에 배향되었다.

전주, 개성, 강화, 경기도 광주, 수원 등에 설치한 관직. 이들 도시에서 알 수 있듯이 옛 도읍지나 국왕의 행궁이 있던 곳, 및 군사적 요지에 두었다. 정2품직으로 한성부와 마찬가지로 경관京官을 임명하였다.

48 비암에 대해서《신증동국여지승람》(1530) 예안현의 산천조에는 "비암은 고을 남쪽 3리에 있는데, 높이가 10여 길이고, 그 위에 5, 60명이 앉을 만하다. 앞으로 큰 시내에 임하여 고을 사람들이 유상하는 곳이다"라고 나온다. 오늘날에는 안동호에 잠겨서 보이지 않는다. 다만 그 위치는 안동 구자마을과 서부리를 잇는 35번 국도의 중간쯤에서 우측 방향 안동호 아래로 추정된다.

49《계암일록》의 저자 김령의 종형 김기金圻의 둘째 아들.

50 김령의 아버지는 동복현감을 지냈던 김부륜金富倫(1531~1598)이다. 호는 설월당雪月堂. 이황의 제자이다.

51 전남 화순군 동복면 독상리에 그 흔적만 남아 있다. 김부륜金富倫, 장유張維, 고인후高用厚, 정홍명鄭弘溟, 박정朴炡 등 빼어난 문장가들이 누에 올라 지은 시문이 전한다. 김삿갓(1807~1863)으로 알려진 김병연이 지은 시도 있는 것으로 보아 적어도 19세기 후반까지 남아 있었던 것으로 보인다.

52 이 기사는 5장에 나오는 '목민관도 목민관 나름'의 내용 참조.

53 충청북도 충주시 가금면 남한 강변에 있었다. 조선시대에 세곡 운반에 쓰였던 창고로 70칸 규모였다. 1465년(세조11)에 설치되어 개항 전까지 존속했다. 충청북도와 경상도 여러 고을 세곡이 육로 또는 낙동강 수로를 이용해 상주에 집결된 뒤, 다시 육로로 조령을 넘어 이곳에 모였다. 그리고 다시 여기서 260리 떨어진 용산창까지 운송되었다. 세곡 운송에 이곳을 거치는 경상도 고을들은 몇 차례 변동이 있었는데, 이 시기에는 경북 12개 고을 세곡만 이곳을 통해 운반되었다.

54 사포량은 현 부산광역시 북구 구포동에 있던 감동창甘同倉에 납부되었다. 감동창은 1610년(광해군 2)에 설치된 경상도의 거점 물류창고. 그 명칭은 감동진甘同津에서 비롯되었다. 감동진은 조선시대 상주의 낙동진洛東津 나루터, 합천의 율지栗旨 나루터와 함께 3대 나루터로 꼽혔다. 감동창은 18세기 중엽 이후 기능이 위축되었다가 1907년 이전에 완전히 폐지되었다. 전후로 8칸씩 총 16칸이었고, 1749년 전소된 이후, 10칸으로 축소 재건되었다가 20세기 초반에 철거되었다.

55《성호사설》, 인사문, 〈인정국人情國〉

56 본관은 고령. 호는 현포玄圃. 아버지는 대사헌 신식申湜이다. 1610년(광해군 2) 문과

급제. 검열·정언·사예·형조정랑 등을 역임하였다. 1632년(인조 10)에는 강원도 관찰사가 되어 아버지가 편찬한 《가례언해家禮諺解》를 간행하였고, 이어서 후금에 사신으로 다녀왔다. 다음해 도승지에 임명되었고, 경상좌도 양전사를 역임한 뒤 세자시강원 빈객으로 청나라에 파견되기도 하였다.

57 본관은 전의. 영천榮川(영주)군수·장악원정 등을 지냈다.

III부—조선 사람들의 '개인'으로 살기

1 본관은 예천. 호는 초간草澗. 1560년(명종 15) 문과 합격. 이황 문하에서 수학했다. 류성룡·김성일 등과 가까웠다. 단군시대로부터 편찬 당시까지의 지리·역사·인물·문학·식물·동물 등을 총망한 《대동운부군옥大東韻府群玉》을 지었다.

2 본관은 상산商山. 호는 서대西臺. 어머니는 정구鄭俅의 딸이다. 1551년(명종 6) 문과 장원 급제. 성품이 청렴하고 소탈하여 관직에 있는 동안 권력 있는 자들과 가까이 하지 않았다. 1561년 평택현령을 사직하고 낙향했다가 1567년 호조정랑으로 복직할 때까지 예천에서 머물렀던 것으로 보인다. 1567년은 선조가 즉위한 해다. 김충은 명종 말년의 어지러운 훈척정치를 피해서 물러나 있었던 것이다. 저서로는 《서대이문록西臺異聞錄》이 있다. 상주 효곡서원에 제향되었다.

3 중국 북송의 학자였던 심괄沈括(1031~1095)이 평생 동안 보고 듣고 알게 된 것을 저술한 수필 형식의 저작물. 여러 주제를 아우르는 백과사전적 저술이다. 대략 1086년에서 1093년 사이에 완성되었다. 몽계는 심괄이 관직을 지낸 뒤 물러나 살던 곳이다. 지금의 장쑤성江蘇省 전장鎭江으로 알려져 있다.

4 1567년 호조정랑으로 부임할 때를 뜻한다. 이때에는 명종 말년의 어지러운 훈척정치를 피했다가 선조가 즉위하면서, 한양으로 올라갔다. 바야흐로 탄압받던 사림이 조정의 중심이 되었던 것이다.

5 문경시 영순면 이목리 소재. 삼강주막에서 대각선 방향으로 낙동강 건너편.
http://www.location.or.kr/gears/location/location_view.asp?seq=266

6 본관은 진주. 명원明遠은 그의 자, 호는 백석白石. 1549년(명종 4). 생원시와 진사시에 모두 합격하고, 1561년 문과에 급제했다. 영덕현감 등 여러 고을의 수령과 이조정랑을 역임했다.

7 본관은 안동. 호는 경당敬堂. 안동 출신이다. 제자가 수백 명에 달했다. 숙종조 영남
학파의 거두 이현일李玄逸과 그의 형 이휘일李徽逸이 그의 외손자이다. 이들의 어머
니가 최초의 한글요리서인 《음식디미방》의 저자 장계향이다. 안동시 서후면 금계동
에 있는 경광서원鏡光書院에 제향되었다. 저서에 《경당문집敬堂文集》이 있다.

8 본관은 창원. 자는 국보國寶, 호는 용헌慵軒. 사우士佑라고도 한다. 1514년 문과에 전
체 2등으로 급제했다. 손자가 임진왜란 때 활약이 두드러졌던 식암息庵 황섬黃暹이다.

9 기후의 영향을 받아 비가 오며 코와 몸에서 가래 끓는 소리가 나면서 기침이 신체
져서 앉지도 눕지도 못하며, 음식을 잘 소화하지 못하는 것을 치료하는 처방이다.

10 경남 진주에 있었던 역이다.

11 습열濕熱로 인해 생긴 담적痰積이 변하여 병이 생긴 것을 다스리는 데 쓰는 약. 곤
담환의 재료인 청몽석과 침향은 매우 구하기 힘든 약재이고, 만드는 방법도 까다
로웠다.

12 본관은 횡성. 호는 월천月川. 경북 예안 출신. 1552년(명종7) 생원시에 합격했으나
대과 공부대신 이황에게 배우며 경전 연구에 몰두했다. 10대 중반에 이황의 문하
생이 된 후 평생 가장 가까이에서 이황을 모신 팔고제八高弟의 한 사람이다. 그의
문집에는 이황에 관계된 글이 대부분을 차지한다. 주된 업적은 이황에 대한 연구
와 소개이다. 이황 사후 문집의 편간, 사원祠院의 건립 및 봉안 등에 힘썼고, 마침
내 도산서원 상덕사尙德祠의 유일한 배향자가 되었다. 제자로 김중청金中淸·이광
윤李光胤 등이 있다. 저서에 《월천집月川集》과 《곤지잡록困知雜錄》이 있다.

13 조선시대에 말은 오늘날 자가용에 해당한다. 하지만 오늘날 자동차보다 훨씬 귀했
다. 《경국대전》(1485)에 따르면 말 한 마리의 가격은 노비 1구의 가격과 비슷했다.
유지비도 비쌌다. 17세기에 살았던 초녀 이유태에 따르면 장 담그는 데 콩 1섬, 소
한 마리 먹이로 1년에 역시 콩 1섬을 쓰는 반면에 말 한필에는 콩 2섬과 좁쌀 10말
을 썼다고 한다. 이유태, 《정훈庭訓》.

14 본관은 청주. 호는 강암江岩. 1582년 문과 급제. 훌륭한 수령으로 명성을 떨쳤다.
1600년 동지사로 명나라에 다녀와 경기도 관찰사가 되었고, 이듬해에는 대사헌이
되었으며, 이어서 황해도와 강원도의 관찰사를 역임한 뒤 1606년 의주부윤이 되었
다. 1609년(광해군 1) 왕세자 책봉을 위한 사은사로 다시 명나라에 다녀왔다.

15 기록에 따르면 '인삼을 조금 마련하여 중국의 서적을 약간 사고 싶다'고 부탁한 것
인데, 당시 인삼을 책값으로 건넨 것인지, 아니면 부탁을 위해 건넨 것인지는 확실

치 않다.

16 이를 흔히 '오침안정법'이라고 부른다. 책을 묶을 때 구멍을 5개 뚫어서 묶는 방법으로, 조선시대 고서는 대부분 이러한 오침안정법으로 책을 묶었다.

17 임진왜란 이후 조선 후기에 뚜렷이 진행된 현상은 문과 급제자 중 지방 출신의 비중이 낮아지고 서울 출신자들의 비중이 높아졌다는 점이다. 인조반정(1623) 이후 서인과 서울 출신의 비중은 더욱 높아졌다. 크게 보면 그것은 영남만의 문제라기보다는 서울을 제외한 지방 전체의 문제였다.

18 당하관에 대비되는 개념이 당상관이다. 문신은 정3품 통정대부, 무신은 정3품 절충장군 이상의 품계를 가진 관리들을 지칭한다. 나라 전체로 보아도 수십 명에 불과할 정도로 최상위 직급이다. 지금으로 보면 당상관은 그 역할 면에서 관리라기보다는 정치가 쪽에 가까웠다.

19 한문 문체의 하나. 산문적인 성격이 강하다. 소식蘇軾의 〈적벽부赤壁賦〉 같은 명작들이 그 예이다. 조선 후기에 과거시험 과목에 포함되었다.

20 이를 수령칠사守令七事라고 했는데, 지방관이 반드시 해야 할 7가지 업무라는 의미이다. 간략하게 내용을 살펴보면, 첫째 농사를 성하게 하는 것(農桑盛), 둘째 그 지역의 호구를 늘리는 것(戶口增), 셋째 학교를 흥하게 하는 것(學校興), 넷째 군사와 정치에 힘쓰는 것(軍政修), 다섯째 부역에 대한 부과를 균등히 하는 것(賦役均), 여섯째 소송을 빨리 처리함(詞訟簡), 일곱째 교활하고 간사함을 그치게 함(奸猾息)이다. 이 내용은 《경국대전》 이전吏典 고과조考課條에 실려 있는 것으로, 지방관에 대한 평가는 이를 기준으로 진행했다.

21 경상북도 안동시에 위치. 1567년에 세워졌고 우탁禹倬을 배향한다. 1684년(숙종 10)에 '역동易東'이라 사액되었다가, 1868년(고종 5) 대원군의 서원 철폐령으로 철폐되었다. 1969년 복원하였다. 지금은 국립 안동대학교 교내로 옮겨졌다.

22 조선시대 중앙과 지방 관청에서 사무를 담당한 관직 이름. 8도 감영監營의 종5품 관직으로, 감영에서는 관찰사 다음으로 높은 관직이고 정원은 1원이다. 지방 관리의 불법을 규찰하고 과거시험 관리를 맡았다.

23 1694년(숙종 20) 숙종이 집권파인 남인을 몰아내고 서인을 복권시킨 정치적 사건. 이 사건 이후 남인은 다시 집권하지 못한다. 당시에는 인현왕후 민 씨가 폐출되고 장희빈이 왕비의 지위에 있었다. 그런데 노론인 김춘택과 소론인 한중혁이 인현왕후 민 씨의 복위운동을 전개했다. 남인들이 이를 포착하고 김춘택 등 수십 명을 체

포하여 국문하였다. 이때 숙종은 남인의 처사를 문제 삼았고 폐비 민 씨 복위운동에 손을 들어주는 정치적 판단을 내린다. 그 결과 남인 권대운權大運·목내선睦來善·김덕원金德遠을 유배하였으며, 동시에 민 씨를 지지했던 소론의 남구만南九萬·박세채朴世采·윤지완尹趾完 등을 조정의 요직에 등용하였다. 또 왕비가 된 장 씨를 희빈으로 강등시켰다.

²⁴ 본관 안동. 자는 태중台仲, 호는 청대淸臺. 상주 출신. 1710년(숙종 36) 문과 합격. 1727년(영조 3)에는 마겸현령이 되어 이듬해 일어나 이인좌이 남은 특번해 공을 세웠다. 1731년《퇴계언행록》을 교열해 간행했다. 뒤에 대사간·홍문관 부제학·한성좌윤·지중추부사·대사헌 등을 역임했다. 저서로는 《청대집》 18권, 《일기日記》 30여 권을 비롯한 여러 저서가 있다. 시호는 희정僖靖.

²⁵ 조선시대 문과는 생원·진사과와 대과로 이루어졌다. 대과를 관용적으로 동당시라 하였다. 동당은 대과를 보던 궁궐 안 시험장소를 뜻한다. 그런데, 여기서는 의미가 다소 다르다. 증광감시의 2차 시험을 뜻하는 듯하다.

²⁶ 본관은 풍양. 호는 화천花川. 1591년에 생원시, 증광문과에 합격했다. 광해군 때 벼슬을 지냈지만, 인조반정 후에도 계속 관직을 지냈다. 동부승지를 지냈다.

²⁷ 녹명관은 말 그대로 녹명을 담당한 관리이다. 녹명이란 과거시험 응시자의 자격을 심사하고 응시자를 등록시키는 절차이다. 응시자는 시험 당일 이전에 녹명을 했다. 또 녹명을 신청할 때 녹명소에 먼저 사조단자四祖單子와 보단자保單子를 제출해야 했다. 사조단자는 일종의 신원증명서이고, 보단자는 추천서였다. 녹명이 되어 있지 않으면 과거시험장에 입장할 수 없었다.

²⁸ 《선조실록》 선조 39년(1606) 음력 6월 4일의 기록에 보면 이와 관련된 사헌부의 상소 내용이 실려 있다. 당시 성균관 성묘의 통무 뒷벽에 사람들의 이름을 적은 4칸 정도 너비의 익명서가 붙어서, 이후 하인들이 이것을 제거했던 일이 있었다. 이 사건으로 인해 당일 장무관과 입직관을 파직하고 관련자들을 처벌했던 일이 있었다. 이후 6월 내내 벽서를 붙인 사람을 색출하게 하고, 관련자 처벌에 대한 논의가 지속적으로 이어진다. 자세한 내용은 《선조실록》 선조 39년(1606) 음력 6월의 기록들 참조.

²⁹ 낙동강을 경계로 경상도 동부 지역의 행정구역. 대구·경주·안동·울산·양산·연일·동래·청송·예천·풍기·밀양·칠곡·경산·청도·영양 등 37개의 군현이 여기에 속하였다.

³⁰ 낙동강을 경계로 경상도 서부 지역의 행정구역. 성주·선산·합천·함양·의령·남

해·거창·사천·하동·고성·창원 등 28개의 군현이 여기에 속하였다.

31 원래 이민구는 선위사 벼슬을 1622년에 제수받는데, 김령은 여기에서는 벌써 이민구를 선위사로 부르고 있다. 이는 아마 김령이 일기를 나중에 기록하다 보니 벼슬이 잘못 기록되었을 수도 있거나 아니면 이 당시 이미 선위사로 제수된 것이 알려졌을 수도 있다. 어쨌든 김령은《계암일록》에서 그를 선위사로 부른다.

32 《지봉유설》을 쓰고 이조판서를 지낸 이수광李睟光의 아들이자 영의정을 지낸 이성구李聖求의 동생. 1609년(광해군 1) 사마시 수석으로 진사가 되고, 1612년 증광문과에도 장원. 문장에 뛰어났다. 저술을 좋아해서 평생 쓴 책이 4,000권이 되었으나 병화에 거의 타버렸다 한다.《동주집東州集》·《독사수필讀史隨筆》·《간언귀감諫言龜鑑》·《당률광선唐律廣選》 등이 남아 있다.

33 과거 합격자 명부를 적는 것으로, 지방시 합격자 명부는 사마방목이라고 했고 대과 합격자 명부는 용호방목龍虎榜目이라고 했다.

34 당시 이민구는 서울에서 거주했기 때문에 안동에 사마시 동방이 있었는지 확인할 길은 없다. 다만 김령의 기록에 따르면, 당시 봉정사에서 모이기로 했던 이유를 기록하면서 "모임을 주관한 선위사가 두 시험의 합격자들을 한꺼번에 모으려고 했다"고 밝히고 있다.

35 안동 읍성의 북문이다. 안동 읍성은 고려 말인 1380년에 건립되어 다른 지역의 읍성처럼 1910년대 일제에 의해서 철거되었다.《영가지》에 따르면 읍성은 돌로 쌓았고, 높이가 8자, 즉 2미터 40센티미터 남짓이었다고 한다. 북문은 현재의 안동 시청과 경상북도 안동의료원 사이에 있었던 것으로 추정된다. 김기철,《안동 도시 공간 구성의 변천에 관한 연구》, 대구대학교, 2014, 박사학위논문, 96쪽, 그림 안동읍성의 주요 시설; 김광원,《조선시대 안동 읍치의 경관에 관한 연구》, 대구대학교, 2011, 석사학위논문, 50쪽. 〈표 IV.3〉 여지도(18세기 중엽) 참조. 김기철 논문, 60쪽의 4.10 그림.

36 현 안동 시내 서쪽 낙동강 북변에 위치한 태화산 자락에 있다.

37 1577(선조 10)~1624년(인조 2). 본관은 죽산. 1615년(광해군 7) 문과 급제. 1624년(인조 2)에는 광해군 때 좌의정을 역임하였다가 인조반정 후에 삭직된 숙부 박홍구朴弘耉가 광해군을 태상왕으로 모시고 인성군仁城君을 왕위에 세우려는 모의를 품었다가 의관醫官 이이李怡의 고변으로 심문 도중 자결한 역모사건이 있었다. 이 사건에 연루되어 박홍구의 아들 박유장朴有章 등과 함께 국문을 받았다. 심문 과정에서 죽었다.

38 어느 사람의 환갑 같은 기념할 일이 있을 때 유지들이 추렴하여 잔치를 베풀어 주

고 시부詩賦를 지어 권축卷軸으로 표장表裝해서 본인에게 선사하는 축.

39 이러한 전통은 이미 고려시대부터 있었던 것 같다. 김한로金漢老는 1383년(우왕 9) 문과에서 장원급제했는데, 조선 개국 후 태종과 동방同榜이라는 인연으로 태종의 우대를 받았다. 태종이 그와 사돈을 맺었는데, 양녕대군이 그의 사위이다.

40 본관은 광산. 자는 이지以志, 호는 매원梅園. 부친은 임진왜란 때 안동 지역 의병대장이었던 김해金垓이고, 모친은 이황의 조카인 이재李宰의 딸이다. 여러 차례 도산서원 원장을 지냈다. 아버지 김해는 김령의 재종형이다. 그는 광산 김 씨 예안파의 종손이다. 아버지가 그랬던 것처럼 정묘호란과 병자호란 때 의병장으로 활약했다. 그가 남긴 일기《매원일기》가 번역되었다.

41 이홍중李弘重(1577~1645). 임보는 그의 자이다. 호는 귀암龜巖. 본관은 진성. 안동에 살았다.

42 이평李坪(1572~1612). 자는 여원汝遠. 경상북도 영주 출신으로 임진왜란 때의 의병장 이효린李孝麟의 아들이고, 이잠李埁의 형이다. 유학儒學으로 1612년 광해군의 즉위를 방해한 유영경을 강경하게 탄핵했다. 1612년 문과 급제. 관직에 발령되기 전에 병으로 사망하였다.

43 청량산 서쪽 기슭에 있는 박석천부터 낙동강을 따라 내려오며 있었던 9개의 절경들. 월명담, 백운지, 단사협, 토계, 분천, 월천, 비암, 오천으로 이어진다.

44 현재의 풍산에 있는 침류정은 아니다. 이 침류정은 계암 김령의 조부인 탁청정 김유의 고모부였던 김만균이 지은 침류정으로, 1605년 홍수로 크게 유실된 이후 1614년 터만 남았고, 그 이후 새로 지어진 기록이 없다.

45 본관은 예천이며, 자는 수보壽甫, 호는 죽소竹所이다. 1589년 11월 29일 경북 예천군 죽림리 대수 마을에서 탄생했다. 아버지는 초간草澗 권문해權文海로, 그의 나이세 살 때 세상을 떠났다. 권별은 아버지의 학통을 이어 유학에 깊이 침잠했지만, 벼슬을 하지 않고 오직 학자로서의 삶을 살았기 때문에 행적이 잘 드러나 있지는 않다.《해동잡록海東雜錄》을 편찬했다.

46 본관은 남원. 호는 제호霽湖. 부친은 의병장 양대박梁大樸이다. 장현광의 제자. 임진왜란 때 아우 양형우梁亨遇와 의병을 일으켰다. 고경명 밑에서 서기가 되었다. 1595년(선조 28)에 명군의 군량 조달을 위해 격문을 지어 도내에 곡식을 모집하자 10일 만에 7,000여 석이 모이니, 명나라 장수 양원楊元이 탄복하였다. 1597년(선조 30) 문과 급제하여 죽산현감 등을 지냈다. 광해군 10년 폐비 문제로 아우 양형우가

항소하여 유배되자, 그는 관직을 버리고 제암靈巖에 집을 지어 고슬당鼓瑟堂이라고 부르며 제호霽湖로 호를 삼았다. 현 남원시 대강면 생암리 제암마을로 짐작된다. http://www.hankukmail.com/newshome/detail.php?number=19018&thread=21r03r06r01

[47] 임천서당은 1607년(선조 40)에 김성일을 제향하는 사당을 세워 임천향사가 되었고, 1618년(광해군 10)에는 사액을 받아 임천서원이 되었다. 경상북도 안동시 송현동에 있다. 1620년(광해군 12)에 안동의 여강서원에 이황과 함께 류성룡과 김성일이 배향되면서, 임천서원과 병산서원에 있던 류성룡과 김성일의 위패는 여강서원으로 옮겨졌고, 사당이 사라진 임천서원은 황폐화되었다. 1806년(순조 6)에 임천서당이 재건되었고 1847년(헌종 13)에 김성일이 강의하던 석문정사의 서편에 임천서원이 재건되었다. 하자만 고종 5년 흥선대원군의 서원 철폐령으로 폐쇄되었다가 1908년 복원하였다.

[48] 자는 사긍士兢, 호는 평암平庵. 1757년 문과 급제.

역사책에 없는 조선사

유생들의 일기에서 엿본 조선 사람들의 희로애락

2020년 3월 9일 초판 1쇄 발행
2024년 10월 2일 초판 6쇄 발행

지은이   이상호·이정철
펴낸이   박혜숙
디자인   이보용
펴낸곳   도서출판 푸른역사
        우) 03044 서울시 종로구 자하문로8길 13
        전화: 02)720-8921(편집부) 02)720-8920(영업부)
        팩스: 02)720-9887
        전자우편: 2013history@naver.com
        등록: 1997년 2월 14일 제13-483호